# 中国对外贸易产品结构调整研究
## ——基于节能目标约束视角

赵 红　彭 馨　陈雨蒙　谷 庆　著

科 学 出 版 社

北 京

## 内 容 简 介

本书是国家软科学研究计划项目最终研究结果之一。它以资源可持续利用相关经济学理论和对外贸易产品结构理论为研究基础，从能源约束及出口产品结构转型角度，就能源约束与经济结构优化、能源约束与出口产品结构调整等方面对文献进行系统、深入梳理，以找到节能目标约束下我国出口产品结构优化影响机制；通过对我国能源及出口产品结构的现状分析，找到两者存在问题及诱发原因并实证检验技术进步、产业结构调整、制度创新在我国出口产品结构优化中的地位和作用；然后在借鉴发达国家相似发展阶段成功经验，以及对典型企业实地调查基础上，综合以上研究成果，提出节能目标约束下调整我国出口产品结构的政策建议。

本书可作为经济管理专业本科高年级学生学习国际经济、国际贸易、国际商务的教学辅导书籍，也可以作为国际经济、国际贸易、国际商务爱好者的辅助读物。

**图书在版编目(CIP)数据**

中国对外贸易产品结构调整研究：基于节能目标约束视角 / 赵红等著. —北京：科学出版社，2017.3

ISBN 978-7-03-052010-4

Ⅰ. ①中… Ⅱ. ①赵… Ⅲ. ①对外贸易-产品结构调整-研究-中国 Ⅳ. ①F752

中国版本图书馆 CIP 数据核字(2017)第 044498 号

责任编辑：马　跃 / 责任校对：王　瑞
责任印制：张　伟 / 封面设计：无机书装

科学出版社 出版
北京东黄城根北街 16 号
邮政编码：100717
http://www.sciencep.com

北京东华虎彩印刷有限公司 印刷

科学出版社发行　各地新华书店经销

*

2017 年 3 月第　一　版　开本：720 × 1000　B5
2017 年 3 月第一次印刷　印张：14 3/4
字数：290 000

**定价：88.00 元**

（如有印装质量问题，我社负责调换）

# 目　录

# 第一章　引　　言

## 第一节　我国出口贸易存在的一大严重问题

改革开放以来，我国出口贸易实现了持续、高速增长，创造了举世瞩目的“中国出口奇迹”。我国出口总额从 1978 年的 98 亿美元迅速升至 2012 年的 20 487 亿美元，年均增长率达到 17%，其世界位次从第 32 位跃升至第 1 位，占世界出口额比重由不足 1%提高至 11.6%，我国已然成为世界出口贸易大国。根据世界贸易组织（World Trade Organization，WTO）统计资料，自 2001 年我国加入 WTO 后，出口贸易更是迎来了一轮强劲增长，出口年均增速高达 25.9%，远远高于世界年均增速 6%，为推动中国经济和世界经济及贸易的发展做出了巨大贡献，中国在全球经济及贸易中的地位已经得到大幅提升。

与此同时，我们也必须清楚地看到，我国的出口贸易扩张仍属传统的粗放型增长。粗放型出口增长已给我国能源、环境带来了严峻的挑战和巨大压力。我国是能源资源相对缺乏的国家，面临的能源约束问题已非常严重。如果出口贸易继续以粗放型的方式增长下去，我国日益枯竭的能源将难以为继，不堪重负的生态环境也将崩溃。例如，2012 年我国水泥的出口总量达到 1199 万吨，比 2011 年增长 13.1%，出口平均价格为每吨 57 美元，同比下降 2.5%；2012 年我国钢材出口总量为 5560 万吨，同比增长 13.5%，钢材出口平均价格为每吨 5538 元，同比下降 11.9%。而水泥、钢材行业是典型的“两高一资”（高能耗、高污染、资源性）行业，我们出口了资源、污染了环境，出口利润却减少了、出口效益也降低了，不但把宝贵的能源资源廉价出口，还将废渣、废水、废气等留给了自己。例如，2012 年我国 $CO_2$ 排放量为 83.3 亿吨，占世界碳排放总量的比重为 25%，居世界第一位。由此，实现我国出口产品结构优化，形成符合绿色发展、循环发展和低碳发展的出口可持续发展道路，已是刻不容缓。

而技术进步、产业结构升级和制度创新已经成为影响一国经济和贸易结构的关键因素。技术进步可以提升企业出口产品的技术含量，提高其出口产品的技术附加值，增强其出口产品的国际竞争力，进而促使一国出口产品结构得到优化。据统计，2012 年我国研究与开发（research and development，R&D）经费支出 10 298.4 亿元，比 2011 年增加 1611.4 亿元，增长 18.5%，居世界第三位。总的来讲，我国科学研究与技术开发取得了较大成就。然而，我国出口仍然依赖于低人力成本的比较优势，缺乏自主知识产权和核心技术，出口产品质量、品牌及科技含量均处于较低水平，是处于国际价值链低端的粗放型外贸。例如，一个从我国出口至美国的价值 420 美元的 iPad，其中只有 4 美元的价值来源于我国。所以，我国要调整对外出口产品结构，摆脱在“微笑曲线”最底端的低附加值生产、装配和出口的状况，就必须依靠技术进步这一关键途径。

一国的产业结构决定一国的出口结构。当一国产业结构逐步实现产业高技术化、高附加值化，由以劳动密集型产业为主向以资本、技术密集型产业为主转变时，其出口产品也会随之由低技术附加值的劳动密集型产品转向高技术附加值的资本、技术密集型产品。2012 年我国第一、第二、第三产业在国内生产总值(gross domestic product，GDP)中的比重依次为 10.09%、45.32%、44.59%，与 1978 年的 28.19%、47.88%、23.93%相比，发生了很大变化，说明我国产业结构的发展程度不断高级化。然而，这与欧美等发达国家和地区还存在很大差距，如 2012 年美国、英国、日本的第三产业比重均在 80%左右。这就导致了我国在参与国际分工时处于价值链低端的结果，使我国沦为世界的制造工厂，严重制约着我国出口产品国际竞争力的提高。因此，我国要在国际分工中实现由价值链低端向价值链高端攀升，提高出口产品技术含量和附加值，就必须依靠国内产业结构的优化升级。

一国政府、企业可以通过制度创新，将其促进节能减排、技术进步、产业结构升级和出口产品结构优化的相关政策有机结合起来，鼓励企业加大低污染、低能耗的高技术、高附加值产品的生产，优化一国企业产业结构，进而带动其出口产品结构升级。例如，近年来，我国分批调低、取消了一些能耗高、环境污染大的产品的出口退税率，同时提高了互联网技术(internet technology，IT)产品、生物医药产品等高技术含量、高附加值产品的出口退税率，有效刺激了我国企业对这类环保型高技术产品的生产和出口。因此，我国要在节能目标约束下实现出口产品结构的转型升级，就必须进行相关的制度创新。

党的十八大以来，我国出口产品结构转型升级受到的党中央、国务院的重视程度越来越高。党的十八届三中全会进一步强调了，推行环保市场以限制高能耗高污染产品的生产出口、深化科技体制以提高我国企业科技创新能力、依靠第三产业的发展进一步实现产业升级的重要作用。在全球产业重新布局之际，依靠制度创新，推动出口贸易、技术创新的协调发展，实现节能减排目标，是我国建设环境友好型社会和创新型国家，以及转变经济、贸易发展方式的关键。

## 第二节　研究节能目标约束下我国出口产品结构调整的重大意义

一国出口产品结构反映了该国生产结构满足国际消费结构的能力，因此，一国以何种方式、向何地、出口什么产品，影响其在国际市场的竞争能力，从而影响其出口总量的扩张和贸易利益的所得。我国目前出口总量已经位于世界前列，但出口效益却很低。面对复杂多变的国际国内环境，提高我国出口产品竞争力和出口贸易效益，已成为我国经济发展的核心问题之一。然而，随着经济和贸易的迅速发展，由于资源禀赋并不富裕且人口众多，我国出口贸易过度依赖资源、环境消耗的格局将难以为继。所以，节能目标约束下我国出口产品结构的调整研究是既具有理论意义又具有现实意义的重大课题。

### 一、理论意义

本书的研究是对新形势下资源利用效率理论、国际贸易理论、技术创新理论、产业结构优化理论和制度创新理论的丰富和发展。它以国际贸易理论为基础，从出口产品结构调整入手，把能源、环境作为约束条件，系统探讨技术进步、产业结构升级和制度创新对改革开放以来我国出口产品结构调整的影响，为进一步阐明节能目标约束下出口产品结构调整的机理、方式和途径等提供了更新的理论依据。

### 二、现实意义

我国出口贸易已连续多年保持高速增长，但能源短缺严重制约着出口贸易的可持续发展。本书的研究有利于深刻、全面认识我国目前出口的能源利用现实情况与发展态势，帮助我们从观念上摒弃高能耗、高污染、低技术的出口贸易增长方式，用技术进步取代、改造和淘汰那些能源利用效率低、环境污染严重的落后技术和设备，实现国内产业结构的高技术化、高附加值化，积极依靠制度创新，改善贸易条件，优化我国出口产品结构，为形成资源节约型、环境友好型的出口贸易政策提供依据。

## 第三节 本书的研究内容与分析方法

### 一、研究内容

从研究内容来看，本书共分八章。

第一章，引言。本章主要概括了本书写作背景和意义，研究内容和方法，对相关概念进行了界定并介绍了可能的创新之处。

第二章，理论基础及相关文献回顾。就理论基础而言，本章从古典经济、新古典经济理论角度，对资源可持续利用相关经济学理论进行了回顾；从比较优势、竞争优势、产业结构和新贸易理论视角，对出口产品结构理论进行了回顾。就相关文献回顾而言，本章结合现有文献，就国内外节能目标约束与出口产品结构、技术进步与出口产品结构、产业结构与出口产品结构、制度创新与产品结构等相关研究文献进行了回顾，最后对所介绍的文献进行了简要评述，以作为本书研究的借鉴和指导。

第三章，节能目标约束下我国出口产品结构调整研究的机理分析。在本章中，笔者首先从极化效应、稳态调整效应及短板效应就能源约束对我国出口产品结构的影响机理进行分析；其次，从比较优势、质量改进角度就技术进步对我国出口产品结构的影响机理进行分析；再次，从产业结构效率、产业结构动态适应性等角度就产业结构对我国出口产品结构的影响机理进行分析；最后，从规模经济、内生比较优势、人力资本角度就制度创新对我国出口产品结构的影响机理进行分析。

第四章，我国能源约束、出口产品结构、技术进步、产业结构及制度创新的现状分析。本章从五个方面进行了分析：第一，从能源供需缺口、能源消费结构和能源利用效率角度对我国能源约束的现状进行分析；第二，从出口规模及出口产品结构的三个层面(初级产品出口和工业制成品出口,工业制成品内部结构中的劳动密集型、资本技术密集型产品出口，高新技术产品出口)对我国出口产品结构的现状进行分析；第三，从技术引进、技术扩散和技术创新三个角度对技术进步的现状进行分析；第四，从产业构成比重、产业就业结构、产业比较劳动生产率、产业波及特性系数角度对产业结构的现状进行分析；第五，从出口退税、出口补贴、实际汇率角度对制度的现状进行分析。

第五章，节能目标约束下我国出口产品结构调整的实证分析。在本章中，笔者首先利用单位根检验、协整检验、误差修正模型(error correction model，ECM)、向量自回归(vector autoregression，VAR)模型及因果关系检验等方法就能源约束对我国出口产品结构调整影响的长期效应和短期效应进行实证分析，然后再利用类似方法就技术进步、产业结构、制度创新对我国出口产品结构的影响进行了实证研究。

第六章，我国出口产品结构优化的国际经验借鉴。本章从资源与出口规模、出口产品结构演化的基本特征，以及优化出口产品结构的成功措施和经验角度，对美国、德国、韩国、日本四个国家的节能目标约束下出口产品结构调整进行研究，为我国出口产品结构优化提供可以借鉴的国际经验。

第七章，典型企业案例。本章对实地走访的东部、中部、西部地区的海尔集团、武汉钢铁集团公司(以下简称武钢)和四川北方硝化棉股份有限公司的能源消耗及主要污染物排放情况、出口规模和出口产品结构状况，以及节能目标约束下出口产品结构调整的措施进行案例分析，以对前文的理论和实证分析提供有效补充。

第八章，结论及政策建议。本章总结前文各章的结论并提出相关政策建议。

本书具体的结构框架见图 1.1。

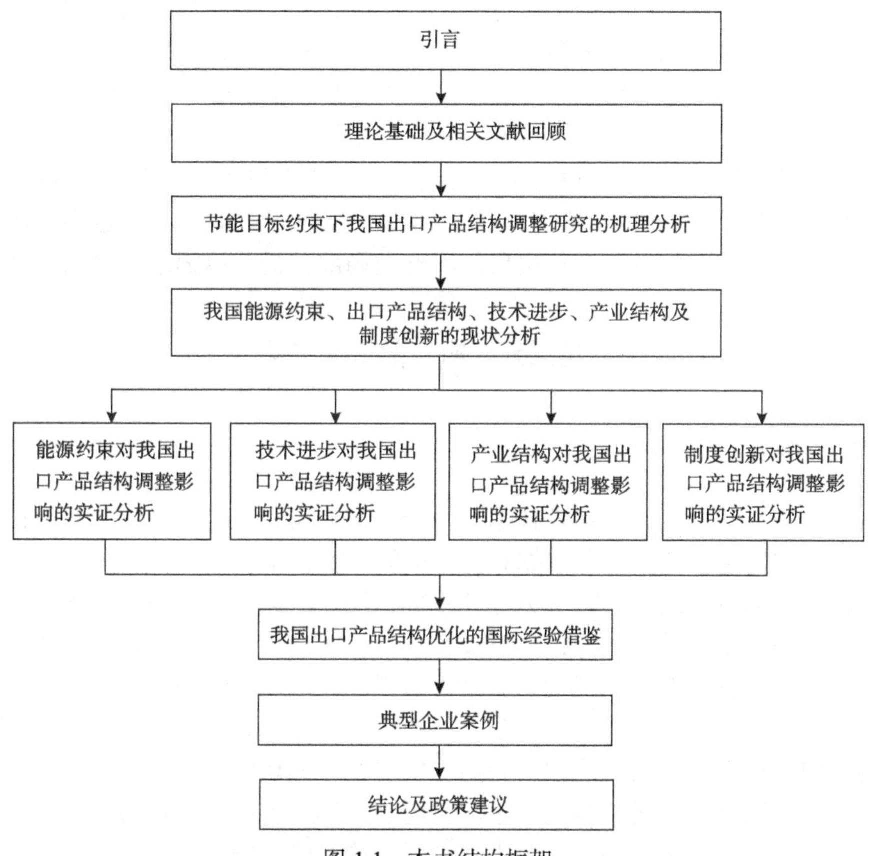


图 1.1 本书结构框架

## 二、分析方法

本书的分析方法如下。

第一，定量分析与定性分析相结合。本书基于大量经济数据，绘制图表并建立模型，对能源约束、出口产品结构、技术进步、产业结构、制度创新的各个指标进行分析，并对能源约束、技术进步对出口产品结构的作用进行检验，以期揭示相关经济变量之间的内在联系。

第二，规范分析与实证分析相结合。本书在进行节能目标约束下我国出口产品结构调整的研究时，首先利用理论分析和机理分析的成果，就能源约束、技术进步、产业结构和制度创新对我国出口产品结构调整的影响做了规范分析；然后，以现实数据为依托，利用特定统计检验方法，如协整分析、向量误差修正(vector error correction，VEC）回归分析、VAR 回归分析、方差分解、脉冲响应分析和格兰杰（Granger）因果关系检验，就能源约束、技术进步、产业结构和制度创新对我国出口产品结构调整的影响做了实证分析。通过理论上的规范分析和实证上的计量检验，探讨节能目标约束下我国出口产品结构调整的规律和情况。

第三，整体分析与局部分析相结合。本书从总体角度就能源约束、技术进步、产业结构、制度创新对出口产品结构的影响做整体分析，以揭示其共性规律。同时，本书也从具体部门（如资源密集、劳动密集和资本技术密集型出口部门）、具体产品（如纺织品、机械设备等出口产品）角度，就能源约束、技术进步、产业结构、制度创新对该部门及该产品出口的影响做局部分析，以揭示个体的特性。

## 第四节　概 念 界 定

### 一、能源约束

就能源的定义而言，《科学技术百科全书》认为："能源是可从其获得热、光和动力之类能量的资源。"根据我国《能源百科全书》："能源是可以直接或经转换提供人类所需的光、热、动力等任一形式能量的载能体资源。"曹玉书（2010）认为能源是一种呈多种形式的，且可以相互转换能量的资源。凡是以天然形式存在于自然界，可直接取得而不改变其基本形态的天然能源，统称为一次能源，如煤炭、石油、天然气、水等，它们是全球能源的核心基础。一次能源经过人工加工，转换成其他形式的人工能源，则为二次能源，如煤气、汽油、沼气等。李洁（2012）认为能源是可以转换为生产生活所需动力和燃料的某种物质或形式。确切地说，能源是自然界中能为人类提供某种形式能量的物质资源，是经济和社会可持续发展的物质基础（唐志鹏，2012）。魏玮和何旭波（2013）认为，鉴于能源是一种稀缺的资源，其在人类生产生活中的特殊作用决定着人类的命运和未来。因此，对于能源的掌控是各国经济发展的重中之重（此处为能源的作用，不是能源术语界定）。本书中所涉及的能源主要是指矿物质能源，如煤、石油、天然气等。

就约束的定义而言，其最早是物理学中的概念，指物体在静止或运动过程中受到一定作用力的限制和制约的现象（Lagrange，1788）。王秋彬（2009）认为，约束指限制管束使其不超越范围。其中，物体位置及运动的制约条件被称为物体所受的"约束"，实施这一约束限制的物体称为"约束体"，而受这一约束限制的物体被称为"被约束体"，约束体对被约束体的作用力被称为"约束力"。本书拟讨论的内容主要是能源对出口产品结构的约束，故在本书的研究中，能源是约束体，而出口产品结构则是被约束体。

能源约束是指，由于经济增长离不开能源投入，而能源是有限的，当能源的储存量达到极限后，不管资本和劳动如何投入，能源产量都不会增加，这时就出现能源约束。杜晶晶(2007)认为，能源约束可以分为流量约束和存量约束：流量约束是指潜在的能源资源在转化为可以被利用的能源资源的过程中所受到的限制；存量约束是指现存的不可再生能源资源在存储数量上的限制。陈刚和余燕春(2009)认为，在经济增长过程中，能源约束一般表现为“流量约束”，人们可以通过提高技术水平来不断突破这一约束。而当能源面临枯竭时，能源约束就会以“存量约束”表现出来。张意翔和成金华(2013)认为，能源约束为人类在生产和生活中使用能源时由于能源供给量、能源生产量、能源价格、环境规制等因素而受到的能源消费限制。本书的能源约束主要是指矿物质能源，如煤、石油、天然气等能源对经济发展和出口产品结构调整的约束。

## 二、出口产品结构

出口产品结构是指，一国或地区出口活动中各类出口产品的构成情况，通常用各个出口产品在该国或地区的出口总额中的占比表示。国际联盟在20世纪初期成立之后，就开始制定国际贸易商品统计目录，联合国在1948年成立之后，为了便于对世界贸易进行统计和分析，于1950年制定完成《国际贸易标准分类》(Standard International Trade Classification，SITC)。SITC标准共分10个门类、50个大类、150个中类和570个细类，以此作为各国际机构做贸易统计报告和对世界贸易进行系统分析的共同基础。1950年12月，欧洲经济委员会(欧洲海关同盟)为了防止各国利用商品分类进行歧视，避免各国海关任意制定商品分类，制定了《海关合作理事会商品分类目录》(Customs Co-operation Council Nomenclature，CCCN)。尽管SITC编码和CCCN编码使国际贸易的相关程序得以简化，但两套编码的同时存在难免会导致同一种出口产品在出口贸易中出现因多个分类标准而需要重新对应分类、命名和编码的现象，海关合作理事会(现名世界海关组织)于1983年6月主持制定了《商品名称及编码协调制度的国际公约》(International Convention for Harmonized Commodity Description and Coding System，HS)，HS编码涵盖了SITC编码和CCCN编码两大国际贸易产品分类的编码体系，是多用途的、系统的国际贸易产品分类体系。HS编码采用6位数编码对国际贸易产品进行分类，共21类，97章。目前，我国国家统计局每年对外公布的《海关统计年鉴》既包括SITC编码分类的各出口产品的数量及金额，也包括HS编码分类的各出口产品的数量及金额。

## 三、技术进步

最早谈及技术进步概念的Solow(1957)在其新古典增长理论中指出，技术进步是时间的函数，是经济系统外生给定的。但遗憾的是，Solow（1957）只描述了技术进步的表现形式，没有探讨技术进步的来源问题。Arrow（1962）在其内生经济增长模型中开始讨论技术进步的来源及成本问题，认为技术进步是资本积累的产物，但他也只停留在将技术进步理解为单纯劳动生产力提高的层面。Romer（1986）在其《收益递增经济增长模型》中强调了知识的“溢出效应”和知识的“部分排他性”对技术进步和经济增长的作用。然而，20 世纪 90 年代以前，经济学家们在技术进步表现形式的讨论上，仍未取得突破性进展。

20 世纪 90 年代后，部分学者在内生经济增长模型中开始讨论产品品种增加型和质量升级型的技术进步，他们对技术进步表现形式的探讨取得了突破。例如，1912 年，美国经济学家 J. A. Schumpeter 在其《经济发展理论》中提出了技术创新经济学，他认为技术进步是一个包括技术发明、技术创新和技术扩散三个相互联系环节的过程。技术创新可以分成两类：一类是技术成果已经被实际应用并且产生了社会经济价值的技术创新；另一类是还没有得到实际应用的技术创新。如果技术发明实现了其社会价值，则可被称为技术创新。当技术创新在少数企业得到应用并获得成功，就会吸引更多生产部门采用这一技术创新，从而实现技术创新在社会经济生活中的广泛应用，这就被称为技术扩散。我们把技术发明、创新和扩散的演变和进化过程称为技术进步，并以此来解释技术进步对社会经济发展的促进机制。

经济学界关于技术进步的研究也有狭义和广义之分：狭义的技术进步是指，制造工艺及中间投入品等方面的革新和改进，具体来看，包括采用新工艺、新设备，使用新能源、新材料，改进原来产品，研发新产品及提高工人劳动技能等；广义的技术进步是指，技术所涉及的各种知识的累积和改进，除了制造工艺等方面技术性的改进和革新外，还包括诸多的非技术性因素，如制度因素、社会文化因素、自然条件因素及管理水平上的因素等。在开放经济体系中，技术进步主要包括三个方面：技术引进、技术扩散和技术创新。

## 四、产业结构

产业结构这一概念始于 20 世纪 40 年代。在最初利用产业结构这个概念分析经济问题时，其含义还不规范：产业结构既可以用来解释产业间和产业内部的关系（Clark，1940；库兹涅兹，1999），也可以用来解释产业内企业间的关系结构及地区间产业布局（贝恩，2012）。在经典产业经济理论中，产业结构通常是指生产要素在各产业部门间的比重构成和它们之间相互依存、相互制约的联系，即一个国家或地区的资金、人力资源和各种自然资源与物质资料在国民经济各部门之间的配置状况及其相互制约方式（刘易斯，1990；霍夫曼，1980；钱纳里等，1995）。

在不同的产业经济学著作中，对产业结构概念的表述也存在差异，然而其基本理解大致相同，即产业结构是用来描述产业之间的关系结构的。

我国学者从不同的角度对产业结构进行了定义。吴仁洪(1990)认为产业结构包括四方面的含义：国民经济各产业之间和产业结构内的量的比重关系、产业组织、产业技术水平、产业区域分布。周振华(1991)对传统的产业结构概念做了修正，认为产业结构是有别于分配结构、资源结构、需求结构等，而又与它们相联系的相对独立的经济系统。石磊(1992)把区域经济结构纳入产业结构的范畴，将产业结构定义为：各种产业载体在分化与重组过程中所形成的产业关联状态及其空间存在形式。刘伟(1995)把产业结构定义为：产业间比重关系及其发展规律的形态和产业间投入-产出联系的形态。在我国第一部产业经济学辞典《现代产业经济学辞典》中，产业结构被定义为：各产业部门之间、各产业部门内部各行业及企业间的构成及其相互制约的联结关系。其中，狭义的产业结构指产业间的关系结构，而广义的产业结构指所有的关系结构。

近年来，学术界对产业结构的理解更为明晰，主要从“质”和“量”两个不同维度来考察：①从“质”的角度来看，产业结构的“质”是指国民经济各产业的素质分布状态，即技术水平和经济效益的分布状态。产业结构的“质”包括三个方面。第一，附加值的高低、高技术产品产值占该产业的总产值的比重、生态协同度、自主创新能力等(Greunz，2004；李邃，2010；Coase，2011；赵玉林和叶翠红，2013)；第二，产业间“投入”与“产出”的数量比重关系及相应形成的产业关联理论(李诚，2009；文娟，2013)；第三，规模效益和国际竞争等(姜霞，2006；张湘赣，2011；花晓伟，2012)。②从“量”的角度来看，产业结构的“量”是指国民经济中各产业之间和各产业内部的比重关系。产业结构的“量”包括两个方面。第一，国民经济中三次产业的构成(Reeve，2006；干春晖等，2011；Kirkpatrick et al.，2012)；第二，三次产业各自的内部构成，即产品结构(Mester，2005；Lin et al.，2013；吕盈，2013)。

## 五、制度创新

就制度的定义而言，较早的美国制度主义经济学家凡勃伦(2012)相当宽泛地定义制度为：大多数人共同的既定思想习惯。诺斯(1991)认为，制度提供框架，确立合作和竞争的关系，并构成一个社会。同时，制度是合乎伦理道德的行为规范，用以约束个人的行为。Hamilton(1936)认为，制度意味着一些普遍的、永久的思想行为方式，它渗透在一个团体的习惯中或一个民族的习俗中，制度强制性地规定了人们行为的可行范围。后现代制度主义者 Hodgson(1993)则认为，制度是通过传统、习惯或法律的约束所创造出来的持久的行为规范。日本新制度经济学家青木昌彦(2001)从博弈论的角度出发，概括了其他人对制度的三种定义，并提出了自己的定义。他认为，关于制度有三种定义：一是把制度定义为博弈的参与者，尤其是组织；二是把制度定义为博弈的规则；三是把制度定义为博弈的均衡解。青木昌彦本人倾向于第三种定义，但提出了修正意见，把制度定义为：关于博弈重复进行的主要方式的共有理念的自我维持系统。本书的制度为一系列法规、政策等。

就创新的定义而言，熊彼特(2000)认为，“创新”是新技术、新发明在生产中的首次应用，是在生产体系中建立新的生产函数或供应函数，引进一种生产要素和生产条件的组合。张炳光(2007)认为，创新是指某事物取得了实质性的进步，可以带来有益的社会效果，并且有利于人类社会与自然协调发展。陈新立(2009)认为，创新是利用已存在的自然资源或社会要素创造新的矛盾共同体的人类行为。于丽英(2013)认为，创新是创新主体通过努力，攻克技术难关，使原有事物产生突破性改变的活动。

就制度创新的定义而言，马克思政治经济学理论认为，制度创新是“一种新制度的建立和变更，以及随技术发展而不断更新的一种规则”，属于生产关系范畴。李玉虹和马勇(2001)认为，制度创新是对现有制度的改进、完善，或是直接引进一项全新的制度，从而提高制度运作效率。倪晓箐和唐海燕(2005)认为，制度创新是制度主体根据成本效益分析进行权衡的结果。任东明(2011)认为，制度创新是对相关立法体制、激励机制、政策框架等的改革和完善。赵盛楠(2012)认为，制度创新是经济主体不满足于当下的制度安排，在预期净收益大于成本的情况下，主动改变原有制度安排的活动。本书的制度创新是指经济主体在现有环境下，改进或是创设全新的制度和规范体系活动，以有效规范、激励人们的行为，并且获得更多利益。

## 第五节　可能的创新之处

本书可能的创新之处如下。

第一，本书从动态的角度就能源约束对出口产品结构的影响进行了定量分析。现有研究多从静态视角探讨能源约束对出口产品结构的影响，鲜有学者从短期和长期角度对其做动态分析。本书以国际贸易学的要素禀赋理论为基础，借鉴物理学的约束理论、管理学的木桶理论、经济学的区域极化效应及稳态增长理论，构建模型对相关经济变量进行了实证分析，探讨了能源约束对出口产品结构的短期、长期的动态效应。

第二，本书从技术引进、技术扩散和技术创新多个角度就技术进步对出口产品结构的影响进行了分析。现有研究多较为单一地从技术创新视角就其对出口产品结构的影响进行探讨，而忽视了技术引进和技术扩散也是技术进步促进出口结构调整的重要途径。本书从初级产品、工业制成品出口视角，就技术引进、技术扩散和技术创新对出口产品结构的影响做了单位根检验、协整分析、VAR 模型、脉冲响应函数、方差分解函数及 Granger 因果关系检验的实证研究，并就技术进步对初级产品和工业制成品出口影响的不同做了比较分析。

第三，本书就基于结构变化指数、出口产品及产业比重的产业结构对出口产品结构调整的影响进行了定量分析。现有研究多为出口结构变化对产业结构调整的影响，研究产业结构变化对出口结构变化影响的相关文献则很少。本书借鉴国际贸易学的产业转移、比较优势理论及国际分工理论，构建模型对相关经济变量进行了实证分析，探讨了产业结构变化对出口产品结构变化的短期、长期的动态效应。

第四，本书从出口退税、人民币实际汇率角度，就制度创新对出口产品结构调整的影响机制进行了定量分析。现有研究多从定性角度就制度创新视角对出口产品结构的影响进行探讨，而少有学者从出口退税、人民币实际汇率角度就制度创新对出口结构调整影响进行实证研究。本书从初级产品、工业制成品出口视角，就出口退税、人民币实际汇率对出口产品结构的影响做了系统的实证研究。

# 第二章　理论基础及相关文献回顾

## 第一节　理 论 基 础

本节拟对资源可持续利用相关理论、出口产品结构相关理论进行回顾。

### 一、资源可持续利用相关理论

#### （一）古典经济理论

资源稀缺性是资源有效配置理论的前提，也是经济学研究的基本出发点。古典经济学关于资源稀缺性的假设认为，自然资源的供给是有限的，人类对于资源的需求却是无限的，这就导致了有限的自然资源供给与无限的人类需求相比是越来越稀缺的，如土地资源、矿产资源、能源资源等。也就是说，资源稀缺性是指相对于人类的无限欲望，用来满足欲望的物品及用来生产经济物品的资源总是有限的。西方经济学假设资源生产者是以取得利润最大化为行为动机和目标的，而消费者则以获得消费效用最大化为动机和目标，在此假设条件下，研究资源有效配置的经济理论，得出的主要结论有：①市场机制是资源优化配置最有效的手段。亚当·斯密（Adam Smith）在《国富论》中着力描绘了资源有效配置的市场机制。但对于资源的可持续利用，这一机制是失效的（Smith，1976）。②自然资源是有限的，且存在边际收益递减规律，导致经济增长难以持续实现。大卫·李嘉图（David Ricardo）在其代表作《政治经济与税收原则》中研究认为，农业能够通过内涵和外延的方式扩大产出（即可通过提高单位土地上的投入或通过开垦更多荒地增加耕地面积），但土地投入的报酬是递减的，致使经济发展最终走向托马斯·罗伯特·马尔萨斯（Thomas Robert Malthus）的贫困稳定状态（Ricardo，1817）。③知识增长、技术进步对资源报酬递减的农业、制造业有补偿作用。约翰·斯库尔特·穆勒（John Stuart Mill）对资源的可持续利用思想进行了古典经济学的阐述，采用了资源报酬递减的观点，但同时更普遍地承认知识增长和技术进步对农业及制造业的补偿作用，对那种只顾当代人的利益而不顾子孙利益的资源开发方式表示了极大的遗憾，然而可惜的是，穆勒没有对如何解决这些问题做进一步的研究（穆勒，1923）。

#### （二）新古典经济理论

19 世纪 70 年代以来形成的“古典经济学”最杰出的贡献是在经济学方法论

上采取了边际分析技术，在继承古典经济学经济自由主义的同时，杰文斯(Jevons)、门格尔(Menger)、瓦尔拉斯(Walras)、艾尔弗莱德·马歇尔(Alfred Marshall)等以边际效用价值论替代了古典经济学的劳动价值论，以需求为核心的分析替代了古典经济学以供给为核心的分析，形成了消费者偏好理论、局部均衡理论等，这些分析工具为资源的可持续利用经济分析提供了有力的理论基础。随后，Hotelling(1931)、Solow(1974)、Stiglitz 和 Weiss(1981)、Dasgupta 等(1979)、Krutilla(1979)、Wright 和 Czelutsa(2002)将不可再生资源纳入到新古典增长模型或内生经济增长模型，论证了在自然资源不断耗竭的情况下经济持续增长的可能性，同时分析了资源的合理利用路径等问题，认为技术进步可以使人类摆脱资源对经济增长的约束。

然而，由于历史的局限或是由于还没有足以让经济学家震惊的事例，不论古典经济学还是新古典经济学，资源的可持续利用都还没有引起经济学家足够的重视，即使一些具有远见的经济学家，如穆勒也没有就此问题做更多的研究。

## 二、出口产品结构相关理论

### (一)比较优势视角

出口产品结构的相关研究，最早可以追溯到亚当·斯密的绝对成本理论。英国古典经济学家亚当·斯密在代表作《国民财富的性质和原因的研究》中提出：国际贸易产生于各国之间生产商品的劳动生产率的绝对差别。每个国家由于先天或后天的条件不同，都会在某一种商品的生产上有绝对优势，如果每一个国家都把自己拥有的全部生产要素集中到自己拥有绝对优势的产品的生产上来，然后通过国际贸易，用自己产品的一部分去交换自己所需要的其他商品，则各国资源都能被最为有效地利用，每一个国家都能从中获利。

英国另一位古典经济学家大卫·李嘉图在其《政治经济与税收原则》中提出了比较成本理论，认为国际贸易不仅可以产生于绝对成本的差异，而且还可以产生于比较成本的差异。比较成本理论的基本含义是：最有效和最有利的国际分工是各国集中生产比较成本最有利的产品。如果一个国家在两种产品的生产成本上都具有绝对优势，或者在两种产品的生产成本上都处于绝对劣势，那么通过劳动成本的相对比较，按“两优取其重，两劣取其轻”的原则进行国际分工，其结果是劳动生产率不同的国家，通过对外贸易都能取得比自己以等量劳动所能生产的更多的产品。大卫·李嘉图的比较成本理论也有其局限性，他只考虑了单一的劳动力生产要素，而忽略了如资本、自然资源等生产要素对国际贸易的影响。

瑞典经济学家俄林(Ohlin)和他的老师赫克歇尔(Hecksher)用要素禀赋来解释国际贸易和国际分工，完整的赫克歇尔-俄林理论实际上是由四个基本定理组成的，它们分别是：H-O 定理、斯托尔珀-萨缪尔森定理（The Stolper-Samuelson Theorem）、要素价格均等化定理和雷布津斯基（Rybczynski）定理。其中，最为著名的就是 H-O 定理。该定理指出，在自由贸易条件下，各国将出口在其生产过程中相对密集地使用本国相对丰裕的要素的产品，进口在其生产过程中相对密集地使用本国相对稀缺的要素的产品。这样的贸易模式使贸易参与国的福利得到改善。这个定理试图说明的是要素禀赋和贸易模式之间的关系及贸易的利益。赫克歇尔通过研究认为，诸如气候及土地等自然资源条件的优势、国民具有的先天性智慧和后天性获得技能、历史上积累起来的资本及设备等有利条件，是造成各国之间比较成本差异的原因。俄林通过分析论证指出，各国在参与国际贸易时，应该生产并出口那些密集使用了本国相对充裕要素的产品，而进口那些密集使用了本国稀缺要素生产的产品。

斯托尔珀-萨缪尔森定理涉及的是商品价格的变动对要素价格的影响。该定理指出，某一商品国内相对价格的上升，会提高在生产该商品的过程中密集使用的生产要素的价格。该定理有一个推论：关税可能提高一个国家相对稀缺要素的实际收益。要素价格均等化定理说明的是贸易和收入分配之间的关系。如果要素能够自由地跨国流动，并且忽略交易费用，那么完全竞争条件下的要素流动会使各国同种要素的价格，无论是相对价格还是绝对价格，都趋于一致。要素价格均等化定理则说明，即使生产要素只能在国内各部门之间自由流动而不能跨国流动，只要允许自由贸易，则在一定的条件下各国之间相同要素的价格也会趋于一致。

波兰学者雷布津斯基的雷布津斯基定理阐述的是，如果商品价格保持不变，则一种要素存量的增加不仅会导致生产中密集地使用该要素的产品在产品产量中的份额增加，而且会导致这种产品产出的绝对量增加，另一种产品产出的绝对量则减少。雷布津斯基定理表明，要素禀赋的变化决定着资源配置的变化，也就是产业结构的调整。这就有力地暗示，现代比较优势理论存在着动态化的性质。建立在比较优势基础上的出口商品结构优化理论，其核心是各国应该出口本国相对丰裕要素密集型产品，进口那些本国相对稀缺要素密集型产品，从中取得贸易收益。

### （二）竞争优势视角

20 世纪 80 年代，迈克尔·E. 波特（Michael E. Porter）在其代表作[《竞争战略》（1980 年）、《竞争优势》（1985 年）、《国家竞争优势》（1990 年）]中提出了竞争优势理论。他认为，一国兴衰的根本原因在于能否使本国的主导产业具有优势，而优势产业的建立有赖于提高生产效率，提高生产效率的源泉在于企业是否具有创新机制。一个国家的竞争优势，就是企业、行业的竞争优势，也就是生产力发展水平上的优势。竞争优势理论从多角度和多层次对国家优势与国际贸易进行了探讨，为出口商品结构的优化提供了一个全方位的思考：改善出口产品结构，积极参与国际分工，先天因素(资源禀赋)固然重要，然而，后天优势(高级要素)的决定作用却越来越明显。出口产品结构的优化，不仅存在着一个量上的考虑，更存在着一个质上的要求，竞争优势理论为发展中国家改善出口产品结构优化提供了一种发展思路。因此，对于绝大多数发展中国家而言，首先，要从战略上确立本国优先发展的产业；其次，通过引进外资和自身的积累，积极培育和提高本土企业的研发能力，疏通资金及技术瓶颈；最后，还要借助政策倾斜和主动调整出口商品结构等措施，促成本国有国际竞争力的产业的形成，进而推动对外贸易的发展。所以，出口商品结构的优化，不再是简单的制成品出口与初级产品出口的比重问题，这里不仅存在着量的考虑，更注重质的要求。

### (三)产业结构升级视角

德国经济学家的乔治·弗里德里希·李斯特(Georg Friedrich List)在其1841年出版的《政治经济学的国民体系》中，对大卫·李嘉图的比较优势论进行了批评，并提出了以保护幼稚产业为核心的贸易保护理论。李斯特认为，按照大卫·李嘉图的比较优势理论开展对外贸易，在获得贸易利益的同时，却抑制了本国同类产业的发展，致使本国同类产业长期处于落后地位。因此，应该选择那些对国家独立自主和经济发展有重要意义、面临其他国家强有力的竞争而又无法相抗衡的新兴产业实行保护。对幼稚产业实行保护关税政策，虽然一开始损失了一些利益，但经过一段时间的发展后，这些产业会成长起来成为主导产业，甚至成为支柱产业，从而实现一国产业结构的升级，进而为出口商品结构的升级提供支撑。对于在国际分工中处于产业链低端的发展中国家来说，幼稚产业保护论在当前仍具有十分重要的意义，要针对不断变化的国际分工格局和国际贸易政策背景，采取新的幼稚产业界定标准和新的合理保护措施。

### (四)新贸易理论视角

1977年，迪克西特(Dixit)和斯蒂格利茨(Stiglit)在他们联名发表的一篇名为《垄断竞争与最优产品多样化》的论文中提出了新贸易理论。他们认为，即使两国的初始条件完全相同，也就是说在不存在大卫·李嘉图比较优势的情况下，如果存在规模经济，两国可以选择不同的专业，从而产生后天的绝对优势。1979年，美国经济学家克鲁格曼在《国际经济学杂志》上发表了《规模报酬递增、垄断竞争和国际贸易》，后来又于1980年在《美国经济评论》上发表了《规模经济、产品差异化与贸易方式》，1981年在《政治经济学杂志》上发表了《产业内专业化和得自贸易的利益》，1983 年在《美国经济学评论》上发表了《工业国家间贸易新理论》等一系列论文，针对传统贸易理论中的完全竞争、规模报酬不变等假定条件，运用规模报酬递增、垄断竞争和产品差别等范畴来构筑新的贸易理论模型。克鲁格曼认为：“工业国家之间愈加紧密的贸易，以及普遍存在的差别产品之间的交易均无法根据标准理论得出结论。”几乎是在同一时间，一些经济学家也发表了一系列相关论著。例如，迪克西特和诺曼(Norman)于 1980 年出版了《国际贸易理论》，兰开斯特(Lancaster)于 1980 年在《国际经济学杂志》上发表了《完全垄断竞争下的产业内贸易商》；赫尔普曼(Helpman)于 1981 年在《国际经济学杂志》上发表了《产品差别、规模经济和垄断竞争下的国际贸易：一个张伯伦-赫克歇尔俄林方法》；埃西尔(Ethier)于 1982 年在《美国经济评论》上发表了《现代国际贸易理论中的国内和国际规模报酬》；等等。这些论著所提出的有关模式，尽管在细节上各不相同，但相互间具有很强的相似性，使我们有理由将它们归于同一种理论。这一批论著几乎同时发表，大大丰富了新贸易理论，使其适用性得到了进一步增强，在贸易理论界引起了广泛的关注。

综上所述，我们可以发现，建立在比较优势基础上的出口产品结构优化理论，是对外贸易静态效益的最大化；以李斯特的保护贸易学说为代表的保护贸易理论中的有关出口产品结构优化理论，是建立在产业结构升级基础上的，谋求的是对外贸易动态效益或长远效益的最大化；新贸易理论的有关出口产品结构的理论对于相对落后的国家或地区，谋求的是在产业结构升级基础上的出口商品结构升级，并强调技术进步对于出口商品结构优化的作用。

## 第二节　相关文献回顾

纵观现有国内外文献，学者们主要从直接和间接两方面就能源约束对一国出口产品结构调整的影响展开探讨。就间接影响而言，现有文献主要从技术进步、产业结构、制度创新三方面对出口产品结构调整产生影响。本节拟就其相关文献进行综述。

### 一、节能目标约束与出口产品结构

#### (一) 国外相关文献回顾

Antweiler 等(2001)建立了由要素禀赋、污染控制成本来决定出口贸易模式的模型，利用 44 个国家 109 个城市 1971～1986 年的数据对二氧化硫($SO_2$)的排放密度与贸易自由化的关系做实证检验，研究发现贸易自由化有效地降低了 $SO_2$ 的排放密度。Dean(2002)通过建立水污染与人均收入增长的联立方程，并利用中国

1987～1995 年省级单位的面板数据做回归分析，研究发现贸易对环境的技术效应超过其对环境的结构效应，对外贸易有利于环境质量的改善。Sánchez-Chóliz 和 Duarte（2003）运用投入-产出法对西班牙贸易活动中由能源消费引致的二氧化碳（$CO_2$）排放量做了测算并对其进行了深入分析，结果发现西班牙的贸易活动会带来较为严重的 $CO_2$ 排放，在各个对外贸易部门中，“交通运输设备、矿产和能源”部门与温室气体 $CO_2$ 排放的相关程度最高。Ahmad 和 Wyckoff（2003）通过对 24 个国家对外贸易中的隐含 $CO_2$ 排放量进行测算，考察了出口贸易驱动下的行业转移给全球温室气体排放带来的影响。Frankel 和 Rose（2005）认为，国际贸易可促进国际间技术的交流，引导绿色技术从发达国家流向发展中国家，促使发展中国家实现清洁生产。Peters 和 Hertwich（2008）通过对 2001 年 87 个国家对外贸易中的隐含 $CO_2$ 排放量进行计算，发现就全球范围来讲，超过 5.3 千兆吨的 $CO_2$ 排放量隐含在国际贸易中，并且《生物多样性公约》的缔约国是 $CO_2$ 排放的净进口国。Nakanoe 等（2009）通过对 41 个国家和地区的 17 个行业研究发现，在 21 世纪早期，21 个经济合作与发展组织（Organization for Economic Co-operation and Development，OECD）国家是 $CO_2$ 排放的净进口国，并且其中 16 个国家的净进口隐含 $CO_2$ 排放量在 21 世纪后期显著上升。Wang 和 Watson（2007）通过对中国出口贸易中能源消费引致的 $CO_2$ 排放量进行实证研究得到的研究结果显示，2004 年中国出口贸易 $CO_2$ 排放量占其 $CO_2$ 排放总量的 23%。Shui 和 Harriss（2006）测算了中美双边贸易中隐含的 $CO_2$ 排放量，结果发现中国的 $CO_2$ 排放量中有 7%～14%的部分是由生产出口至美国的商品所产生的。Hoist（2008）将中国出口商品中的进口隐含能源消费剔除掉，对出口商品中的净隐含国内能源消费进行测算，发现 2004 年中国出口商品隐含能源消费占国内能源总消费的比重为 13%～19%；2006 年，这一比重上升为 15%～22%。此外，2004 年中国前九大出口行业的出口商品隐含能源消费占总出口隐含国内能源消费的 77%。Weber 等（2008）的研究发现，2005 年中国 $CO_2$ 排放量中大约 1/3 的部分是由于生产出口商品而产生的，并且中国出口商品隐含能源消费占能源消费总量的比重由 1987 年的 12%逐渐上升至 2002 年的 21%。Liu 等（2010）通过对中日贸易中能源消费引致的隐含 $CO_2$ 排放量进行测算得到的研究结果显示，日本出口至中国的商品中的隐含 $CO_2$ 排放量在 1990～2000 年持续上升，而中国出口至日本的商品中的隐含的 $CO_2$ 排放量在 1995 年之前显著上升，但在 1995 年之后出现了下降，尽管如此，中国仍是 $CO_2$ 排放的净出口国。Yan 和 Yang（2010）试图对 1997～2007 年引起中国出口中隐含 $CO_2$ 排放量变化的因素进行分解，结果发现，规模效应和复合效应使得中国对外贸易中的隐含 $CO_2$ 排放量上升，而技术效应则抵消了上升中的一小部分。Dincer 和 Huseyin（2013）对 OECD 国家的单位 GDP 能耗（亦称能源强度）、出口能耗和进口能耗进行了研究，并对相关变量进行了 Granger 因果关系检验和长期相关性分析，结果发现 GDP 增加 1%，进出口分别增加 0.32%和 0.21%时，能源使用相对增加 0.16%。

### （二）国内相关文献回顾

张传国和陈蔚娟（2009）通过对我国出口贸易与能源消费之间的关系进行实证检验，结果发现，我国出口贸易与能源消费间存在着单向的因果关系，出口贸易是能源消费的 Granger 原因。刘林奇（2009）利用我国 30 个省级单位 2000～2006 年的相关数据，对我国工业污水排放与对外贸易之间的关系进行了实证研究，发现对外贸易的市场效应、技术效应有利于我国整体环境质量的改善，而环境政策效应则只减少了东部地区的污染强度。赵建娜（2007）利用我国 1978～2007 年面板数据对我国出口贸易规模的生态环境效应进行了实证研究，结果发现，出口贸易增长显著恶化了我国环境质量，贸易规模的扩大加剧了污染物的排放，这将导致我国生态环境问题更加严重。何正霞和许士春（2009）通过对我国 1990～2009 年对外贸易与环境相关的时间序列数据进行实证分析，结果发现，外商直接投资（foreign direct investment，FDI）的流入在一定程度上改善了环境质量。李树林和齐中英（2011）对出口隐性碳排放的测算结果表明我国出口产品的碳排放强度大约是进口产品碳排放强度的 3.49 倍。庞瑞芝和李鹏（2011）采用非角度、非径向 SBM 方向性距离函数法分析中国省级规模以上工业企业数据的"内涵型"增长效率，其结果验证了我国工业部门的"环境库兹涅茨曲线"。巩爱凌和刘廷瑞（2012）使用投入-产出分析法，计算了我国外贸出口中的隐含碳总量，并采用结构分解法分解规模效应、结构效应和技术效应。认为我国出口行业处于价值链低端的高能耗、低附加值特征一直没有改变。

## 二、技术进步与出口产品结构

### （一）国外相关文献回顾

Roper 和 James（2002）分别研究了英国、德国制造业产品的技术创新对其国家对外贸易的影响，并做了对比分析，结果发现，英国的技术创新促进其对外贸易的增长；而与之相反的是，德国的技术创新则抑制了其制成品的出口。Lynch（2002）对石油价格、产量与技术进步进行了研究，结果发现，石油供应的预测对石油的未来价格的预测存在高估现象，对石油产量的预测则存在低估现象，也就是说，技术进步低估了能源资源的稀缺程度。Pickman（1998）对美国制造业与技术创新进行了实证分析，结果显示，技术创新与环境规制之间具有较强的正相关性，并将美国经济增长归功于通过技术进步对资源实现了新组合，以及资源利用效率的提高。Brunnermeier 和 Cohen（2003）把环境专利数设为被解释变量，对美国制造行业的时间序列数据进行检验，结果发现，较为严格的环境规制能够倒逼企业进行技术创新，生态科技创新与环境规制之间存在明显的正相关关系。Cantwell 和 Piscitello (2003) 对技术进步与出口贸易竞争力的关系进行了国家、行业及企业三个层面的综述及理论分析，他认为，如果他国或地区也同时存在着技术进步，则一国或地区想要利用技术进步促进其出口竞争力的提高是不可能的。Lall 和 Albaladejo (2003) 对我国出口产品结构进行了实证研究，结果发现，我国出口的竞争优势主要集中在低技术产品上。他们还进一步分析了我国与邻国的产业内贸易，发现我国高技术产品的出口推动着邻国出口的增长。Ozcelik 和 Taymaz (2004) 对土耳其制造企业的技术进步与出口的相关性进行实证研究发现，通过许可等的技术转移对出口的影响却较弱。Fabio 和 Franesco (2005) 通过对拉丁美洲和亚洲具有体表性的九大发展中国家技术进步变化对外贸出口的影响进行实证研究，分析了技术结构的变化对出口绩效的影响，结果发现高技术产业的科技活动与外贸出口存在正相关。Fisher-Vanden 等 (2004) 的研究表明，技术研发活动是能源效率提高的重要原因。他们将技术研发进一步细分为内部自主研发创新和通过市场进行技术引进吸收两种方式，分析结果表明内部自主研发对能源效率改善所起的作用比外部技术转移要大。Yam 等 (2005) 通过对北京工业企业的技术创新与出口情况进行了调查，并对出口竞争力与技术创新之间的相关性进行了实证检验，结果发现，只有不足 20%的工业企业在生产边界上进行生产，超过 80%的工业企业的创新活动与其出口竞争力间不具有一致性。Chua (2007) 研究发现，尽管资源变得越来越稀缺，但是通过技术进步使用较少的资源投入是可能的，并认为人类终将取得克服自然资源稀缺这一障碍的技术进步。Brannlund 和 Tarek (2006) 根据对瑞典家庭调查的数据进行的分析，认为技术进步带来的能源效率改善既能够降低能源消费量，也能够减少温室气体排放量：一方面，技术进步会促进能源利用效率提高；另一方面，也将减少温室气体排放量。Castellacci (2007) 对制度变革方法与研发溢出方法做了比较研究，发现 R&D 溢出方法是市场导向性的，而制度变革方法认为制度安排有助于技术创新模式的形成，并充分对技术创新的出口竞争促进作用进行了肯定。Zhu 和 Fu (2013) 通过对出口升级进行研究，发现一国资本深化、知识创新及教育和 R&D 可以促进其出口技术复杂度的提升。

### （二）国内相关文献回顾

余道先和刘海云 (2008) 用专利授权量对我国自主创新能力进行了衡量，并就出口贸易与自主创新能力建立了线性分析模型，发现国外的专利申请授权数对我国出口贸易存在着显著的促进作用，也就是说 FDI 的技术创新有效促进了我国出口增长，然而，我国国内的专利申请数并没有显著影响到我国的出口贸易，也就是说我国国内的自主创新对出口的促进作用并不显著。王群伟和周德群(2008)利用数据包络分析(data envelope analyse，DEA)的非参数 Malmquist 指数法对技术效率、技术进步与能源效率之间的关系进行研究，结构发现，较之于技术进步，技术效率对能源效率的促进作用更加强烈，这可能是因为技术进步对能源效率具有回弹效应。隋月红和赵振华(2008)对出口结构影响因素的产业结构、研发与创新及 FDI 等进行了理论分析与实证检验，结果发现，研发与创新对我国出口资本密集型产品的出口具有显著影响。徐青和谢军(2010)采用发明专利、实用新型专利和外观设计专利的专利申请授予量指标，比较分析了江苏、广东和浙江三个出口大省的技术创新能力，并对三省不同专利类型对出口绩效的影响程度进行了实证检验，认为较之于发明专利和实用新型专利，外观设计专利是三省出口绩效存在差异的主要原因。姜磊和季民河(2011)分析了技术进步、产业结构和能源消费结构与能源效率之间的相关性，认为技术进步显著地与能源效率正相关，技术进步会提高能源效率。但是煤炭消费比重的上升对能源效率却存在负面效应，石油消费比重的升高则有利于能源效率的改善。张秋菊(2013)利用误差修正模型，实证研究了技术进步对我国整体及各地区出口增长的影响，结果发现，无论从长期来看还是从短期来看，技术进步都会促进我国出口增长，但是长期效应比短期效应更为强烈。周睿(2013)利用 22 个新兴市场国家的面板数据对市场自由化、技术进步、出口贸易对能源效率的影响进行了实证研究，发现技术进步、经济体制转型显著促进了新兴市场国家能源效率的提高，然而市场自由化则严重阻碍了新兴市场国家能源利用效率的进一步提高。

## 三、产业结构与出口产品结构

### (一)国外相关文献回顾

Mazumdar(1996)利用索洛模型深化了比较优势和经济增长的理论，认为一国进口资本品-出口消费品这样的对外贸易结构促进了经济的增长。因此，出口产品结构对产业结构具有拉动效应。Edwards (2001)则以南非为研究对象，研究了南非出口贸易和产业结构之间的关系，他运用投入-产出法将南非 1984～1997 年产出的增长归因于需求增长、贸易增加和技术的提升，通过研究发现出口贸易改变了南非的经济结构，特别是产业结构向资本密集型转换。Krausmann 和 Haberl(2002)利用 1830～1995 年的数据资料回顾了澳大利亚的工业化过程和其消费结构的变化，证实了工业化及其带来的产业结构的变化与澳大利亚的能源消费总量和消费结构有很强的相关性。Liu 等(2002)以中国为研究对象，对经济增长、国际贸易、FDI、产业结构的关系进行了分析，他们利用时间序列在各个变量间进行了协整检验，发现各变量之间存在相互促进的因果关系，并且在开放性政策环境下表现出相互加强的作用。Worz（2003）运用技术溢出效应理论来研究对外贸易结构，认为技术密集程度高的产品比技术密集程度低的产品的技术溢出效果更明显，从而促进本国经济增长，从技术的角度强调了对外贸易结构对产业结构的影响。Fisher-Vanden 等（2004）将面板计量方法应用于采集的数据中，得出了 1997～1999 年能源相对价格的上升、企业产权改革及中国的产业结构调整等为中国能源消费强度下降的因素的结论，且他们的研究发现，随着产业分类细化，产业结构变动对能源强度变化所起的作用逐渐提高。Hoekman 和 Javorcik（2004）、Kee 和 Hoekman（2007）则从大型公司的产业集聚对市场产生影响角度出发，对产业结构与出口产品贸易的关系进行了实证研究。Hang 和 Tu（2007）就中国在 1985～2004 年因撤销能源价格管制所引起的能源价格变化对总能源效率及煤、石油、电力能源效率的影响进行了深入研究，研究发现，行业调整对中国能源效率的改进发挥了重要作用。Harrison（2010）则研究了发展中国家的对外贸易、FDI 及产业政策之间的相关关系，研究发现，一国积极的产业政策（包括鼓励产业集聚、技术引进和产业组织等）均可以有效促进一国的经济和贸易增长。Li 等（2012）则从地理经济学的角度对中国和中欧商品贸易进行了实证分析，研究发现，尽管中国现阶段商品出口仍以劳动密集型为主，然而部分产业部门已经出现了一定的技术升级，尤其是电子、计算机及通信设备等部门。Bekkers 和 Francois（2013）则在 Hoekman 和 Javorcik（2004）、Kee 和 Hoekman（2007）的研究基础上进一步分析了大型公司的异质性问题，并对其出口产品结构与产业结构之间的相关关系进行了研究。

### （二）国内相关文献回顾

李磊（2000）对 1985～1998 年我国出口贸易结构与产业结构进行了分析，发现劳动密集型行业出口贸易结构与产业结构负相关，资本密集型行业出口贸易结构与产业结构正相关。张亚斌（2000）认为，一国出口产品结构通常是由其生产结构及生产地比较优势决定的，但出口产品结构的优化也会反过来促进生产技术进步及结构变化。林伯强（2001，2003）分析指出，中国的产业结构变动，尤其是重工业变动会对能源消费产生显著影响，重工业比重的上升将会导致能源消费增加。蓝庆新和田海峰（2002）则定义了对外贸易结构与产业结构变化的指标，对二者结构变化对经济总量增长的贡献度进行了度量，分析了对外贸易结构变化与产业结构变化对经济增长转型的影响。王岳平和葛岳静（2004）、蒋昭侠（2004）从实质、动因机制等方面剖析其对技术进步继而对产业升级的推动作用，指出产业结构总体上决定出口产品结构，但出口产品结构反映着产业结构并引导着一国产业结构的变化。徐博和刘芳（2004）通过函数推导和实证检验，证实了结构变动对能源消费总量的影响，认为第一产业和工业比重的变化是影响中国能源消费总量变化的主要因素。李玲等（2005）从产业结构角度分析河北省能源强度与能耗强度变动成因，实证发现需增加河北省非物质生产行业部门比重，从而降低整体能源强度。吴颖(2005)和赵东(2006)认为，在产业间贸易下，出口产品结构和产业结构之间存在着一种内在联系，即产业结构决定一国出口产品结构，而出口产品结构反作用于产业结构。李政等(2006)在借鉴国际经验和历史规律的基础上对我国产业与能源的协调发展问题进行了初步的探讨，认为产业结构的演进方式是影响经济发展对能源领带程度的关键因素之一。郭志军等(2007)通过对三次产业结构与能源消费的数据进行研究，发现三次产业结构调整能够影响能源消费。张瑞和丁日佳(2007)采用分阶段、分省区的截面数据，定量分析了不同时期内能源消费受产业结构调整的影响，认为产业结构调整是影响能源消费的重要因素，产业结构调整对能源消费的影响随着时间变化而改变。乐为和钟意(2009)研究发现，我国出口产品结构与产业结构之间存在长期稳定关系，且出口产品结构对第二产业变动最为敏感。柯金川和郝艺(2008)对当前能源供需矛盾、能源供应紧张等问题进行了深入分析，针对目前状况提出了增加国内能源供应、加强能源国际合作、适时调整能源国际贸易政策、重视期货市场等政策建议。周密和刘伟(2009)用 VAR 模型对能源消费与产业结构之间的相关性做了实证研究，结果表明能源产业与产业结构间确实存在长期均衡关系。姜茜和李荣林(2010)研究发现，我国出口产品结构与产业结构的相关性较强，部门之间对出口产品结构与产业结构存在交叉影响，且该影响在资本密集型部门较为显著。马林(2013)研究发现，山东省的出口贸易结构与产业结构互为 Granger 原因。王舒(2013)通过研究我国 1999～2011 年相关数据发现，我国产业结构变化与出口结构变化之间存在单向的因果关系，且产业结构变化对出口结构变化的冲击存在正向效应。

## 四、制度创新与出口产品结构

### (一)国外相关文献回顾

Malerba(2005)探讨了政府管制创新对出口的影响，认为政府管制可以促进或限制不同行业发展，影响各行业产品的出口竞争力，从而调节出口产品结构。因此应该促进政府管制创新，以发挥其对出口产品结构的优化作用。Qi 等(2007)探讨了环境政策方面的制度创新与出口产品结构关系，其利用协整、误差修正模型检验了我国 1985～2005 年的环境规制对出口产品结构的影响，发现环境规制对清洁产品出口份额具有正向影响，即环境规制越严格，清洁产品的出口份额越高。Parto(2008)、Baskaran 和 Muchie(2009)探讨了制度创新对出口贸易的影响，认为一国的货币政策、财政政策、税收政策、贸易政策等对一国的出口贸易有重要影响，并可以有效促进出口增长和出口产品结构改善。Hoppe(2009)就制度创新对节能减排的影响进行了探讨，发现补贴和征税等政策工具的使用能有效刺激能源技术的创新和扩散，推动节能减排。Abdelrasaq 和 Mammo (2011) 就制度创新、贸易优惠政策与出口贸易之间的关系进行了探讨，认为由于各国制度创新体系不同，贸易优惠政策对各国的出口激励效果不同，对出口产品结构的优化程度也不同。

### （二）国内相关文献回顾

严建苗和申加华 (2002) 通过分析浙江出口增长轨迹，探讨了其出口产品结构转变的制度原因，认为浙江出口产品结构产生巨大变化的根本原因在于其进行了企业外贸制度创新，涌现了一批外贸精英企业，带动了出口增长和出口产品结构优化。陈庆修 (2005) 认为深化体制改革，加强制度创新，建立以追求效益为中心的引导及约束机制是缓解能源压力、推进减排的关键。黄志锋 (2005) 探讨了宏观和微观两个层次的制度创新对出口产品结构优化的推动作用，认为出口价格体制、出口许可证管理体制等宏观体制创新，以及出口退税等微观制度创新可以促进出口贸易的健康发展，有利于出口产品结构升级。姚静武和邱力生 (2008) 探讨了制度创新对节能减排的作用，认为要真正实现"节能减排"，不仅需要规划，更需要制度和体制上的保障。王涛生 (2010) 探讨了制度创新如何通过影响国际贸易成本进而调整出口产品结构，认为制度创新是国际贸易成本竞争优势的本源，是促进出口产品结构优化的重要因素，加大对高新技术产品出口的激励力度，限制高能耗、高物耗、高污染产品的出口，可以逐步优化出口产品结构。杨国锐 (2010) 认为要想实现节能减排，发展低碳经济，就要通过合理有效的制度建设，以保障节能减排的顺利进行，如可通过建立地方政府考评制度、发展碳排放交易市场等促进节能减排。马可和田亦尧 (2011) 认为节能减排和制度创新具有协同发展的关系，制度创新对节能减排的推进具有保障功能，节能减排对制度的完善具有推动功能。柳思维 (2011) 认为制度滞后在很大程度上限制了我国出口产品结构的改善，因此，应积极进行制度创新，尤其是出口管理体制的创新。刘伟华 (2013) 探讨了制度创新与湖南省出口产品结构调整的关系，认为制度创新提升了湖南省出口贸易竞争力，政府应加强廉政、勤政制度建设，从而达到优化出口产品结构、提高企业出口竞争力的目的。

## 第三节　简单的评述

国内外学者关于能源约束、出口产品结构、技术进步、产业结构，以及制度创新相互关系的研究为本书的研究奠定了重要的基础，但现有文献仍有诸多不足之处，存在一些问题需要做进一步探讨。

第一，基于节能目标约束的我国出口产品结构的研究亟待进一步探讨。关于出口产品结构调整的研究，国内外学者多从出口产品竞争力、出口比较优势等方面对其进行讨论，很少将之放到能源约束的前提下做研究。而我国目前面临的能源短缺和生态环境问题日益成为制约出口发展的关键因素，因此，节能目标约束下我国出口产品结构调整的研究也亟待做进一步的探讨。

第二，基于节能目标约束下的技术进步对我国出口产品结构影响的研究亟待进一步研究。从现有研究看，国内外学者在探讨出口产品结构优化时，对技术进步的作用有所忽视，而基于节能目标约束，就技术进步对我国出口产品结构的影响进行研究的更为少见。因此，节能目标约束下的技术进步对我国出口产品结构调整的研究也亟待做进一步探讨。

第三，现有文献仅从理论上就贸易结构与产业结构的直接关系进行了研究，针对节能目标约束下两者之间的实证研究非常少，部分实证研究则主要集中在贸易额及贸易结构对经济增长、技术外溢、产业提升等方面的影响，而直接针对节能目标约束下的贸易结构与产业结构的研究很少。

第四，本书从出口退税、人民币实际汇率多个角度就制度创新对出口产品结构的影响进行了分析。现有研究多较为定性地从制度创新视角就其对出口产品结构的影响进行探讨，而很少有学者从出口退税、人民币实际汇率角度就制度创新对出口结构调整影响进行实证研究。本书从初级产品、工业制成品出口视角，就出口退税、人民币实际汇率对出口产品结构的影响做了单位根检验、协整分析、VEC 模型、脉冲响应函数、方差分解函数及 Granger 因果关系检验的实证研究，以弥补这类研究的不足。

# 第三章　节能目标约束下我国出口产品结构调整研究的机理分析

本章拟从能源约束、技术进步、产业结构和制度创新层面，就其对出口产品结构的影响机理进行探讨。

## 第一节　能源约束对出口产品结构调整影响的机理分析

本节拟从极化效应、稳态调整效应及短板效应角度，就能源约束对出口产品结构的影响机理进行分析。

### 一、能源约束对出口产品结构调整的极化效应

经济增长的极化理论最早出现在区域经济学里，由法国经济学家 Francois Perroux（1950 年）在其《经济空间：理论的应用》中提出，该理论以非均衡发展为基础，认为增长并非同时出现在所有地方，而是以不同的强度先出现在一些增长点或增长极上，同时资源、劳动力和资本等要素会向增长极集聚，形成增长的极化效应。

只要在出口产品结构中仍然存在增长极的极化效应，一国或地区出口贸易的增长就会过度地集中在资源密集型或高能耗产品的出口上，会引导能源、人力、资金等要素流向该领域，使得该行业过度繁荣，并阻碍资本技术密集型、低能耗等行业的生产与出口，进而出现资源密集型、高能耗产品出口增长的极化效应。

资源密集型、高能耗产品出口对资本技术密集型、低能耗等产品出口的生产要素挤占作用主要表现在资金挤占和劳动力挤占两个方面（图 3.1）。

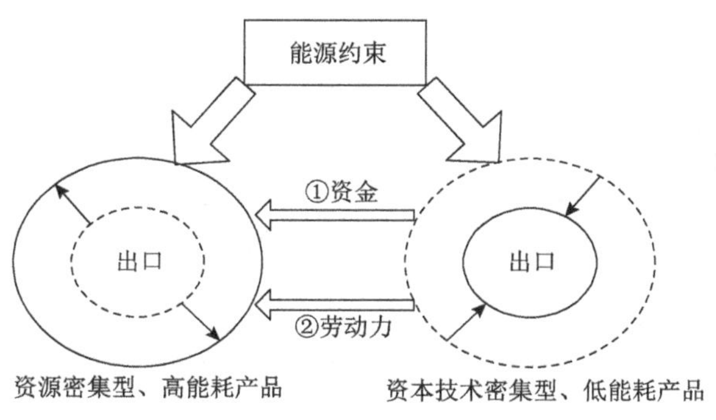


图 3.1　能源约束在出口产品结构中的极化效应

一方面，资源密集型、高能耗产品出口对资本技术密集型、低能耗等产品出口存在资金挤占效应。由于资源密集型、高能耗产业普遍在固定资产投资及管理运作等方面需要大量资金的支持，而相应资金的回收周期长、资金流动性差，难以有效释放，所以，在大量资金被约束在资源密集型、高能耗部门的情况下，形成资金的长久性挤占，资源密集型、高能耗部门对出口长期的能源约束也带来资金方面的瓶颈。另一方面，资源密集型、高能耗产品出口对资本技术密集型、低能耗等产品出口的劳动力存在挤占效应。资源密集型、高能耗行业以能源、环境为代价创造了虚高的出口利润，进而诱导劳动力从低利润的部门流动到高利润的部门，扭曲了国内的就业结构，严重影响了资本技术密集型、低能耗部门对劳动力的需求及占有。因此，资源密集型、高能耗行业对出口长期的能源约束效应也带来劳动力供给方面的瓶颈。

## 二、能源约束对出口产品结构调整的稳态调整效应

稳态经济理论最早由穆勒(1923 年)在其《政治经济学原理》中提出，该理论综合了经济学、生态学和伦理学的分析方法，认为过快的经济增长会加快资源的耗竭速度，加重环境的污染和生态的破坏，进而使经济增长失去物质基础。稳态经济理论用来解释能源约束对出口产品结构的调整作用也具有很强的说服力(图 3.2)。根据稳态增长理论，一国或地区的出口对能源的依赖表现为倒“U”形曲线运动轨迹，具体来看，一国或地区出口贸易的发展可以分为三个阶段：首先是出口贸易发展的初期，能源的供给远远小于其极限，此阶段能源约束力较小，出口规模不断扩大，与此同时，能源的约束阻力也在不断加大；其次是出口贸易发展的鼎盛时期，即出口贸易发展的中期，能源供给已经达到其极限状态，能源的约束阻力也达到峰值，出口规模也达到最大；最后是出口贸易发展的后期，能源强力约束致使出口规模逐步减少，与此同时，能源约束的阻力也随之减小，最后趋于稳定。

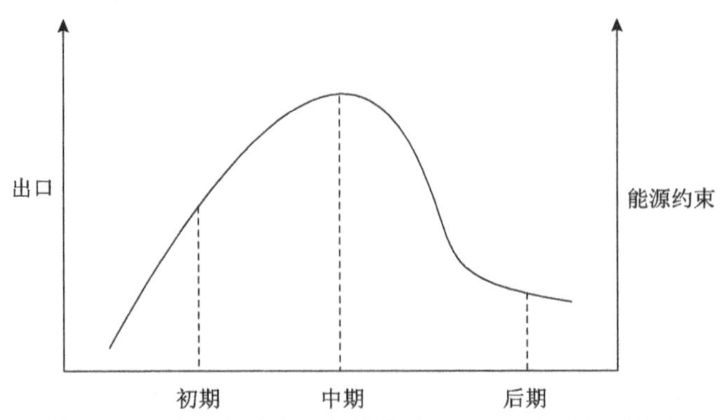


图 3.2　能源约束对出口产品结构的倒“U”形调整效应

## 三、能源约束对出口产品结构调整的短板效应

"木桶原理"又被称为"短板理论"，它最早是由美国管理学家 Peter 提出的一个经济学概念。该理论的核心内容为：一只木桶盛水的多少取决于桶壁那块最矮的木板，而非最高的木板。根据这一内容有两个推论：第一，只有桶壁上的所有木板都足够高，木桶才能够盛满水；第二，只要木桶有一块木板不够高，木桶里面的水就永远不可能是满的。我们也可以用"短板理论"来解释能源对出口产品结构的约束作用。

我们假设，生产并出口 1 单位 $X$ 产品需要 1 单位能源 $M$ 和 1 单位原材料 $N$。现在有 10 单位原材料 $N$ 和 10 单位能源 $M$，将原材料 $N$ 和能源 $M$ 组织起来共可以生产 10 单位 $X$ 产品并出口，此时能源 $M$ 对生产能力的约束力为 0；如果有 10 单位原材料 $N$ 和 8 单位能源 $M$，我们共可以生产 8 单位 $X$ 产品并出口，此时能源 $M$ 对生产能力的约束力为 20%；如果有 10 单位原材料 $N$ 和 2 单位能源 $M$，我们共可以生产 2 单位 $X$ 产品并出口，此时能源 $M$ 对生产能力的约束力为 80%；如果有 10 单位原材料 $N$ 和 0 单位能源 $M$，我们共可以生产 0 单位 $X$ 产品，此时能源 $M$ 对生产能力的约束力为 100%。由此我们可以看出，能源短缺会导致生产能力跟不上而减少出口，出现上述"短板效应"现象。能源短缺造成生产投入不协调，致使出口贸易规模受到能源"矮板"的制约。为了方便进一步讨论能源约束下不平衡的要素投入，我们将能源作为一种投入要素，将资本、劳动在内的要素投入作为其他投入要素，统一纳入到国际贸易理论的研究中，并假设在技术条件和规模收益不变的情况下，生产 $A$ 和 $B$ 两种商品，其中 $A$ 是能源密集型产品，$B$ 为其他要素密集型产品。图 3.3 为能源约束下的不均衡增长。从图 3.3 中可以看出，当我们只考虑要素供给增加时，生产可能性边界向外扩张。当能源和其他要素的供给增长的比率相同时，则 $A$ 和 $B$ 产品生产的规模收益不变，实现了均衡增长。当能源供给的增长率小于其他要素的供给增长率时，即出现能源约束时，就

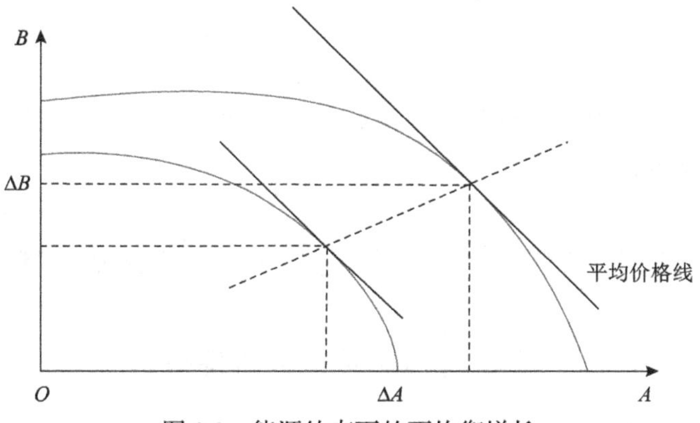


图 3.3　能源约束下的不均衡增长

会出现如图 3.3 中所描述的不均衡增长状况，移动后的生产可能性边界在能源密集型商品 $A$ 轴上扩展较多，而在其他要素密集型产品 $B$ 轴上扩展较少，即能源密集型产品 $A$ 生产的增加 $\Delta A$ 将大于其他要素密集型产品 $B$ 生产的增加 $\Delta B$。因此，能源约束会导致不同要素密集型产品出现结构上的不均衡生产和出口增长。

## 第二节　技术进步对出口产品结构调整影响的机理分析

本节拟从比较优势、质量改进角度就技术进步对我国出口产品结构调整影响的机理进行探讨。

### 一、比较优势路径

大卫·李嘉图比较优势理论认为，国际分工的原则并不局限于绝对成本上的差异，即使一国或地区在所有产品生产过程中，劳动生产率都处于优势或劣势，只要优势或劣势程度较之于其他国家或地区不同，该国就可生产成本相对较小、劳动生产率相对较大的产品进行国际贸易，以实现收益最大化。当一国或地区发生技术进步时，会使该国或地区的生产工艺得到改进，生产设备得到更新，或者使原有产品得到改进，进而使其生产成本得以降低，生产效率得以提高。这意味着该国或地区在生产该产品上的比较优势发生变化，生产该种产品可能由比较劣势转变为比较优势，使得该国加大对该种产品的生产并扩大其出口，这就是技术进步调整出口产品结构的比较优势路径。

### 二、质量改进路径

当一国或地区发生技术进步时，作为其微观经济主体的企业可能引进先进的生产设备、采用先进的生产工艺及重新对原有产品进行设计、生产以降低企业在该产品生产上的成本，提高该产品的质量，并使其生产效率得到提高。由此，企业能生产出更加物美价廉的产品。这样的企业生产出来的产品在国际市场上就会拥有更高的出口竞争力，出口数额会得到扩大。这就是技术进步促进出口产品结构调整的质量改进路径。

## 第三节　产业结构对出口产品结构调整影响的机理分析

### 一、产业结构与出口产品结构相关关系的机理分析

本小节拟从产业转移、比较优势及国际分工视角，就产业结构与出口产品结

构之间的相关关系进行探讨。

### (一)产业转移视角

传统的国际贸易理论揭示了产业间贸易和国际产业转移的一般特点。根据“生产决定流通”这一原理，产业结构是贸易结构的构成基础，贸易结构是产业结构的现实反映。弗农(1966年)的产品生命周期理论认为，发达国家(创新国)的产品生命周期经历了“生产—出口—进口”三个主要阶段；而发展中国家(模仿国)的产品生命周期则经历了“进口(引入)—生产(消费)—出口”三个主要阶段。赤松要(1956年)的雁行模式同样也认为，发展中国家(其中较多的是后发国家)的产业发展模式为“进口—生产(进口替代)—出口”。通过发达国家与发展中国家之间的产品循环过程，产业结构与出口产业结构之间得以相互影响、相互促进。具体来看，产品在发达国家与发展中国家间循环，产品结构得到改进，从而推动产业结构升级，进而推动出口产品结构改善，出口产品结构的改善又反过来带动产业结构的进一步升级。将这一循环过程联系起来，可以得到完整的国际产业转移模式，如图3.4所示。

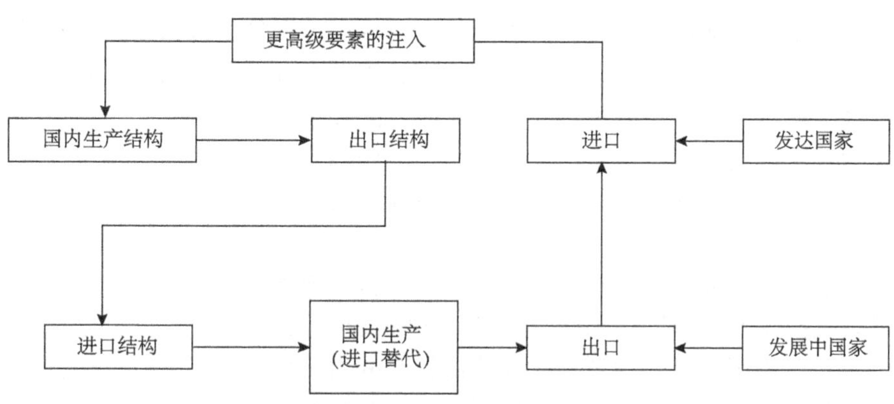


图3.4　产业转移视角下的贸易结构与产业结构关系

### (二)比较优势视角

大卫·李嘉图比较优势理论认为，一国可就其生产成本相对较小、劳动生产率相对较大的产品进行国际贸易，以实现收益最大化。基于此基础，国内以林毅夫等为代表的部分学者提出了“比较优势发展战略理论”。该理论认为，由于禀赋是一国在进行产业选择时所面临的最重要约束，发展中国家只有根据由经济体的禀赋结构所决定的比较优势进行产业选择，才可以在竞争中具有自身能力(林毅夫，2003)。具体来看，发展中国家应该通过发展劳动密集型产业加速自己的发展，通过一段时间的资本积累后，发展中国家的资本变得相对丰裕，比较优势从而转移到资本密集型产品，再发展资本密集型产业(林毅夫和苏剑，2007)。“比较优势发展战略理论”下，贸易结构与产业结构的相关关系如图 3.5 所示。

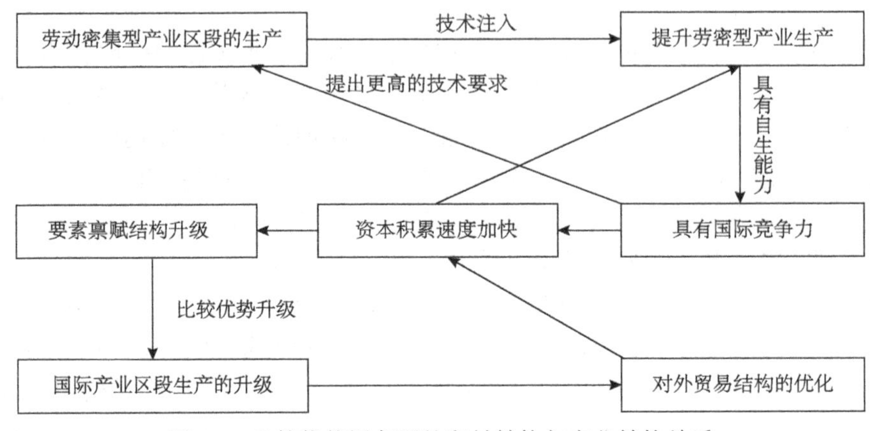


图 3.5　比较优势视角下的贸易结构与产业结构关系

## (三)国际分工视角

随着经济全球化的不断发展，国际分工呈现出了以价值链为对象的新形式，将研发、生产、销售等价值链的各个环节配置于世界各地，从而实现利润的最大化。这使得一国的竞争优势不再体现在最终产品和某个特定产业上，而是体现在该国在全球化产业价值链中所占据的环节上。国际化大分工时代，模块化发展成为主要的产业发展模式。产品被分割为由不同模块组成的产业链，这些产业链既包括产品的前期研发等前期环节，也包括中间产品的生产、零部件的装配和产品的加工组装等中期环节，还包括产品的销售和售后服务等最终环节。不同的产业链所需要的技术水平不同，因此，其产品附加值也存在较大差异。其中，中期环节中的装配、加工组装等的技术附加值最低，并由该环节向上下游延伸，附加值也随着其延伸而逐渐提升，从而形成了一个先减少后增加的 U 形曲线。

国际分工视角下贸易结构与产业结构的相关关系如图 3.6 所示。具体来看，国际分工视角下，产业结构通过影响本国产品供需结构从而对国际市场的产品供需和价格产生影响，从而影响到一国的贸易结构；反之，对外贸易直接影响到一国开放的产业部门，通过产业间的关联效应对封闭产业部门产生影响，最终反过来影响到一国的产业结构。此外，FDI 和政策(包括贸易政策和产业政策)也会对全球的产业链分工产生重要影响。从 FDI 来看，通过引进 FDI，东道国一方面会增加本国的资金积累，另一方面会提高其对本国技术、管理、市场营销等无形资产的技术溢出效应。另外，FDI 在东道国的各产业及产业内部的布局等，也会影响其产业结构，进而影响其贸易结构状况。从政策来看，一国在不同的经济发展阶段所采取的政策存在较大区别。一般情况下，一国的贸易政策越自由，其贸易结构越能反映该国的比较优势；反之，一国的贸易政策对进出口干预越多、越直接，其贸易结构与国内的比较优势越可能发生背离。产业政策对一国的产业结构存在明显的引导作用，一国可以通过产业政策的实施实现对目标产业的扶持，从而对产业结构产生直接、显著的影响。

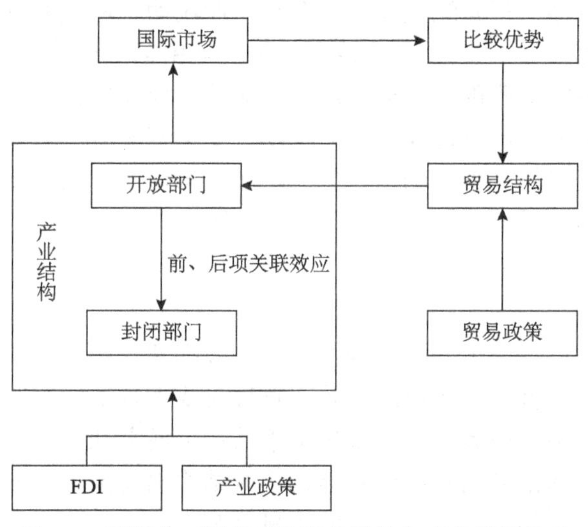


图 3.6　国际分工视角下的贸易结构与产业结构关系

## 二、产业结构对出口产品结构调整影响的机理分析

本小节拟从产业构成比重、产业结构效率及产业结构动态适应性角度对产业结构对我国出口产品结构调整影响的机理进行探讨。

### （一）产业构成比重

根据传统国际贸易理论，一国的贸易结构是由其比较优势结构决定的。因此，一般情况下一国的产业构成与其贸易结构基本一致。从产业构成比重演变过程来看，发达国家与发展中国家呈现出较大区别。从发达国家来看，在工业化初期，以第一产业为主导的产业结构决定了其食品，以及活动物、动植物油脂等初级产品的比较优势较为突出；随着工业化进程的逐渐推进，发达国家的产业不断升级，产业结构中第二产业尤其是工业的主导地位日益明显，工业制成品逐渐取代初级产品成为其比较优势产品；其后，发达国家凭借其在工业化进程中不断积累的技术优势、资本优势及对商品流通渠道的控制等既有优势，产业结构向轻化和软化方向演变，第三产业在产业构成中逐渐居于主导地位。与此同时，其出口产业结构也出现明显转变，传统制造业在出口产品结构中占比不断下降，高新技术和金融业等部门的占比不断增加。

与发达国家的产业升级过程相比，发展中国家的产业升级对出口产品结构调整路径则有着显著的不同。随着经济全球化的不断深入，国际分工格局向纵深推进，国际产业转移加速，从而改变了发展中国家产业升级的外部条件。在全球产业链分工下，发展中国家凭借其自身比较优势参与国际分工，大量承接来自发达国家的国际产业转移，资源配置集中向低端产业流动，依赖大量劳动力、资源投入发展加工制造业和重工业，从而实现其主导产业由第一产业向第二产业的转变，以加工制造业为主的工业逐渐占据了产业构成的主导地位，并形成与之相适应的比较优势。由此可见，产业构成比重的变动改变了资源流向，变更了一国的主导产业，使得其比较优势产生了动态变化，从而对出口产品结构产生影响。在经济全球化加速发展的背景下，这一影响机制的波及范围不断扩大，速度也不断加快。

### （二）产业结构效率

在开放经济条件下，不同国家的产业结构效率差异则决定了各国在国际分工链条中所处的位置。首先，产业结构效率直接对要素资源的配置效率产生影响。较低的产业结构效率使得大量的资源集中于某一个或者几个产业部门，造成这些部门产能过剩，而其余部门则产能不足，产业结构出现严重的同构性，产业要素也存在严重的浪费和闲置。日益增长的大量过剩产能在本土市场无法得到完全的消化吸收，只能依赖外部市场需求，从而造成了出口规模的不断膨胀，出口产品结构因此受到影响。其次，产业结构效率直接影响产业技术创新能力。较低的产业结构效率严重妨碍到技术创新，产业技术比较优势难以建立，从而降低了一国产业参与国际产业链分工的能力，使其无法摆脱全球产业价值链中相对低端的生产环节，同时在缺乏技术比较优势的条件下，一国企业只能采取廉价策略实现其国际扩张，而廉价策略会造成国内同行业在国际市场上的恶性竞争，在出口规模不断扩大的同时也会导致出口结构难以得到升级。最后，产业结构效率也对传统产业升级产生影响。较低的产业结构效率使得传统产业由于缺乏技术支持而升级缓慢，从而造成传统产业与高新技术产业之间存在一定程度的断裂关系，传统产业基础配套功能的缺失制约了高新技术产业的发展，从而对其出口结构升级产生影响。

### （三）产业结构动态适应性

随着经济全球化的不断深入，世界市场的不确定因素对一国的影响也不断增加。因此，一国对外部产品的供给结构需要不断根据世界市场的变化而进行调整。如果一国的产业结构动态适应性较弱，缺乏灵活的调整机制，其面临国际贸易结构性失衡的风险则相应较大。因此，一国的产业结构动态适应性越强，就更能适应国际分工的产业结构体系，就容易形成具有竞争力的比较优势，从而推动其出口产品结构改善。同时，比较优势的确立也可以进一步促进产业结构升级，使其进一步高级化，从而使得一国的内外部经济得以均衡发展。反之，若一国的产业结构动态适应性不足,则其产业结构不能根据国内外市场需求的变化而及时调整,比较优势难以形成，出口产品结构也因此难以得到改善。此外，产业结构的动态适应性也反过来受到国际分工的制约。一国在国际分工布局中所处的位置越低，其产业生产环节附加值就越低，就越容易出现低端产业产能过剩、过度竞争等现象。这一产业规模与技术水平的不对称也制约了一国的产业结构动态适应性，从而制约了出口产品结构改善。

## 第四节　制度创新对出口产品结构调整影响的机理分析

制度创新主要通过影响规模经济、内生比较优势、人力资本等因素推动出口贸易发展。本节拟从规模经济、内生比较优势和人力资本角度就制度创新对我国出口产品结构调整影响的机理进行探讨。

### 一、规模经济路径

规模经济指随着投入要素数量的不断增加，产出增加的比重超过投入增加的比重，单位产品的平均成本亦随着产量的增加而降低的规律性关系，即产量的不断增加可以降低生产成本，提高收益。规模经济为国际贸易提供了基础，当某一产品的生产具有规模经济时，会产生生产该产品的成本优势，引起专业化生产并出口这一产品，并逐渐形成产品的出口竞争优势，进而有利于调节出口产品结构。诺斯（1971 年）认为，制度创新是产生和实现规模经济的关键因素：一方面，政府、企业可以通过制度创新，将促进产业结构调整政策和出口产品结构调整政策有机结合起来，扩大高附加值、高技术含量企业的规模，促进这些企业实现规模经济；另一方面，由于一国的经济政策可以影响企业规模，政府通过制度创新，制定反垄断的法律制度和措施，可以打破行政垄断和地方封锁，促进企业联合兼并，成立大型企业集团，规范市场行为，为企业发展规模经济创造条件，从而调节出口产品结构。这即是制度创新调整出口产品结构的规模经济路径。

### 二、内生比较优势路径

内生比较优势指企业通过后天专业化学习或投资创新与经验积累而创造出来的比较优势，是一个国家或地区实现对外贸易发展的核心要素。制度创新可以通过技术进步创造内生比较优势。合理、有效的制度安排可以促进技术创新从而实现比较优势的升级。同时，制度创新本身具有降低交易成本的功能，是实现出口贸易内生比较优势的重要影响因素。制度创新可以降低资本、技术密集型产品分工和专业化的交易成本，为获得资本、技术型产品生产和出口的内生性比较优势提供了可能，从而有利于调整我国在国际分工中的比较利益结构，获得更多资本、技术型产品出口竞争优势，优化产品出口结构。这即是制度创新调整出口产品结构的内生比较优势路径。

## 三、人力资本路径

人力资本指劳动者受到教育、培训、实践经验、迁移等方面的投资而获得的知识和技能的积累。任何产业、贸易竞争优势的提高，都离不开一群组织型、管理型、智能型的专家人才。开发人力资本的潜能可以不断增强企业的核心竞争力，是企业获得出口竞争优势的主要来源。制度创新可以为宏观人力资本的形成提供保障。制度通过强制和非强制的方式，规定了政府、企业等在人力资本投资方面的权责和收益归属，实现人力资本投入-产出的良性循环，保证人力资本形成途径的稳定与畅通。同时，制度创新通过规范各类社会主体的行为和提供公平竞争的机制为微观主体的人力资本投资提供激励和保障。

# 第四章　我国能源约束、出口产品结构、技术进步、产业结构及制度创新的现状分析

本章拟对我国能源约束、出口产品结构、技术进步、产业结构、制度创新现状进行分析。

## 第一节　能源约束现状

我国是世界第一大能源生产和消费国，能源已成为我国经济增长的重要物质基础。但我国粗放、低效的能源消费模式快速消耗着我国的能源储备，并加剧着我国的能源约束状况。本节拟从能源供需缺口、能源消费结构和能源利用效率角度，对我国能源约束现状进行深入、细致考察。

### 一、能源供需缺口

我国能源资源比较丰富，已经被探明的常规商品能源资源总量高达 1550 亿吨标准煤，占世界总量的比重达到 10.7%，位居世界第三。具体来看，已经被探明的可直接利用的煤炭储量达到 1886 亿吨，占世界总量的比重是 12%，位居世界第二。石油地质储量约 250 亿吨，位居世界第十一。天然气的已探明储量是 2.8 万亿立方米，占世界总量的比重是 1.5%。

尽管如此，我国能源资源仍然面临诸多难题：首先，人均能源资源储量水平较低。例如，人均能源资源探明量只有 135 吨标准煤，仅相当于世界人均拥有量 264 吨标准煤的 51%。其中，煤炭人均探明储量为 147 吨，是世界人均拥有量的 70%。石油人均探明储量为 2.9 吨，是世界人均拥有量的 11%。天然气人均占有量 1.3 万立方米，是世界人均占有量的 4%。其次，能源资源分布不均衡。例如，煤炭东少西多、北丰南贫。石油资源的 73%都集中在 10 万平方千米内的 14 个盆地(如柴达木盆地)。天然气西多东少，中西部资源量为 25 万亿立方米，东部资源量仅为 3 万亿立方米。最后，能源资源开采难度大。例如，我国露采煤矿不多，多为埋藏很深的井工煤矿，开采困难。加之我国优质能源资源严重不足，如我国优质炼焦煤的储量只有 2758 亿吨，仅占全国查明煤炭资源储量的 27%，也制约了我国能源供应能力的提高，并增加了能源持续稳定供应的难度。

图 4.1 为改革开放以来我国能源供给、能源需求及能源缺口状况。

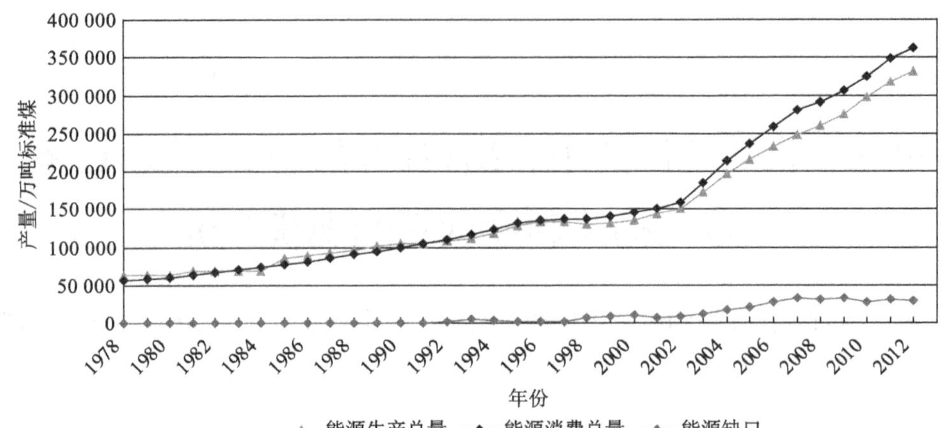


图 4.1　1978～2012 年我国能源生产、消费总量及能源缺口

资料来源：根据《中国统计年鉴 2013》整理计算

如图 4.1 所示，改革开放以来，我国能源供需状况可以分为三个阶段：第一阶段，1978～1991 年，我国能源生产量略高于能源消费量，国内能源供给能够满足国内能源需求，不存在能源缺口。可能原因在于，“文化大革命”致使我国社会经济濒临崩溃，经济规模很小，经济总量基数不高，能源耗费潜力不大。第二阶段，1992～2001 年，我国能源消费量开始略高于生产量，我国能源缺口开始扩大，能源供需缺口维持在 3000 万吨标准煤左右。主要原因在于，1992 年，邓小平南方谈话明确提出了我国要发展市场经济及全面实行对外开放政策，经济增长的活力得到进一步释放，我国工业生产总值首次突破万亿，并同时带来能源消费速度的增加。第三阶段，2002～2012 年，我国能源需求和生产量均迅速增长，但能源消费的增长速度明显高于其生产速度，导致能源缺口急剧扩大，从 2002 年的 8775 万吨标准煤迅速增长至 2012 年的 29 884 万吨标准煤。可能原因在于，2001 年我国成功加入 WTO，海外市场进一步开放，工业产值及经济总量均翻了五番，由此带来能源需求的空前上涨，能源缺口进一步加大。

## 二、能源消费结构

我国能源资源总体是“富煤、贫油、少气”，这从根本上决定了我国的能源消费主要是以煤炭为主的。图 4.2 描绘了改革开放以来我国能源消费结构的变化趋势。从图 4.2 中可知，在 1978～2012 年的 35 年间，煤炭一直在我国能源消费结构中占据主体地位，煤炭消费量占我国能源消费总量的比重一直维持在 70%左右。作为我国第二大能源消费的石油消费，其消费量在我国能源消费总量中的比重维持在 20%左右。水电、核电、风电消费占能源消费总量的比重整体不高，维持在 5%左右。天然气所占比重仅为 2.5%。

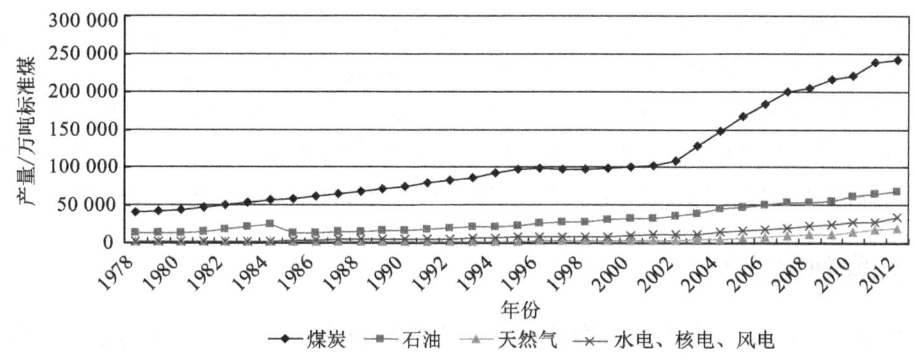


图 4.2　1978～2012 年我国能源消费结构变化趋势

资料来源：根据《中国统计年鉴 2013》整理计算

为进一步分析我国能源消费结构状况，下面将我国一次能源消费结构与世界平均水平及部分发达国家做比较。图 4.3 为 2012 年世界及世界主要国家一次能源消费结构。

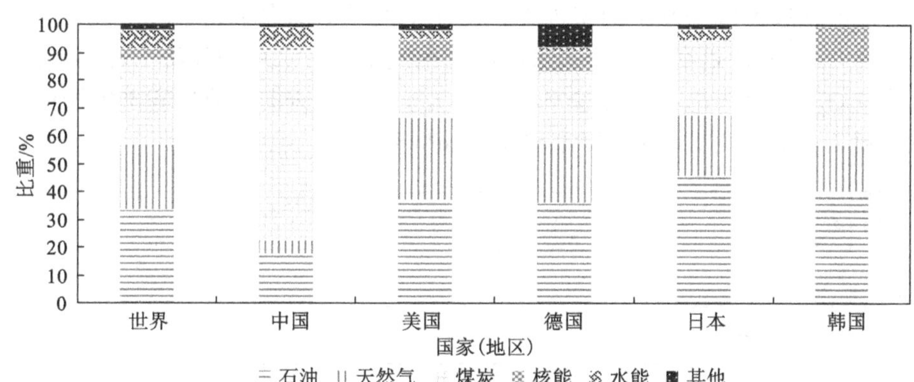


图 4.3　2012 年世界及世界主要国家一次能源消费结构

资料来源：根据 2013 年《BP 世界能源统计》整理计算

由图 4.3 可知，从国际上看，与我国以煤炭为主的能源消费结构不同的是，石油以 33.11%的比重位居世界能源需求的第一位，特别是日本、韩国的石油消费占其国内能源总需求的比重更是达到了 45.62%、40.13%，是我国石油占比 17.68%的 2 倍多。就天然气而言，美国、德国、日本、韩国及世界平均水平占其能源消费总量的比重在 20%左右(依次为 29.62%、21.72%、21.97%、16.60%、23.94%)，均远远高于我国的 4.73%。就高污染、高排放的煤炭能源而言，我国煤炭消费占能源消费总量的比重为 68.49%，远远高于美国、德国、日本、韩国及世界平均水平(19.79%、25.40%、26.01%、30.17%、29.89%)。煤炭燃烧所排放的 $CO_2$ 会造成气候变化异常，此外大量煤炭燃烧所排放的 $SO_2$ 和氮氧化物与空气中其他污染物进行复杂的大气化学反应，形成硫酸盐、硝酸盐二次颗粒，由气体污染物转化成固体污染物，导致"雾霾天气"，这是我国 PM2.5 升高的最主要原因。我国水资源居世界首位，我国水能消费占其能源消费总量的比重为 7.12%，高于美国、德国、日本、韩国及世界平均水平(2.86%、1.54%、3.83%、0.27%、6.67%)。就核电而言，我国核能消费占其能源消费总量的比重为 8.49%，远低于美国、德国、日本、韩国及世界平均水平(19.79%、25.40%、26.01%、30.17%、29.89%)。

## 三、能源利用效率

改革开放以来，我国经济增长方式一直以高投入、高能耗、高污染、低效益的粗放型增长为主要特征。尽管在加快经济建设和加大改革开放力度的同时，我国努力采取技术改造和设备更新等措施来实现增长方式转型，但能源资源的利用效率依然不高，诱发了一系列严峻的环境问题，如据 2013 年亚洲开发银行《迈向环境可持续的未来：中华人民共和国国家环境分析》报告，2012 年全球 10 个污染最严重的城市中，我国就占了 7 个。我国主导型能源(即煤、石油、天然气)的产出效率不仅远远低于发达国家水平，也低于世界平均水平。

单位 GDP 能耗是衡量一个国家能源利用效率时常采用的经济指标，其计算公式是单位 GDP 能耗=能源消费总量/GDP。为了细致、透彻地分析我国能源的利用效率，图 4.4 为我国改革开放以来单位 GDP 能耗。

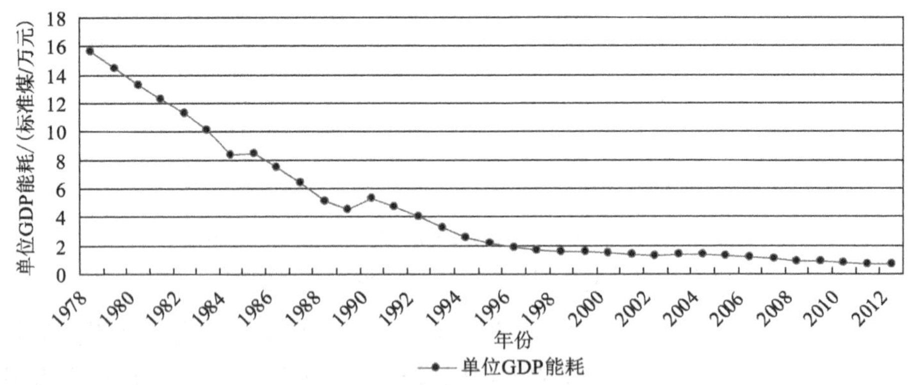


图 4.4 1978～2012 年我国单位 GDP 能耗

资料来源：根据《中国统计年鉴 2013》整理计算

由图 4.4 可知，改革开放以来，我国单位 GDP 能耗整体呈下降趋势。根据其下降速度的不同，可以大致分为三个时间段：第一，1978～1991 年，我国单位 GDP 能耗从 1978 年的 15.68 标准煤/万元迅速下降至 1991 年的 4.76 标准煤/万元，年均下降率达到 8.76%；第二，1992～2001 年，我国单位 GDP 能耗从 1992 年的 4.05 标准煤/万元下降至 1.37 标准煤/万元，年均下降率为 11.35%；第三，2002～2012 年，我国单位 GDP 能耗从 2002 年的 1.32 标准煤/万元缓慢下降至 2012 年的

0.69 标准煤/万元，年均下降率为 6.28%。

由此可以看出，图 4.4 中我国单位 GDP 能耗下降的三个阶段刚好和图 4.1 中能源消费和能源缺口扩大的三个阶段相一致，各个阶段随能源消费和能源缺口的增加，我国单位 GDP 能耗在逐步降低，能源利用效率在逐步提高。但是，我们也看到，随着经济的持续发展，我国能源资源利用效率持续改善，我国进一步降低单位 GDP 能耗的难度也在增加。

为进一步分析我国能源利用效率现状，下面特将我国能源利用效率与世界平均水平及部分发达国家水平做比较。图 4.5 反映的是 2012 年世界及世界主要国家单位 GDP 能耗。

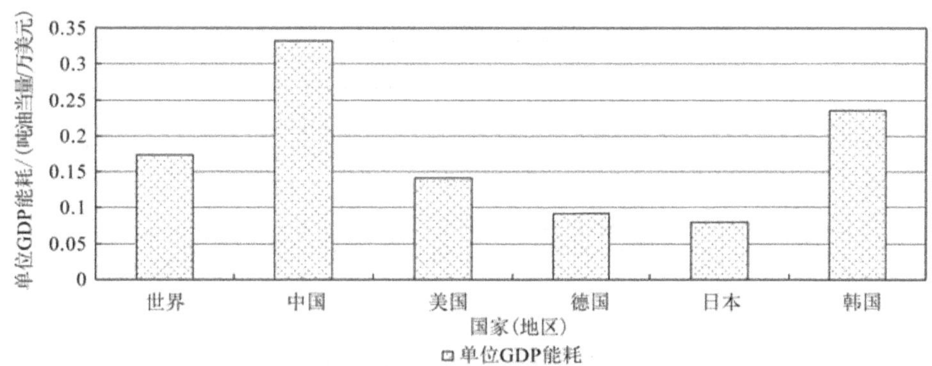


图 4.5　2012 年世界及世界主要国家单位 GDP 能耗

资料来源：根据 2013 年《BP 世界能源统计》及世界银行集团(World Bank Group，WBG)数据整理计算

如图 4.5 所示，从国际上看，2012 年我国单位 GDP 能耗为 0.33 吨油当量/万美元，两倍于 0.17 吨油当量/万美元的世界平均水平，两倍于 0.14 吨油当量/万美元的美国能耗水平，三倍于 0.09 吨油当量/万美元的德国能耗水平，四倍于 0.08 吨油当量/万美元的日本能耗水平，也比 0.23 吨油当量/万美元的韩国能耗水平要高。

由我国与世界平均水平及部分发达国家之间的能源利用效率的差距可以看出，我国的经济增长是建立在高能源成本的基础之上的。我国高能耗、高排放、数量型、粗放型的经济增长加剧着能源的供求矛盾，能源的低效使用不仅造成了能源的极大浪费，加重了环境污染，也进一步加剧了我国的能源约束状况。

## 第二节　出口产品结构现状

我国出口贸易规模不断扩大，出口产品结构也逐步改善，但较之于发达国家，仍存在很多问题，尤其是粗放型的出口方式，诱发了一系列的能源、环境和生态问题。本节分别从出口总体规模和出口产品结构两方面就我国出口产品结构现状进行了探讨。

## 一、出口总体规模

自 1978 年以来，我国出口一直保持长期增长趋势，并迅速成长为世界贸易大国。自出口额在世界排名由 1978 年的第 32 位跃然上升至 2009 年的第 1 位后，连续四年成为全球第一大出口国。图 4.6、表 4.1 为改革开放以来我国出口及其在世界中的地位。

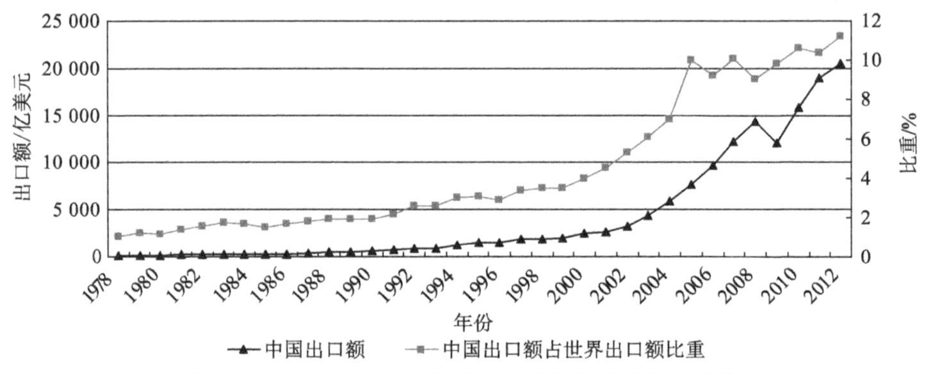


图 4.6 1978～2012 年我国出口及其在世界中的地位

资料来源：根据《中国统计年鉴 2013》及 UNCTAD 数据库整理计算

**表 4.1 1978～2012 年中国出口及在世界中的地位**

| 年份 | 中国出口额/亿美元 | 中国出口增长率/% | 世界出口额/亿美元 | 世界出口增长率/% | 中国出口额占世界出口额比重/% |
|---|---|---|---|---|---|
| 1978 | 97.5 | 35.67 | 9 655.45 | 20.56 | 1.0 |
| 1979 | 139.34 | 42.92 | 11 385.54 | 17.92 | 1.2 |
| 1980 | 181.19 | 30.03 | 15 772.38 | 38.53 | 1.1 |
| 1981 | 220.1 | 21.47 | 15 725.90 | −0.29 | 1.4 |
| 1982 | 233.45 | 6.07 | 14 873.31 | −5.42 | 1.6 |
| 1983 | 246.8 | 5.72 | 14 345.65 | −3.55 | 1.7 |
| 1984 | 260.15 | 5.41 | 15 583.24 | 8.63 | 1.7 |
| 1985 | 273.5 | 5.13 | 18 233.33 | 17.01 | 1.5 |
| 1986 | 309.4 | 13.13 | 18 200.00 | −0.18 | 1.7 |
| 1987 | 394.4 | 27.47 | 21 911.11 | 20.39 | 1.8 |
| 1988 | 475.2 | 20.49 | 25 010.53 | 14.15 | 1.9 |
| 1989 | 525.4 | 10.56 | 27 652.63 | 10.56 | 1.9 |
| 1990 | 620.91 | 18.18 | 32 679.47 | 18.18 | 1.9 |

续表

| 年份 | 中国出口额/亿美元 | 中国出口增长率/% | 世界出口额/亿美元 | 世界出口增长率/% | 中国出口额占世界出口额比重/% |
|---|---|---|---|---|---|
| 1991 | 719.10 | 15.81 | 32 686.36 | 0.02 | 2.2 |
| 1992 | 849.40 | 18.12 | 32 669.23 | −0.05 | 2.6 |
| 1993 | 917.44 | 8.01 | 35 286.15 | 8.01 | 2.6 |
| 1994 | 1 210.06 | 31.90 | 40 335.33 | 14.31 | 3.0 |
| 1995 | 1 487.80 | 22.95 | 47 993.55 | 18.99 | 3.1 |
| 1996 | 1 510.48 | 1.52 | 52 085.52 | 8.53 | 2.9 |
| 1997 | 1 827.92 | 21.02 | 53 762.35 | 3.22 | 3.4 |
| 1998 | 1 837.09 | 0.50 | 52 488.29 | −2.37 | 3.5 |
| 1999 | 1 949.31 | 6.11 | 55 694.57 | 6.11 | 3.5 |
| 2000 | 2 492.03 | 27.84 | 62 300.75 | 11.86 | 4.0 |
| 2001 | 2 660.98 | 6.78 | 59 132.89 | −5.08 | 4.5 |
| 2002 | 3 255.96 | 22.36 | 61 433.21 | 3.89 | 5.3 |
| 2003 | 4 382.28 | 34.59 | 71 840.66 | 16.94 | 6.1 |
| 2004 | 5 933.26 | 35.39 | 84 760.86 | 17.98 | 7.0 |
| 2005 | 7 619.53 | 28.42 | 76 195.30 | −10.11 | 10.0 |
| 2006 | 9 689.78 | 27.17 | 105 323.70 | 38.23 | 9.2 |
| 2007 | 12 204.56 | 25.95 | 120 837.23 | 14.73 | 10.1 |
| 2008 | 14 306.93 | 17.23 | 157 800.00 | 30.59 | 9.1 |
| 2009 | 12 016.12 | −16.01 | 122 613.45 | −22.30 | 9.8 |
| 2010 | 15 777.54 | 31.30 | 148 844.75 | 21.39 | 10.6 |
| 2011 | 18 983.81 | 20.32 | 182 536.63 | 22.64 | 10.4 |
| 2012 | 20 487.14 | 7.92 | 182 920.93 | 0.21 | 11.2 |

资料来源：根据《中国统计年鉴 2013》及 UNCTAD 数据库整理计算

从图 4.6、表 4.1 中可以看出，改革开放至今，我国出口大致可以分为三个阶段。

第一阶段，1978～1982 年，高速调整期。改革开放初期，党把工作重心转移到经济建设上来，加之 1978 年党的十一届三中全会确立了对外开放政策，我国出口活力开始得到释放。然而，十年“文化大革命”致使我国包括出口在内的社会经济濒临崩溃，整个中国处于百业待举时期，出口也处于起步阶段，出口规模很小，但是增长速度很快，从 1978 年的 97.5 亿美元高速增长至 1982 年的 233.45 亿美元，这段时期的年均增长速度达到历史空前水平，为 24.39%。

第二阶段，1982～2000 年，缓慢增长期。我国经济体制开始由计划经济逐步向市场经济体制转轨，对外开放也开始从经济特区到沿海城市，再到内陆地区扩散。1982～1985 年，我国企业国际竞争意识和国际竞争能力都较弱，受国际市场的冲击较大，致使期间我国出口贸易增速均在10%以下。1986年之后，随企业国际竞争意识的逐步增强，出口企业竞争能力的不断提高，我国出口贸易增速逐步回升至10%以上水平(除1998年、1999年受亚洲金融危机影响，增速放慢至0.50%、6.11%)。总的来看，1982～1996年我国出口增长速度的平均水平在14.44%左右。

第三阶段，2001～2012年，迅速增长期。我国2001年加入WTO，对外开放进入全新的发展阶段，许多企业积极“走出去”，打造出口优势，自此我国出口一直处于迅速增长阶段(除2009年受美国次贷危机影响出口增速下降至-16.01%)，出口额从2001年的2660.98亿美元增长至2012年的20 487.14亿美元，年均增速达到20.39%。

## 二、出口产品结构

我国出口规模迅速扩张的同时，出口产品结构也得到很大改善。但整体来看，我国出口仍主要集中于技术含量低的产品，即便是中高技术产品，大多也是低端产品。工业行业生产的产品的技术密集程度仍然较低，出口产品仍大多是低附加值、低技术、高能耗和高污染产品，这是我国出口贸易利益获得的重要障碍，并阻碍着我国从一个出口大国走向出口强国。

为进一步深入分析改革开放以来我国出口产品结构的状况，下面将按照SITC将我国出口产品分为SITC0～SITC9共10类，其中SITC0～SITC4共5类为初级产品(分别代表食品及主要供食用的活动物，饮料及烟，非食用原料，矿物燃料、润滑油及有关原料，动、植物油脂及蜡)，SITC5～SITC9共5类为工业制成品(分别代表化学品及有关产品、轻纺产品和橡胶制品矿冶产品及其制品、机械及运输设备、杂项制品和其他产品)。进而后文从三个层面对我国出口产品结构的现状进行分析：①初级产品出口和工业制成品出口；②工业制成品内部的劳动密集型、资本技术密集型产品出口；③高新技术产品出口。

### (一)初级产品和工业制成品出口

为了从初级产品、工业制成品出口角度分析我国出口产品的结构性变化历程，表4.2、图4.7给出了改革开放以来我国初级产品、工业制成品的出口结构。

**表4.2　1978～2012年我国初级产品、工业制成品出口额及比重**

| 年份 | 出口产品总额/亿美元 | 初级产品出口额/亿美元 | 初级产品比重/% | 工业制成品出口额/亿美元 | 工业制成品比重/% |
|---|---|---|---|---|---|
| 1978 | 97.50 | 52.16 | 53.50 | 45.34 | 46.50 |
| 1979 | 136.60 | 71.65 | 52.45 | 64.95 | 47.55 |

续表

| 年份 | 出口产品总额/亿美元 | 初级产品出口额/亿美元 | 初级产品比重/% | 工业制成品出口额/亿美元 | 工业制成品比重/% |
|---|---|---|---|---|---|
| 1980 | 181.19 | 91.14 | 50.30 | 90.05 | 49.70 |
| 1981 | 220.10 | 102.48 | 46.56 | 117.59 | 53.43 |
| 1982 | 223.20 | 100.50 | 45.03 | 122.71 | 54.98 |
| 1983 | 222.30 | 96.20 | 43.27 | 126.06 | 56.71 |
| 1984 | 261.40 | 119.34 | 45.65 | 142.05 | 54.34 |
| 1985 | 273.50 | 138.28 | 50.56 | 135.22 | 49.44 |
| 1986 | 309.40 | 112.72 | 36.43 | 196.70 | 63.57 |
| 1987 | 394.40 | 132.31 | 33.55 | 262.06 | 66.45 |
| 1988 | 475.16 | 144.06 | 30.32 | 331.10 | 69.68 |
| 1989 | 525.38 | 150.78 | 28.70 | 374.60 | 71.30 |
| 1990 | 620.91 | 158.86 | 25.59 | 462.05 | 74.41 |
| 1991 | 718.43 | 161.45 | 22.47 | 556.98 | 77.53 |
| 1992 | 849.40 | 170.04 | 20.02 | 679.36 | 79.98 |
| 1993 | 917.44 | 166.66 | 18.17 | 750.78 | 81.83 |
| 1994 | 1 210.06 | 197.08 | 16.29 | 1 012.98 | 83.71 |
| 1995 | 1 487.80 | 214.85 | 14.44 | 1 272.95 | 85.56 |
| 1996 | 1 510.48 | 219.25 | 14.52 | 1 291.23 | 85.48 |
| 1997 | 1 827.92 | 239.53 | 13.10 | 1 588.39 | 86.90 |
| 1998 | 1 837.09 | 204.89 | 11.15 | 1 632.20 | 88.85 |
| 1999 | 1 949.31 | 199.41 | 10.23 | 1 749.90 | 89.77 |
| 2000 | 2 492.03 | 254.60 | 10.22 | 2 237.43 | 89.78 |
| 2001 | 2 660.98 | 263.38 | 9.90 | 2 397.60 | 90.10 |
| 2002 | 3 255.96 | 285.40 | 8.77 | 2 970.56 | 91.23 |
| 2003 | 4 382.28 | 348.12 | 7.94 | 4 034.16 | 92.06 |
| 2004 | 5 933.26 | 405.49 | 6.83 | 5 527.77 | 93.17 |
| 2005 | 7 619.53 | 490.37 | 6.44 | 7 129.16 | 93.56 |
| 2006 | 9 689.78 | 529.19 | 5.46 | 9 160.17 | 94.53 |
| 2007 | 12 204.56 | 615.09 | 5.04 | 11 562.67 | 94.74 |
| 2008 | 14 306.93 | 779.57 | 5.45 | 13 527.36 | 94.55 |
| 2009 | 12 016.12 | 631.12 | 5.25 | 11 384.83 | 94.75 |
| 2010 | 15 777.54 | 816.86 | 5.18 | 14 960.69 | 94.82 |
| 2011 | 18 983.81 | 1 005.45 | 5.30 | 17 978.36 | 94.70 |
| 2012 | 20 487.14 | 1 005.58 | 4.91 | 19 481.56 | 95.09 |

资料来源：根据国家统计局 1978～2012 年数据整理计算

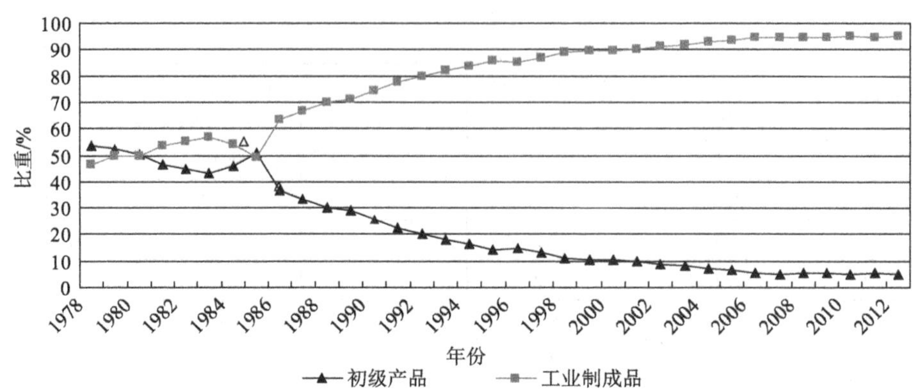


图 4.7　1978～2012 年我国初级产品、工业制成品出口比重

资料来源：根据国家统计局 1978～2012 年数据整理计算

由表 4.2、图 4.7 可以看出，根据初级产品、工业制成品出口在出口总额中的比重变化，改革开放以来我国初级产品和工业制成品出口的变化大致可以分为三个阶段。

第一阶段，1978～1981 年，我国出口产品结构基本以初级产品为主。1978 年我国初级产品出口额为 52.16 亿美元，占当年出口总额的比重为 53.50%。工业制成品出口额为 45.34 亿美元，所占比重为 46.50%。初级产品出口额及其比重略高于工业制成品，但 1978～1980 年，尽管初级产品、工业制成品出口都在增长，但工业制成品出口增速较初级产品高，致使这段时间工业制成品所占比重缓慢上升，并于 1981 年达到 53.43%，首次超过初级产品所占比重(46.56%)。

第二阶段，1982～1985 年，我国出口产品结构开始转向以工业制成品为主。1982～1984 年，工业制成品所占比重均略高于 50%(依次为 54.98%、56.71%、54.34%)。但 1983～1985 年工业制成品出口的增长速度低于初级产品出口增速，致使工业制成品比重逐步下降至 1985 年的 49.44%，并且低于 1985 年初级产品出口比重(50.56%)。总的来看，这一阶段，工业制成品所占比重开始超过初级产品出口比重，但两者比重非常接近。

第三阶段，1986～2012 年，我国出口的结构性变化越来越明显，初级产品出口额从 1986 年的 112.72 亿美元上升至 2012 年的 1005.58 亿美元，而所占比重却从 1986 年的 36.43%下降至 4.91%。与此同时，工业制成品出口额从 1986 年的 196.70 亿美元迅速上升至 2012 年的 19 481.56 亿美元，所占比重从 1986 年的 63.57%逐年上升至 2012 年的 95.09%，工业制成品的出口在我国出口中占据绝对主导地位。当前，我国工业制成品与初级产品出口额之比为 95%∶5%，远远高于发展中国家水平(60%∶40%)，也高于发达国家平均水平(80%∶20%)。

### (二)工业制成品内部的劳动密集型、资本技术密集型产品出口

改革开放以后，直至 20 世纪 80 年代中期，我国一直以资源密集型的初级产品出口为主。其中，初级产品中的矿物燃料、润滑油及有关原料的出口比重最大，为 22%左右，是我国第一大类出口产品。然而，1986 年以后，我国工业制品中的按原料分类的制成品出口比重上升到 19%左右，开始超过矿物燃料、润滑油及有关原料的出口，成为第一大类出口产品。

鉴于 20 世纪 80 年代中期，我国出口产品结构已完成从初级产品到工业制成品的升级，出口产品主要是以工业制成品为主，并在 20 世纪 90 年代中期以后，工业制成品以 90%的比重一直处于我国出口的绝对主导地位。因此，下面将从工业制成品内部对我国出口产品结构状况做更为细致、深入的分析。表 4.3、图 4.8 为改革开放以来我国工业制成品内部的出口结构。

**表 4.3　1978～2012 年我国五大类工业制成品出口额**　（单位：亿美元）

| 年份 | 工业制成品出口额 | 化学品及有关产品出口额 | 轻纺产品、橡胶制品、矿冶产品及其制品出口额 | 机械及运输设备出口额 | 杂项制品出口额 | 未分类的其他产品出口额 |
|---|---|---|---|---|---|---|
| 1978 | 45.34 | 6.76 | 24.25 | 3.55 | 10.58 | 0.20 |
| 1979 | 67.70 | 8.98 | 32.92 | 5.99 | 19.47 | 0.34 |
| 1980 | 90.05 | 11.20 | 39.99 | 8.43 | 28.36 | 2.07 |
| 1981 | 117.59 | 13.42 | 47.06 | 10.87 | 37.25 | 8.99 |
| 1982 | 122.71 | 11.96 | 43.02 | 12.63 | 37.05 | 18.05 |
| 1983 | 126.06 | 12.51 | 43.65 | 12.21 | 38.04 | 19.65 |
| 1984 | 142.05 | 13.64 | 50.54 | 14.93 | 46.97 | 15.97 |
| 1985 | 135.22 | 13.58 | 44.93 | 7.72 | 34.86 | 34.13 |
| 1986 | 196.70 | 17.33 | 58.86 | 10.94 | 49.48 | 60.09 |
| 1987 | 262.06 | 22.35 | 85.70 | 17.41 | 62.73 | 73.87 |
| 1988 | 331.10 | 28.97 | 104.89 | 27.69 | 82.68 | 86.87 |
| 1989 | 374.60 | 32.01 | 108.97 | 38.74 | 107.55 | 87.33 |
| 1990 | 462.05 | 37.30 | 125.76 | 55.88 | 126.86 | 116.25 |
| 1991 | 556.98 | 38.18 | 144.56 | 71.49 | 166.20 | 136.55 |
| 1992 | 679.36 | 43.48 | 161.35 | 132.19 | 342.34 | 0.00 |
| 1993 | 750.78 | 46.23 | 163.92 | 152.82 | 387.81 | 0.00 |
| 1994 | 1 012.98 | 62.36 | 232.18 | 218.95 | 499.37 | 0.12 |
| 1995 | 1 272.95 | 90.94 | 322.40 | 314.07 | 545.48 | 0.06 |
| 1996 | 1 291.23 | 88.77 | 284.98 | 353.12 | 564.24 | 0.12 |
| 1997 | 1 588.39 | 102.27 | 344.32 | 437.09 | 704.67 | 0.04 |

续表

| 年份 | 工业制成品出口额 | 化学品及有关产品出口额 | 轻纺产品、橡胶制品、矿冶产品及其制品出口额 | 机械及运输设备出口额 | 杂项制品出口额 | 未分类的其他产品出口额 |
|---|---|---|---|---|---|---|
| 1998 | 1 632.20 | 103.21 | 324.77 | 502.17 | 702.00 | 0.05 |
| 1999 | 1 749.90 | 103.73 | 332.62 | 588.36 | 725.10 | 0.09 |
| 2000 | 2 237.43 | 120.98 | 425.46 | 826.00 | 862.78 | 2.21 |
| 2001 | 2 397.60 | 133.52 | 438.13 | 949.01 | 871.10 | 5.84 |
| 2002 | 2 970.56 | 153.25 | 529.55 | 1 269.76 | 1 011.53 | 6.48 |
| 2003 | 4 034.16 | 195.81 | 690.18 | 1 877.73 | 1 260.88 | 9.56 |
| 2004 | 5 527.77 | 263.60 | 1 006.46 | 2 682.60 | 1 563.98 | 11.12 |
| 2005 | 7 129.16 | 357.72 | 1 291.21 | 3 522.34 | 1 941.83 | 16.06 |
| 2006 | 9 160.17 | 445.30 | 1 748.16 | 4 563.43 | 2 380.14 | 23.15 |
| 2007 | 11 562.67 | 603.24 | 2 198.77 | 5 770.45 | 2 968.45 | 21.76 |
| 2008 | 13 527.36 | 793.46 | 2 623.91 | 6 733.29 | 3 359.59 | 17.10 |
| 2009 | 11 384.83 | 620.17 | 1 848.16 | 5 902.75 | 2 997.47 | 16.29 |
| 2010 | 14 960.69 | 875.72 | 2 491.08 | 7 802.69 | 3 776.52 | 14.68 |
| 2011 | 17 978.36 | 1 147.88 | 3 195.60 | 9 017.74 | 4 593.70 | 23.43 |
| 2012 | 19 481.56 | 1 135.65 | 3 331.41 | 9 643.61 | 5 356.72 | 14.17 |

资料来源：根据国家统计局 1978～2012 年数据整理计算

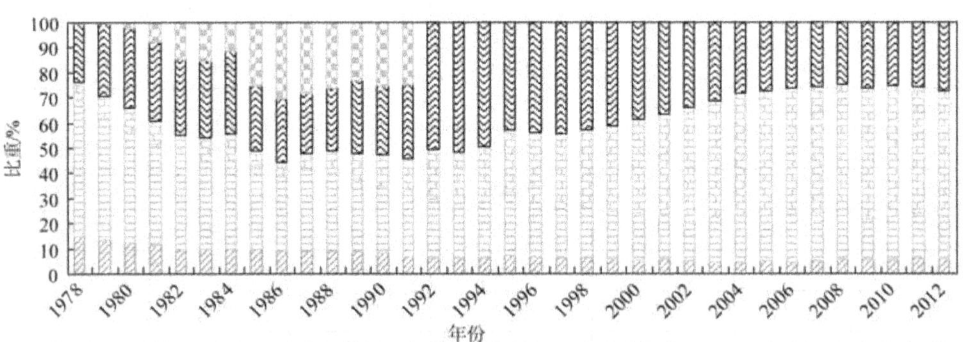


图 4.8 1978～2012 年我国五大类工业制成品出口比重

资料来源：根据国家统计局 1978～2012 年数据整理计算

由表 4.3、图 4.8 可以看出，改革开放初期，SITC6 轻纺产品、橡胶制品、矿冶产品及其制品的出口额从 1978 年的 24.25 亿美元上升至 2012 年的 3331.41 亿美元，其出口比重最大，但却呈逐年下降趋势，从 1978 年的 53.48%下降至 2012 年的 17.10%。SITC7 机械及运输设备的出口额从 1978 年的 3.55 亿美元迅速上升至 2012 年的 9643.61 亿美元，其出口比重也由 1978 年 7.83%的最低水平逐年上升至 2012 年的 49.50%。SITC8 杂项制品的出口额从 1978 年的 10.58 亿美元上升至 2012 年的 5356.72 亿美元，其出口比重较为稳定，35 年的均值维持在 30%左右。SITC5 化学品及有关产品的出口额从 1978 年的 6.76 亿美元上升至 2012 年的 1135.65 亿美元，其出口比重却有所下降，从 1978 年的 14.91%逐年下降至 2012 年的 5.83%。总的来说，改革开放以来，我国工业制成品内部的出口结构发生了很大的变化。

同时，我们将 SITC5～SITC9 共 5 类工业制成品中的 SITC5 化学品及有关产品、SITC7 机械及运输设备出口额归类为资本技术密集型产品，而将其他产品归类为劳动密集型产品。图 4.9 直观地反映了改革开放以来我国工业制成品内部的劳动密集型、资本技术密集型产品出口的结构性变化历程。

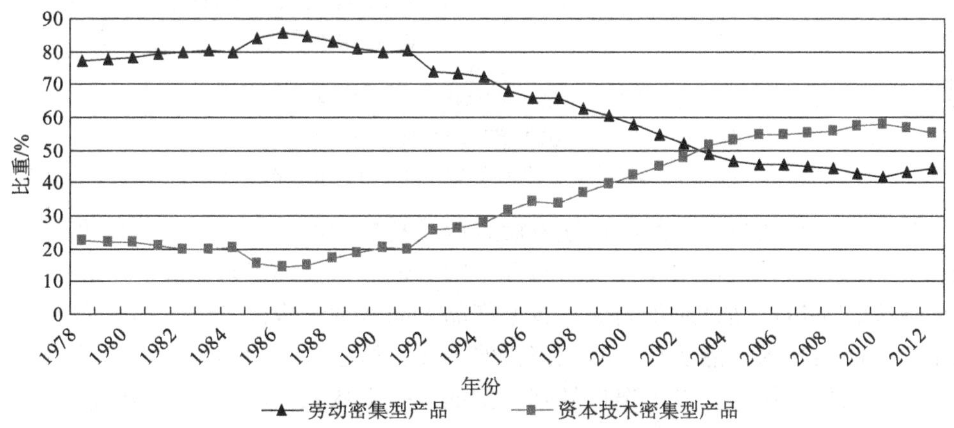


图 4.9　1978～2012 年我国劳动密集型产品、资本技术密集型产品的出口结构

资料来源：根据国家统计局 1978～2012 年数据整理计算

从图 4.9 中可以看出，自我国完成出口结构从初级产品至工业制成品的升级之后，我国出口的结构性变化历程主要为从劳动密集型工业制成品到资本技术密集型工业制成品的转变，我国资本技术密集型产品比重在 2003 年为 51.40%，开始超过劳动密集型产品比重(48.60%)。此后，资本技术密集型工业制成品的出口比重逐年上升至 2012 年的 55.33%，而劳动密集型工业制成品出口比重下降至 44.67%。尽管如此，我国出口的工业制成品仍然主要是加工品、廉价商品。

### （三）高新技术产品出口

我国高技术产品的出口贸易始于 20 世纪 80 年代末 90 年代初期，20 世纪 90 年代以来，我国高技术产品的出口持续扩大，其在出口中的地位也不断提升。图 4.10 为 1990～2012 年我国高技术产品出口状况。从图 4.10 中可以看出，20 世纪 90 年代以来我国高技术产品出口一直保持着持续快速的增长。我国高技术产品出口额从 1990 年的 26.9 亿美元迅速上升至 2012 年的 6011.639 亿美元，占我国出口总额的比重由 4.33%上升至 29.34%，占我国工业制成品出口额的比重由 5.82%上升至 30.86%。由此可见，我国高技术产品出口已带动我国出口产品结构取得了很大的进步。

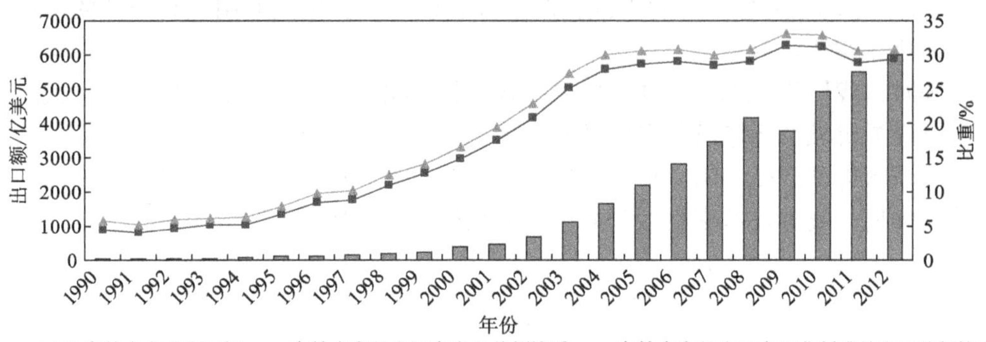


图 4.10　1990～2012 年我国高技术产品出口状况

资料来源：根据国家统计局及海关总署相关年度数据整理计算

随着我国高新技术产品的迅速发展，以及高技术产品出口额及其比重的持续增长，我国经济及出口增长方式已经开始向着依靠科技进步来发展经济和出口的方向转变，出口产品也逐步向着高技术产品方向实现结构性升级。尽管如此，我国出口的高新技术产品的技术附加值仍然不高，核心竞争力不强，缺乏具有自主知识产权的核心技术、自主出口品牌。例如，一个从我国出口至美国的价值 420 美元的 iPad，其中只有 4 美元的价值来源于我国。

## 第三节　技术进步现状

改革开放以来，随着我国科技体制改革的不断深入，技术进步推动了我国经济的发展，促进了对外贸易的增长。然而，随着经济和对外贸易增长方式逐步转轨，我国技术进步的方向和重点也开始从技术引进、技术扩散的模仿制造向着技术创新、技术扩散与技术引进相结合的方式转变。因此，本节拟从技术引进、技术扩散和科技创新方面，对我国技术进步现状做分析。

### 一、技术引进

我国技术引进可以追溯至改革开放初期。1978 年党的十一届三中全会决定把全党的工作重点转移到社会主义现代化建设上来，并强调在自力更生的基础上积极发展同世界各国平等互利的经济合作，扩大进口，努力采用世界先进技术和设备。2001 年我国加入 WTO 之后，与更多发达国家展开技术合作，技术引进的规模和领域也不断扩大。图 4.11 是改革开放以来我国技术引进合同数及其金额情况。

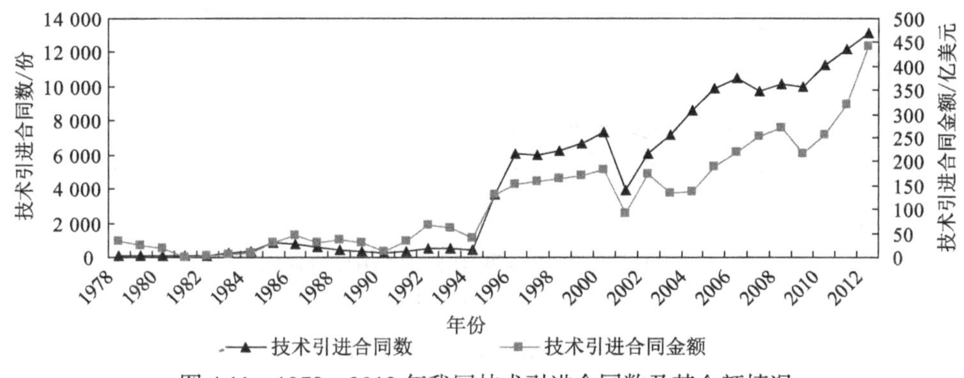


图 4.11　1978～2012 年我国技术引进合同数及其金额情况

资料来源：根据 1991～2013 年《中国科技统计年鉴》数据整理计算

从图 4.11 中可知，1978～2000 年，我国技术引进合同数由 1978 年的 75 份上升至 2000 年的 7353 份，技术引进合同金额从 32.3 亿美元上升至 181.76 亿美元，年均增长率达到 8.17%。这主要归因于我国 20 世纪 80 年代关于技术引进的“3000 项计划”和“1200 条龙计划”，其中，“3000 项计划”是指 1983～1985 年我国使用 30 亿美元从国外重点引进 3000 项先进技术对现有企业进行技术改造；“12 条龙计划”是指 1986 年开始重点对彩电国产化、数控机床、特殊钢连铸、电力机车和内燃机车制造、出口船与远洋船设备国产化等 12 个重点项目，组织科研单位、大学、生产企业合作，对它们进行消化吸收，取得了较好的效益。这两项措施促使改革开放以来我国技术进步取得了较大发展。

2001～2012 年，我国技术引进合同数从 2001 年的 3900 份上升至 2012 年的 13 151 份，技术引进合同金额从 90.91 亿美元上升至 442.7 亿美元，年均增长率为 15.48%。这主要得益于 2001 年我国加入了 WTO，在机械电子、石化化工、邮电交通等技术含量较高的行业全面展开了技术引进与技术合作。

## 二、技术扩散

技术扩散主要指技术通过一定渠道在技术供给方与引进方之间的传播、采用、模仿及吸收，为使用者带来经济效益的过程，包括通过观察、模仿国外产品来获得先进技术，如 FDI。改革开放后，我国开始大规模引用外资，尤其是 1992 年我国确立建立市场经济体制目标，投资环境日渐完善以后，我国 FDI 大幅增长。

图 4.12 是改革开放以来我国实际利用外资额的情况。

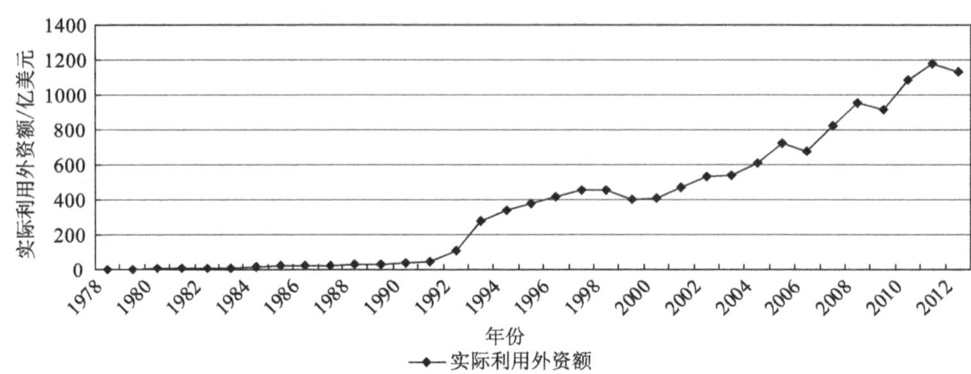


图 4.12　1978～2012 年我国实际利用外资额情况

资料来源：根据 1978～2013 年《中国统计年鉴》整理计算

从图 4.12 中可以看出，我国实际利用外资额的发展历程大致可以分为三个阶段：第一阶段，1978～1992 年，我国 FDI 处于起步阶段，呈缓慢增长趋势，由 1978 年的 2.2 亿美元上升至 1992 年的 110.08 亿美元，这一时期累计利用外资额为 363.26 亿美元。尽管这一阶段我国实际利用外资仍然很少，但随着 1983 年国务院召开第一次全国利用外资工作会议，进一步放宽利用外资政策，FDI 逐步发展起来。第二阶段，1993～2001 年，我国 FDI 处于调整提高阶段，由 1993 年的 275.15 亿美元上升至 2001 年的 468.75 亿美元，这一时期累计利用外资额为 3591.58 亿美元。主要原因在于，自 1992 年邓小平南方谈话以来，我国全面实行对外开放政策，推动了 FDI 快速发展。第三阶段，2002～2012 年，我国 FDI 处于高速发展阶段，由 2002 年的 527.43 亿美元迅速增长至 2012 年的 1132.94 亿美元，这一时期累计利用外资额达到 9162.8 亿美元，主要得益于我国加入 WTO 后，国家重新修订了《外商投资产业指导目录》，并颁布了《外商投资商业领域管理办法》等法律法规，积极促进了我国实际利用外资额的高速增长，并通过观察、模仿国外产品的技术扩散来获得先进技术，有效促进了我国技术进步的发展。

## 三、科技创新

科技创新是制约一国科技竞争力的重要因素。我国以研究开发投入为标志的科技创新起步较晚，20 世纪 90 年代后，随着我国“973”计划、“863”计划、科技攻关计划等一系列科技计划和政策的实施，以及政府财政对科技投入的加强，我国全社会科研投入开始起步，并持续增长，科技水平获得了较大的发展。图 4.13 是 20 世纪 90 年代以来我国 R&D 经费支出及 R&D 经费投入强度情况。

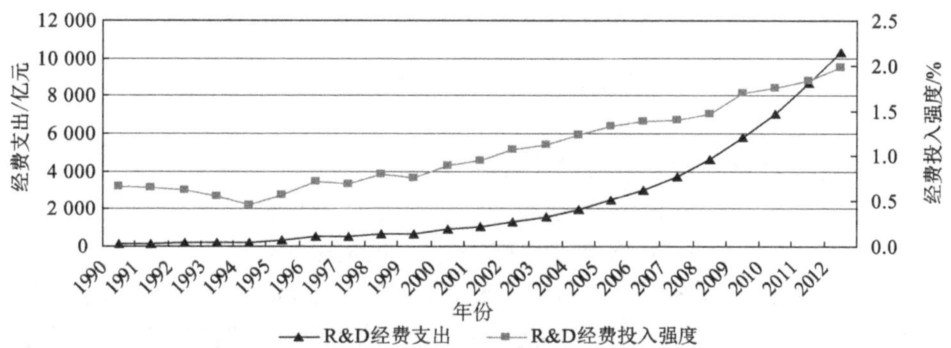


图 4.13 1990～2012 年我国 R&D 经费支出及 R&D 经费投入强度情况

资料来源：根据 1991～2013 年《中国科技统计年鉴》、《中国统计年鉴》数据整理计算

由图 4.13 可以看出，20 世纪 90 年代以来，我国 R&D 经费支出持续增长，从 1990 年的 125.43 亿元迅速增长至 2012 年的 10 298.41 亿元，增长了 80 倍有余。与此同时，我国 R&D 经费投入强度也从 1990 年的 0.67%增长至 2012 年的 1.98%，R&D 经费支出占 GDP 的比重得到很大提高。

为了进一步分析我国 R&D 经费支出及 R&D 经费投入强度，下面将我国 R&D 经费支出及 R&D 经费投入强度与世界部分发达国家做对比分析，图 4.14 是 2011 年中国和世界部分发达国家 R&D 经费支出及 R&D 投入强度情况。

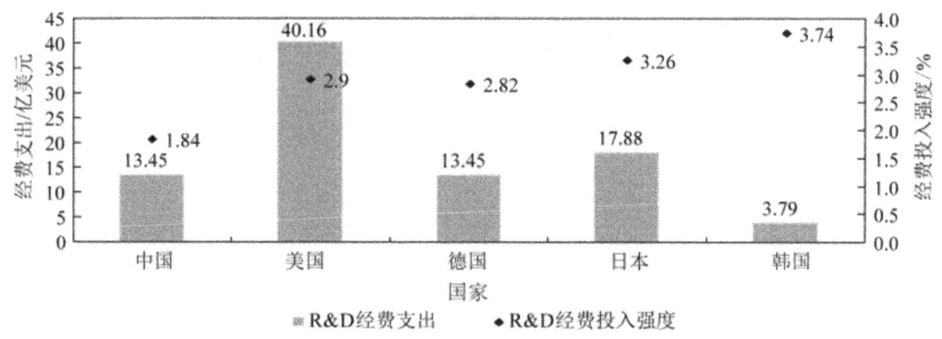


图 4.14 2011 年中国和世界部分发达国家 R&D 经费支出及 R&D 经费投入强度情况

资料来源：根据 2011 年科学技术部统计数据整理计算

从图 4.13、图 4.14 中可知，尽管 20 世纪 90 年代以来，我国 R&D 经费支出迅速增长，但是 R&D 经费投入强度仍然落后于世界发达国家水平。就 R&D 经费支出来看，2011 年我国 R&D 经费支出不足美国的 50%，低于日本，与德国并列，并高于韩国。但是就 R&D 经费投入强度来看，我国 2011 年 R&D 经费投入强度仅为 1.84%，低于美国、德国、日本及韩国的 2.9%、2.82%、3.26%及 3.74%，我国 R&D 经费投入强度与世界发达国家依然存在较大差距，制约着我国科学技术的进一步发展。

# 第四节　产业结构现状

产业结构指各产业在其经济活动过程中形成的技术经济联系，以及由此表现出的一些比重关系。总体上，有两方面含义：一方面是“量”；另一方面是“质”。“量”的方面是指国民经济中各产业之间和各产业内部的比重关系；“质”是指国民经济各产业的素质分布状态，即技术水平和经济效益的分布状态。本书在做逻辑推理和规范分析时主要侧重于产业结构“质”的考察；而做实证检验和计量分析时，考虑到实际研究的易操作性，则主要侧重于产业结构“量”的把握。接下来，本书将分别从产业构成比重、产业就业结构、产业比较劳动生产率，以及产业波及特性系数四个方面对产业结构进行“量”和“质”的分析。

## 一、产业构成比重

本小节通过三次产业占 GDP 的比重来分析我国产业构成比重现状及演变过程。图 4.15 为 1978～2012 年我国三次产业构成比重。

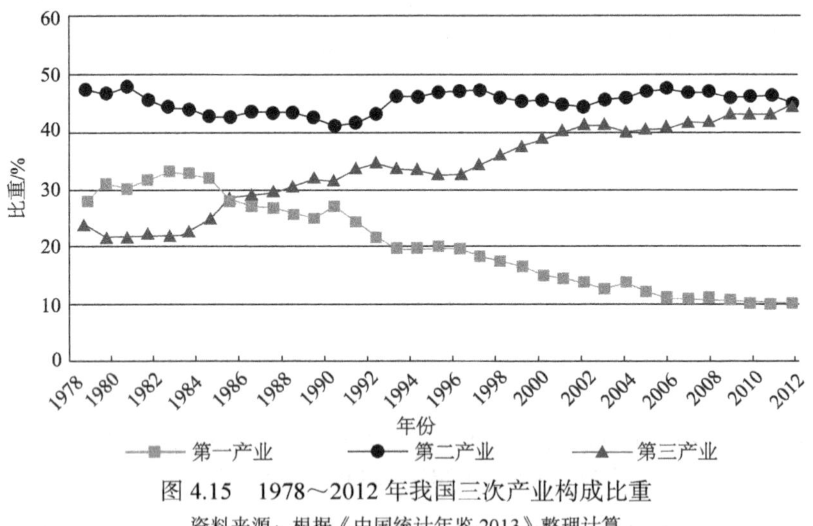


图 4.15　1978～2012 年我国三次产业构成比重

资料来源：根据《中国统计年鉴 2013》整理计算

根据图 4.15 可以将改革开放以来我国的产业结构演进分为三个阶段：第一阶段为 1978～1985 年的高速发展阶段，三次产业结构出现本质变化。这一阶段内，我国的产业结构由“二一三”逐渐演变为“二三一”，经济总体得到了飞速发展，与此同时产业布局也出现了本质变化，具体表现为第一产业在国民经济中占比下降至第三位，第三产业占比则上升至第二位。第二阶段为 1986～2001 年的结构改善阶段，三次产业比重调整明显。这一时期经济增长继续保持较高速度，而我国产业结构也得到明显改善，第一产业所占比重大幅下降，第三产业占比则快速增加，第二产业占比稳中有升。第三阶段为 2002～2012 年的稳定发展阶段，三次产业比重持续缓慢调整。加入 WTO 以来，我国产业结构调整速度逐渐放缓，然而整体上仍然保持上一阶段的特征。

### （一）第一阶段（1978～1985 年）

表 4.4 为 1978～1985 年我国三次产业在 GDP 中所占比重。从产业结构来看，样本期内第一产业占比呈现先增加后减少的倒 U 形趋势，由 1978 年的 28.19%逐渐增加至 1982 年的 33.39%（最高点），后又逐渐下降至 1985 年的 28.44%；同期第二产业的占比则呈现较明显的下降趋势，除 1980 年有短暂上升外，第二产业占比由 1978 年的 47.88%持续下降至 1985 年的 42.89%；第三产业占比则呈现先减少后增加的 U 形趋势，由 1978 年的 23.94%逐渐减少至 1980 年的 21.61%，经过一段时间的波动后于 1984 年开始快速提高，至 1985 年其占比上升至 28.67%。究其原因，1984 年随着农村家庭联产承包责任制的广泛实施，我国第一产业得以迅速发展，然而第一产业的增长主要是由农业生产制度的改革引起的，是一种补偿性的增长，因而持续性不强。同时，国务院办公厅于 1985 年转发了国家统计局《关于建立第三产业统计的报告》，自此我国第三产业有了新的划分，且其后通过的《中华人民共和国国民经济和社会发展第七个五年计划》中首次出现了“第三产业”这一概念，由于政策的大力支持，第三产业自 1985 年起得到了迅速发展。

**表 4.4　1978～1985 年我国三次产业在 GDP 中所占比重**　（单位：%）

| 年份 | 第一产业 | 第二产业 | 第三产业 |
| --- | --- | --- | --- |
| 1978 | 28.19 | 47.88 | 23.93 |
| 1979 | 31.27 | 47.10 | 21.63 |
| 1980 | 30.17 | 48.22 | 21.61 |
| 1981 | 31.88 | 46.11 | 22.01 |
| 1982 | 33.39 | 44.76 | 21.85 |
| 1983 | 33.18 | 44.38 | 22.44 |
| 1984 | 32.13 | 43.09 | 24.78 |
| 1985 | 28.44 | 42.89 | 28.67 |

资料来源：根据《中国统计年鉴 2013》整理计算

### （二）第二阶段（1986～2001 年）

表 4.5 为 1986～2001 年我国三次产业在 GDP 中所占比重。从产业结构来看，这一时期总体特征是：第一产业在 GDP 中所占比重迅速下降；第二产业所占比重略为上升；第三产业所占比重迅速上升。1986 年我国第一、第二、第三产业在

GDP 中所占的比重分别为 27.14%、43.72%、29.14%，到 2001 年，其所占比重分别为 14.39%、45.15%、40.46%。可以看出，在这一时期，我国第三产业在 GDP 中所占比重得到了迅速增长。究其原因，这一阶段内资源从第一产业大量转移到第二、第三产业，推动了第三产业的发展。总体上看，这个时期第三产业的发展带有补偿发展不足、调整比重关系的特征。具体来看，1986 年第一、第二、第三产业基本建设新增固定资产分别为 11.91 亿元、301.34 亿元和 419.9 亿元，至 2001 年其三次产业分配则分别为 189.64 亿元、3374.75 亿元和 6548.29 亿元；1986 年第一、第二、第三产业更新改造投资分别为 5.56 亿元、358.02 亿元和 85.85 亿元，至 2001 年其三次产业分配则分别为 21.04 亿元、3602.27 亿元和 2300.45 亿元。由此可见，1986～2001 年，大量资本投入向第二、第三产业转移，其中第三产业吸收资本更为充裕。因此，第三产业所占比重迅速上升，第二产业上升幅度较小，而第一产业所占比重则大幅下降。

**表 4.5　1986～2001 年我国三次产业在 GDP 中所占比重**　（单位：%）

| 年份 | 第一产业 | 第二产业 | 第三产业 | 年份 | 第一产业 | 第二产业 | 第三产业 |
|---|---|---|---|---|---|---|---|
| 1986 | 27.14 | 43.72 | 29.14 | 1994 | 19.86 | 46.57 | 33.57 |
| 1987 | 26.81 | 43.55 | 29.64 | 1995 | 19.96 | 47.18 | 32.86 |
| 1988 | 25.70 | 43.79 | 30.51 | 1996 | 19.69 | 47.54 | 32.77 |
| 1989 | 25.11 | 42.83 | 32.06 | 1997 | 18.29 | 47.54 | 34.17 |
| 1990 | 27.12 | 41.34 | 31.54 | 1998 | 17.56 | 46.21 | 36.23 |
| 1991 | 24.53 | 41.79 | 33.69 | 1999 | 16.47 | 45.76 | 37.77 |
| 1992 | 21.79 | 43.45 | 34.76 | 2000 | 15.06 | 45.92 | 39.02 |
| 1993 | 19.71 | 46.57 | 33.72 | 2001 | 14.39 | 45.15 | 40.46 |

资料来源：根据《中国统计年鉴 2013》整理计算

### （三）第三阶段（2002～2012 年）

表 4.6 为 2002～2012 年我国三次产业在 GDP 中所占比重。从产业结构来看，样本期内第一产业延续了上一阶段的下降趋势，由 2002 年的 13.74%逐渐下降至 2012 年的 10.09%。第二产业呈现先增加后减少的较为扁平的倒 U 形趋势，由 2002 年的 44.79%逐渐增加至 2006 年的 47.95%（最高点），后又逐渐下降至 2012 年的 45.32%。究其原因，自 2001 年加入 WTO 后，我国出口迅速增加，逐渐成为拉动我国经济增长的第一大因素。出口的增加带动了投资的大量增加，从而直接推动了重化工业的迅速发展，与之相配套的交通运输、能源及通信等基础设施建设也明显加快。然而 2008 年的国际金融危机对我国出口市场造成了较大冲击，直接导致工业增速下滑，第二产业所占比重因此有所下降。第三产业则呈现先减少后增加的较为扁平的 U 形趋势，由 2002 年的 41.47%逐渐下降至 2004 年的 40.38%（最

低点)，后又逐渐回升至 2012 年的 44.59%。原因可能在于，2005 年我国召开了中共十六届五中全会，提出了“提高自主创新能力”和“把增强自主创新能力作为调整产业结构、转变经济增长方式的中心环节”等产业调整战略，我国高新技术和资金技术密集型产业因此得到积极发展，第三产业所占比重也得以进一步提高。

**表 4.6　2002～2012 年我国三次产业在 GDP 中所占比重**　（单位：%）

| 年份 | 第一产业 | 第二产业 | 第三产业 | 年份 | 第一产业 | 第二产业 | 第三产业 |
|---|---|---|---|---|---|---|---|
| 2002 | 13.74 | 44.79 | 41.47 | 2008 | 10.73 | 47.45 | 41.82 |
| 2003 | 12.80 | 45.97 | 41.23 | 2009 | 10.33 | 46.24 | 43.43 |
| 2004 | 13.39 | 46.23 | 40.38 | 2010 | 10.10 | 46.67 | 43.24 |
| 2005 | 12.12 | 47.37 | 40.51 | 2011 | 10.04 | 46.61 | 43.35 |
| 2006 | 11.11 | 47.95 | 40.94 | 2012 | 10.09 | 45.32 | 44.59 |
| 2007 | 10.77 | 47.34 | 41.89 | | | | |

资料来源：根据《中国统计年鉴 2013》整理计算

## 二、产业就业结构

本小节通过三次产业就业人口占总人口比重来分析我国产业就业构成现状及演变过程。图 4.16 为 1978～2012 年我国三次产业就业人口所占比重。

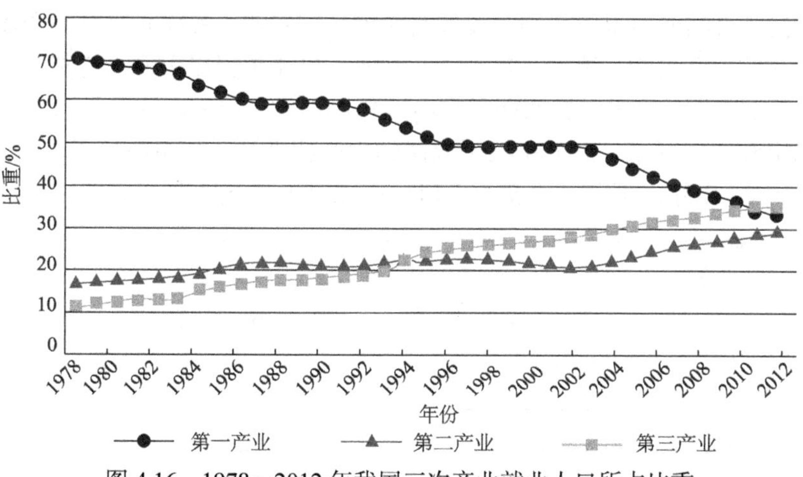


图 4.16　1978～2012 年我国三次产业就业人口所占比重

根据图 4.16 可以将改革开放以来我国的产业结构演进分为三个阶段：第一阶段为 1978～1994 年的就业结构失衡阶段。这一阶段内，我国的产业就业结构呈现“一二三”特征，第一产业就业人口占比虽快速下降，但仍远高于持续上升的第二、第三产业。第二阶段为 1995～2010 年的就业结构改善阶段，三次产业就业比重出现明显调整。这一阶段内我国产业就业结构呈现“一三二”特征，第一产业就业人口占比继续保持下降，第二产业吸纳就业能力持续偏低，而第三产业就业人口占比增速则明显加快。第三阶段为 2011～2012 年的就业结构趋于均衡阶段。这一阶段内我国产业就业结构呈现“三一二”特征，然而三次产业就业人口占比已经较为均衡。整体来看，我国产业构成比重与产业就业结构呈现一定的结构扭曲，大量剩余劳动力聚集于第一产业，劳动生产率因此较低。而随着我国工业化进程的推进，第二产业对劳动力的吸收能力较为有限。第三产业在我国发展仍较缓慢，从而限制了就业范围的扩大，第一和第二产业的大量闲置劳动力资源因此无法得到较好吸收。

### （一）第一阶段（1978～1994 年）

图 4.17 为 1978～1994 年我国三次产业就业人口所占比重变化趋势图。从三次产业就业人口的结构变化来看，其中第一产业就业人口所占比重则呈较明显的下降趋势，且其下降速度自 1984 年后明显加快，1978 年其就业人口所占比重高达 70.5%，1994 年下降至 54.3%。样本期内第二和第三产业的就业人口所占比重均呈现较为稳定的上升趋势，其中第三产业的上升速度稍快于第二产业。1978 年第二、第三产业就业人口所占比重分别为 17.3%和 12.2%，1994 年分别增加至 22.7%和 23%，且 1994 年第三产业就业人口所占比重首次超过同年的第二产业。究其原因，改革开放以来，在外向型经济政策的引导下，我国乡镇企业及城市国有企业得到了进一步壮大，其就业吸纳能力得以加强，大量农村中从事农业、畜牧业等第一产业人口纷纷投入到这些企业之中，第二、第三产业就业人口比重得以上升。特别是 1984 年，中央“一号文件”《关于一九八四年农村工作的通知》将家庭联产承包责任制在全国范围确定和推广开来，充分调动了农民的生产积极性，大量解放了农村生产力。因此，从 1984 年起，第一产业就业人口所占比重下降速度明显加快。

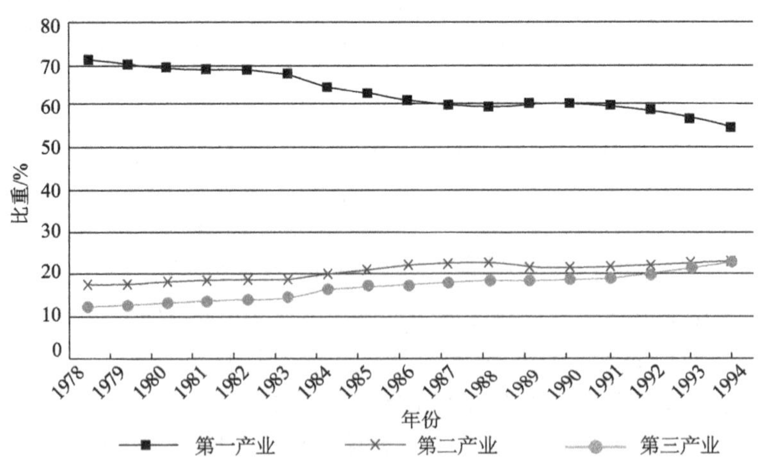


图 4.17　1978～1994 年我国三次产业就业人口所占比重

资料来源：根据《中国统计年鉴 2013》整理计算

## （二）第二阶段（1995～2010 年）

图 4.18 为 1995～2010 年我国三次产业就业人口所占比重变化趋势图。这一阶段第一产业就业人口所占比重继续下降，且下降速度自 2003 年起明显加快，由 1995 年的 52.2%下降至 2010 年的 36.7%；第二产业就业人口所占比重变化整体呈较扁平的 U 形曲线，自 1995 年的 23%起在小幅波动中呈缓慢下降，至 2002 年下降至样本期内最低点的 21.4%后开始回升，至 2010 年所占比重增加至 28.7%；第三产业就业人口占比始终呈现稳定的上升态势，由 1995 年的 24.8%稳步上升至 2010 年的 34.6%。究其原因，伴随着一系列的经济改革，我国国有经济和集体经济的就业吸纳能力不断减弱，个体私营经济虽得到一定发展，但其整体就业吸纳能力不强。与此同时，随着工业化进程的不断深入，劳动力数量的增多对于工业产值的增加的促进作用逐渐缩减，技术型人才较为短缺，而一般素质的劳动力供给则趋于饱和。因此，第二产业对于剩余劳动力的吸收能力较弱。然而，随着 2003 年我国各项改革的稳步推进，从国有资产管理体制到行政管理体制，从国有企业改革到金融改革，从"三农"问题到区域经济发展①，经济体对农村剩余劳动力的吸纳能力都得以大幅释放。因此，2003 年起第一产业就业人口所占比重下降速度和第二产业就业人口所占比重上升速度均明显加快。

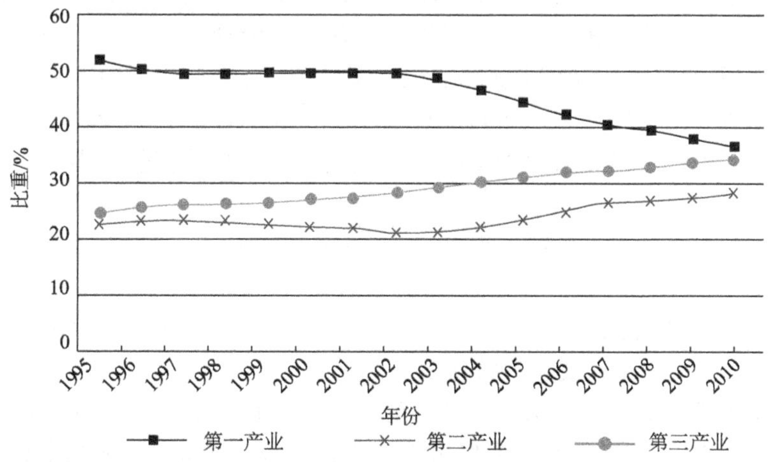


图 4.18　1995～2010 年我国三次产业就业人口所占比重

资料来源：根据《中国统计年鉴 2013》整理计算

① 参见 2003 年十届人大一次会议通过的《关于批准国务院机构改革方案的决定草案》及十六届三中全会通过的《中共中央关于完善社会主义市场经济体制若干问题的决定》

### （三）第三阶段（2011～2012 年）

自 2011 年起，第三产业就业人口占比升至第一位，第一产业就业人口占比则首次下降至第二位，第二产业就业人口占比也有一定提升。我国产业就业结构呈现出“三一二”的布局特征，且三次产业就业人口占比较为均衡。2011 年三次产业就业人口占比分别为 34.8%、29.5%和 35.7%，2012 年分别为 33.6%、30.3%和 36.1%。这一阶段第三产业就业吸纳能力的增加，既与第三产业持续增大的投资力度为其就业比重迅速增长提供了内部动力有关，也与近年来我国产业政策导向为第三产业就业比重增长营造了外部条件有关。近年来，我国不断增大高新技术、信息、物流、现代服务业等第三产业的发展力度，各地区均陆续出台了大量针对第三产业（如物业管理企业、交通运输业、仓储业、旅游业等）的优惠政策。此外，2011 年政府工作报告中明确指出服务业增加值和就业比重等三个“十一五”规划纲要的预期性目标未能完成，也促使我国进一步加大财税政策对服务业的支持力度，同时加快解决服务业企业中的中小企业和民营资本面临的融资困难、税收负担等难题。这些都使得该阶段我国第三产业得到迅速发展，就业人口比重超过第一产业上升至第一位。

## 三、产业比较劳动生产率

经济学界大多采用比较劳动生产率指标来衡量产业结构经济效益，将产业构成比重与产业就业结构联系起来，可得到产业比较劳动生产率，即用各产业产值所占 GDP 比重除以各产业就业人数占总就业人数的比重。它反映了一个产业与整个社会的劳动生产率的关系。当其值小于 1 时，表示该产业的劳动生产率低于社会平均劳动生产率；当其值大于 1 时，情况则相反。其计算公式为

$$C_i = \frac{Y_i / Y}{L_i / L} \quad (i = 1, 2, \cdots, n)$$

其中，$C_i$ 为第 $i$ 产业的比较劳动生产率；$Y_i / Y$ 为第 $i$ 产业产值所占 GDP 比重；$L_i / L$ 为第 $i$ 产业就业人数占总就业人数比重。

根据钱纳里“世界标准结构”计算的三次产业比较劳动生产率的变化情况如表 4.7 所示。观察表 4.7 中数据我们可以看到，随着人均国民收入的提高，三次产业的比较劳动生产率具有如下规律：①第一产业的比较劳动生产率呈先下降后上升的 U 形变动趋势，转折点在人均收入为 500～800 美元时，整个变动过程中其比较劳动生产率始终在 0.5 以上；②第二、第三产业的比较劳动生产率呈现出持续的下降趋势。由于“世界标准结构”是基于多个国家大量数据得出的理论模型，所以其结论具有一定的借鉴意义。

**表 4.7　“世界标准结构”比较劳动生产率变动状况**

| 人均收入 | <100 美元 | 100 美元 | 200 美元 | 300 美元 | 400 美元 | 500 美元 | 800 美元 | 1000 美元 | >1000 美元 |
|---|---|---|---|---|---|---|---|---|---|
| 第一产业 | 0.733 | 0.687 | 0.587 | 0.544 | 0.521 | 0.511 | 0.520 | 0.547 | 0.799 |
| 第二、第三产业 | 1.660 | 1.602 | 1.519 | 1.436 | 1.374 | 1.319 | 1.206 | 1.152 | 1.038 |

资料来源：根据钱纳里《发展的型式 1950～1970 年》第 31、32 页整理计算

## (一)第一产业

图 4.19 为 1978～2012 年我国第一产业的比较劳动生产率。样本期内我国第一产业的比较劳动生产率整体远低于“世界标准结构”，除 1984 年(0.502)外其余年份均在 0.5 以下，说明我国第一产业的经济效益较低。整体来看我国第一产业比较劳动生产率变化趋势大致可分为两个阶段：1978～1984 年的上升阶段和 1985～2012 年的下降阶段。究其原因，1978～1984 年，我国政府政策与农民利益的关系表现为利益倾斜与硬性照顾，主要包括五个方面的政策：农副产品价格的保护政策、农用工业品价格的限制政策、减轻农民负担的“放水养鱼政策”、支持农业和农村经济发展的金融信贷政策，以及允许农村发展零售商业、农副产品就地加工业等政策[①]。1985 年起，虽然我国农村改革与发展基本延续上一阶段的思路，然而受到国家改革大环境的影响，各种体制性、结构性、政策性矛盾日益增加，致使农村各种问题日益凸现。其具体政策表现为四点：①改革的重点从农村转向城市；②财政支农政策发生偏转；③农村信贷政策的失灵；④国家宏观调控加剧了农民消费支出的非生产化与非农化[②]。

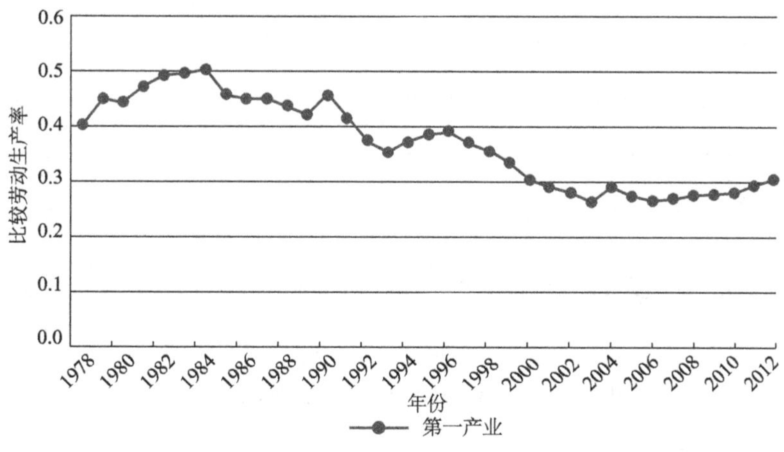


图 4.19　1978～2012 年我国第一产业比较劳动生产率

① 参见 1979 年 9 月中共十一届四中全会通过的《中共中央关于加快农业发展若干问题的决定》

② 参见 1984 年 10 月中共十二届三中全会通过的《中共中央关于经济体制改革的决定》

（二）第二产业

图 4.20 为 1978～2012 年我国第二产业的比较劳动生产率。样本期内我国第二产业比较劳动生产率整体上保持下降趋势，然而其水平却远高于“世界标准结构”的同期水平(由于表 4.7 中数据已以 1964 年的 1 美元进行平减，进行购买力换算后，1964 年的 1 美元约等于 2012 年的 5.71 美元。所以 2012 年我国 5740 美元的人均收入约合表 4.7 中的 1000 美元水平，其余年份同理)，这与我国“重工业高度倾斜”的发展战略有很大关系。整体来看，我国第二产业比较劳动生产率变化趋势大致可分为三个阶段：1978～1984 年为下降阶段；1985～2002 年为调整阶段；2003～2012 年为再度下降阶段。可能原因在于，1984 年之前我国的经济发展战略以重点扶持农业为主,然而自 1984 年起制定的一系列战略决策引起连锁性政策震荡，重农政策开始蜕变，此后至 2002 年我国第二产业产值占 GDP 比重基本保持在 45%左右，而就业人口占总人口比重基本保持在 23%左右。随着国家于 2003 年提出振兴东北地区等老工业基地战略，2005 年、2006 年和 2009 年相继批复上海浦东新区、天津滨海新区和重庆两江新区为国家级改革试验区等一系列改革政策，我国第二产业的就业吸纳能力得到了较大提高，然而产业整体水平“大而不强”的弊端并未出现明显改善。因此，第二产业的经济效益自 2003 年起再次出现下降。

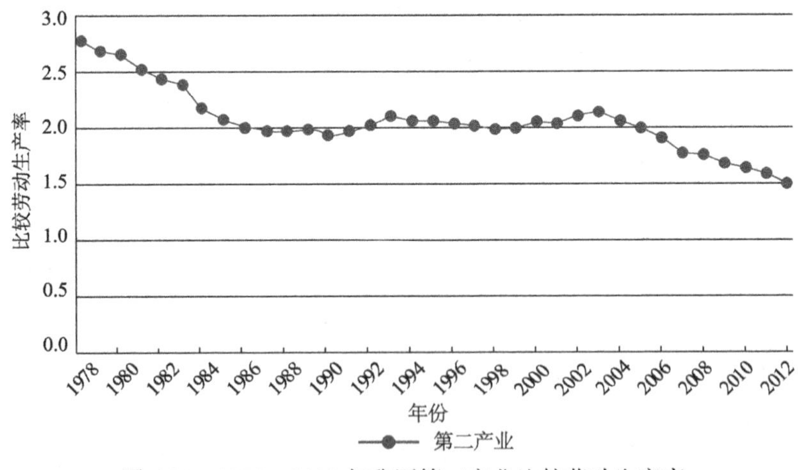

图 4.20　1978～2012 年我国第二产业比较劳动生产率

（三）第三产业

图 4.21 为 1978～2012 年我国第三产业的比较劳动生产率。样本期内我国第三产业比较劳动生产率整体上保持下降趋势，其水平虽低于第二产业，但仍略高

于“世界标准结构”的同期水平(由于表 4.7 中数据已以 1964 年的 1 美元进行平减，进行购买力换算后，1964 年的 1 美元约等于 2012 年的 5.71 美元。所以 2012 年我国 5740 美元的人均收入约合表 4.7 中的 1000 美元水平，其余年份同理)。主要原因在于第三产业自身的特性。第三产业是以提供劳务为主的行业，且其中传统劳动密集型行业的进入壁垒和进入成本都低于第二产业。因此，其对劳动力的吸纳能力也强于第二产业。整体来看，我国第三产业比较劳动生产率变化趋势大致可分为三个阶段:1978～1991 年的稳定阶段;1992～1996 年的下降阶段;1997～2012 年的第二次调整阶段。1992 年中共中央、国务院做出《关于加快发展第三产业的决定》,我国第三产业自此进入结构调整期,增长速度放缓,产业产值占 GDP 比重基本稳定，产业内部结构中新兴产业和高附加值产业发展逐渐得到发展，这些部门的发展吸纳了大量劳动力,因而 1992～1997 年我国第三产业比较劳动生产率出现了较为明显的下降。其后第三产业内部结构逐渐进入改善阶段，产值比重和就业比重基本保持同步增长。

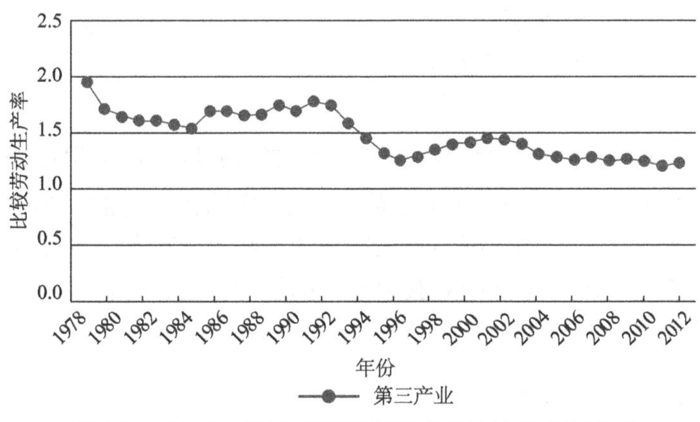


图 4.21　1978～2012 年我国第三产业比较劳动生产率

## 四、产业波及特性系数

基于投入-产出理论可以得到产业的波及特性系数,其中包括感应度系数和影响力系数(廖明球，2009；董琨，2004)。某产业受到其他产业的波及作用就是感应度，而该产业影响其他产业的波及作用就是影响力。不同产业的感应度和影响力一般不同,感应度和影响力都较大的产业,在经济发展中处于举足轻重的地位,这也是政府制定产业政策时确定主导产业的重要依据之一。

感应度系数又称“灵敏度”，反映了当国民经济各个产品部门均增加一个单位最终使用时，某一产品部门由此而受到的需求感应程度，也就是需要该部门为其他部门的生产而提供的产出量。其计算公式为

$$e_i = \frac{\frac{1}{n}\sum_{j=1}^{n} b_{ij}}{\frac{1}{n}\sum_{i=1}^{n}\left(\frac{1}{n}\sum_{j=1}^{n} b_{ij}\right)} = \frac{\sum_{j=1}^{n} b_{ij}}{\frac{1}{n}\sum_{i=1}^{n}\sum_{j=1}^{n} b_{ij}} \quad (i, j = 1, 2, \cdots, n)$$

其中，$e_i$ 为第 $i$ 产业的感应度系数；$n$ 为产业部门数目；$b_{ij}$ 为里昂惕夫逆矩阵 $B$ 中的元素（$i$，$j$=l, 2, …, $n$）。若感应度系数大于 1，表明该产业的感应度在全部产业中居于平均水平以上；反之，则表示该产业的感应度在全部产业中居于平均水平以下。感应度系数反映其他部门发展对该部门的推动作用，也可以确定重点行业和支柱产业，合理调整产业结构。

影响力系数又称“带动度”，反映了当国民经济某一产品部门增加一个单位最终使用时，对国民经济各部门所产生的生产需求及波及程度。其计算公式为

$$e_j = \frac{\frac{1}{n}\sum_{i=1}^{n} b_{ij}}{\frac{1}{n}\sum_{j=1}^{n}\left(\frac{1}{n}\sum_{i=1}^{n} b_{ij}\right)} = \frac{\sum_{i=1}^{n} b_{ij}}{\frac{1}{n}\sum_{i=1}^{n}\sum_{j=1}^{n} b_{ij}} \quad (i, j = 1, 2, \cdots, n)$$

式中，$e_j$ 为第 $j$ 产业的影响力系数；$n$ 为产业部门数目；$b_{ij}$ 为里昂惕夫逆矩阵 $B$ 中的元素（$i$,$j$=l, 2, …, $n$）。若影响力系数大于 1，表明该产业的影响力在全部产业中居于平均水平之上；反之，则表示该产业的影响力在全部产业中居于平均水平以下。影响力系数反映一个部门对其他部门的拉动作用，可以确定重点行业和优先发展的产业，以便合理调整产业结构。

### （一）产业感应度系数

根据 1987 年、2002 年和 2010 年我国投入-产出表计算所得各部门感应度系数如表 4.8 所示。可以看出，我国 28 个产业部门①中感应度系数始终大于 1 的部门共有 17 个，且绝大多数为第二产业部门。当国民经济各产业均增加一个单位最终产品时，这 16 个部门的需求感应程度高于全社会平均感应水平，即这些部门对其他部门提供的推动作用感应相对较强，这说明我国第二产业的敏感性较强。将 1987 年各部门的感应度系数与 2010 年相比较可以发现，第一产业的感应度系数在 1987～2010 年呈轻微的下降趋势，但仍保持在大于 1 的水平上，这说明我国第一产业整体灵敏度较为稳定，农业所感受到的社会需求压力较大，并受到我国国

① 由于 1987 年仅统计了 33 个部门，2010 年投入-产出延长表总共有 41 个部门，为统一口径对 3 张投入-产出表均进行了数据处理，合并为 28 个部门

民经济各部门的发展较强的制约作用，然而随着第二产业和第三产业的不断发展，农业在国民经济中所受的影响也有所减弱。第二产业和第三产业的感应度系数整体则呈较为明显的上升趋势，说明我国第二、第三产业在国民经济中的重要性不断增加，且第二、第三产业与其他产业之间的关联性也逐渐增强。其中绝大多数第二产业的感应度系数均大于 1，这与我国以工业为主的产业格局相符合；而第三产业的感应度系数均小于 1，说明我国第三产业为其他部门生产而提供的产出量较为有限，第三产业尚未很好地推动国民经济发展。

**表 4.8　各部门感应度系数**

| 部门 | 1987 年 | 2002 年 | 2010 年 |
| --- | --- | --- | --- |
| 农林牧渔业 | 1.230 361 | 1.174 925 | 1.161 441 |
| 煤炭开采和洗选业 | 0.849 828 | 0.835 837 | 0.877 494 |
| 石油和天然气开采业 | 0.699 488 | 0.691 827 | 0.775 565 |
| 金属矿采选业 | 0.919 137 | 0.975 729 | 1.037 041 |
| 非金属矿采选业 | 0.804 321 | 0.944 697 | 1.051 841 |
| 食品制造及烟草加工业 | 1.174 486 | 1.014 943 | 1.004 435 |
| 纺织业 | 1.320 666 | 1.198 112 | 1.156 796 |
| 服装、皮革、羽绒及其制品业 | 1.280 886 | 1.230 441 | 1.214 967 |
| 木材加工及家具制造业 | 1.344 097 | 1.115 288 | 1.193 953 |
| 造纸印刷及文教用品制造业 | 1.221 313 | 1.085 937 | 1.200 236 |
| 石油加工、炼焦及核燃料加工业 | 1.015 825 | 1.044 642 | 1.231 037 |
| 化学工业 | 1.116 113 | 1.174 847 | 1.212 532 |
| 非金属矿物制品业 | 1.027 423 | 1.073 471 | 1.161 966 |
| 金属冶炼及压延加工业 | 1.144 738 | 1.174 833 | 1.225 693 |
| 金属制品业 | 1.172 057 | 1.244 545 | 1.278 555 |
| 通用、专用设备制造业 | 1.147 061 | 1.208 269 | 1.258 061 |
| 交通运输设备制造业 | 1.228 077 | 1.258 327 | 1.312 054 |
| 电气、机械及器材制造业 | 1.211 328 | 1.260 778 | 1.336 084 |
| 通信设备、计算机及其他电子设备制造业 | 1.284 998 | 1.395 393 | 1.393 829 |
| 仪器仪表及文化办公用机械制造业 | 1.066 079 | 1.284 621 | 1.303 915 |
| 其他工业 | 1.168 908 | 0.918 783 | 0.979 291 |
| 建筑业 | 1.192 069 | 1.201 123 | 1.152 115 |

续表

| 部门 | 1987 年 | 2002 年 | 2010 年 |
| --- | --- | --- | --- |
| 交通运输及邮政仓储业 | 0.809 894 | 0.917 429 | 0.926 671 |
| 批发零售贸易、房地产、租赁等商业 | 0.822 276 | 0.850 787 | 0.989 142 |
| 住宿和餐饮业 | 1.098 047 | 0.953 644 | 0.913 652 |
| 金融保险业 | 0.494 079 | 0.673 259 | 0.732 393 |
| 科教文卫 | 0.685 602 | 0.915 762 | 0.853 764 |
| 其他服务业 | 0.626 428 | 0.867 672 | 0.779 387 |

此外，观察第二产业主要部门的感应度系数，可以发现以下两个特点。

第一，重工业部门感应度系数增加，轻工业部门感应度系数降低。2010 年，重工业部门中的石油和天然气开采业，金属矿采选业，非金属矿采选业，金属冶炼及压延加工业，石油加工、炼焦及核燃料加工业，化学工业，煤炭开采和洗选业等的感应度系数均较 1987 年有不同程度的增加，而轻工业部门中的木材加工及家具制造业，食品制造及烟草加工业，服装、皮革、羽绒及其制品业等的感应度系数则较 1987 年有不同程度的降低。这一现象反映出我国工业化正逐步走出以轻工业化为主导的阶段，正在进入以能源、原材料等基础工业为核心的重工业化阶段。

第二，能源和原材料部门的感应度提高。石油和天然气开采业，金属矿采选业，非金属矿采选业，金属冶炼及压延加工业，石油加工、炼焦及核燃料加工业，煤炭开采和洗选业等能源和原材料部门的感应度系数有所提高，这说明在社会经济规模迅速扩大的过程中，能源部门在对国民经济起到较强推动作用之余，也承受着巨大的社会需求压力，容易成为制约国民经济发展的瓶颈部门。

### （二）产业影响力系数

根据 1987 年、2002 年和 2010 年我国投入-产出表计算所得的各部门影响力系数如表 4.9 所示。可以看出，我国 28 个产业部门中影响力系数始终大于 1 的部门共有 10 个，不同于感应度系数，影响力系数大于 1 的部门在三次产业中的分配较为平均，除第二产业的 7 个部门外，也包括第一产业的农林牧渔业和第三产业的交通运输及邮政仓储业和金融保险业。当这 10 个部门增加一个单位最终产品时，国民经济各其他部门所受到的生产需求影响程度高于社会平均影响力水平，即这些部门对其他部门的影响辐射力较大。将 1987 年各部门的影响力系数与 2010 年相比可以发现，第一产业的影响力系数 1987～2010 年呈较为明显的下降趋势，但仍保持在大于 1 的水平，这说明作为国民经济的基础产业，第一产业对国民经济各部门的带动作用不断减弱。第二产业的影响力系数则整体上呈较为明显的上升趋势，这说明我国第二产业在国民经济中的重要性不断增加，且作为我国国民经济的主导产业，第二产业对其他产业的拉动作用也在不断增加。除交通运输及邮政仓储业、住宿和餐饮业及金融保险业外，其余第三产业的影响力系数呈明显下降趋势，且影响力系数较小。这说明我国第三产业的产出对其他部门生产起到的拉动作用有限。其原因可能在于，不同于运输仓储、住宿餐饮等第三产业部门，零售业等第三产业在产业链中属于后向部门，因而对其他部门的影响辐射力度较小，而科教文卫等部门的影响力系数较低，这与我国技术引进、学习和创新能力较弱有关。

**表 4.9　各部门影响力系数**

| 部门 | 1987 年 | 2002 年 | 2010 年 |
|---|---|---|---|
| 农林牧渔业 | 2.085 597 | 1.792 212 | 1.683 775 |
| 煤炭开采和洗选业 | 1.065 688 | 1.046 577 | 1.343 651 |
| 石油和天然气开采业 | 1.025 155 | 1.249 368 | 1.473 181 |
| 金属矿采选业 | 0.692 457 | 0.717 654 | 0.986 652 |
| 非金属矿采选业 | 0.651 154 | 0.553 486 | 0.795 498 |
| 食品制造及烟草加工业 | 0.936 276 | 0.944 603 | 1.321 645 |
| 纺织业 | 1.816 216 | 1.164 068 | 1.115 837 |
| 服装、皮革、羽绒及其制品业 | 0.674 536 | 0.631 667 | 0.610 274 |
| 木材加工及家具制造业 | 0.678 242 | 0.748 105 | 0.714 65 |
| 造纸印刷及文教用品制造业 | 1.118 702 | 1.326 058 | 1.086 27 |
| 石油加工、炼焦及核燃料加工业 | 0.773 133 | 1.299 11 | 1.508 217 |
| 化学工业 | 2.615 747 | 3.273 812 | 3.517 428 |
| 非金属矿物制品业 | 0.958 08 | 0.797 418 | 0.917 495 |
| 金属冶炼及压延加工业 | 2.227 215 | 2.496 087 | 2.587 688 |
| 金属制品业 | 0.869 194 | 1.014 721 | 1.098 646 |
| 通用、专用设备制造业 | 1.556 07 | 1.526 696 | 1.644 249 |
| 交通运输设备制造业 | 0.914 209 | 1.230 259 | 1.146 671 |
| 电气、机械及器材制造业 | 0.956 913 | 1.124 06 | 1.100 481 |
| 通信设备、计算机及其他电子设备制造业 | 0.944 598 | 1.913 146 | 1.494 292 |
| 仪器仪表及文化办公用机械制造业 | 0.606 573 | 0.618 232 | 0.626 812 |
| 其他工业 | 0.670 074 | 0.758 542 | 0.941 534 |

续表

| 部门 | 1987 年 | 2002 年 | 2010 年 |
|---|---|---|---|
| 建筑业 | 0.445 281 | 0.623 958 | 0.421 11 |
| 交通运输及邮政仓储业 | 1.139 523 | 1.880 114 | 1.603 254 |
| 批发零售贸易、房地产、租赁等商业 | 0.916 944 | 0.804 174 | 0.812 214 |
| 住宿和餐饮业 | 0.645 281 | 0.857 399 | 0.788 883 |
| 金融保险业 | 1.139 623 | 1.227 719 | 1.603 254 |
| 科教文卫 | 0.668 583 | 0.503 575 | 0.438 555 |
| 其他服务业 | 0.445 281 | 0.396 178 | 0.336 81 |

此外，与感应度系数相似，观察第二产业主要部门的影响力系数，可以发现以下两个特点。

第一，轻工业部门影响力系数降低，重工业部门影响力系数升高。2010 年，轻工业部门中的服装、皮革、羽绒及其制品业和纺织业的影响力系数较 1987 年均有不同程度的降低，说明近年来这些部门对经济的拉动作用有所下降。原因可能在于，这些行业属于传统的劳动密集型产业，作为人口大国，我国发展这些产业具有比较优势。然而随着劳动力价格的提高，这些部门的生产成本逐渐增加。此外，近年来国家对传统轻工业产业部门进行了结构调整，这些都导致其对经济的拉动作用有所下降。反之，如金属制品业，金属冶炼及压延加工业，石油加工、炼焦及核燃料加工业、化学工业等重工业部门的影响力系数则呈明显上升趋势。

第二，能源和原材料部门的影响力系数上升。煤炭开采和洗选业，石油和天然气开采业，金属冶炼及压延加工业，石油加工、炼焦及核燃料加工业等依赖能源和原材料的部门影响力系数有所上升。究其原因，能源和原材料是我国工业生产中不可或缺的必需投入品，所以能源和原材料部门对工业生产甚至其他产业，均产生越来越强的影响力。2004 年以来油价上涨、油荒、电荒等现象的发生，都充分说明了能源对国民经济的巨大影响，以及能源紧缺对国民经济的制约作用。

## 第五节　制度创新现状

随着改革开放的持续推进，我国外贸制度不断创新，逐步向市场化和自由化转变，促进了我国对外贸易额的快速增长和出口贸易结构的改善，成为推动我国对外贸易发展的主要因素。外贸制度创新是多层次、多方面的，鉴于人民币汇率、出口补贴、出口退税对出口贸易的影响是直接且较为显著的，本节拟对这三种外贸制度创新现状做总体描述，并分析其对出口产品结构的影响作用。

## 一、人民币汇率

人民币汇率即外国货币的人民币价格。若当期人民币能兑换的外币比前期多，则说明人民币升值，外币贬值，反之亦然。我国人民币汇率制度不断变迁，其中以 1994 年的人民币汇率并轨与 2005 年的人民币汇率制度改革为人民币汇率变动的两个分水岭。

### （一）人民币汇率发展状况

改革开放前，计划经济时代的人民币汇率仅是对外贸易的核算工具，对出口贸易影响较小。而改革开放以来，人民币汇率经过了多次调整，对出口贸易影响较大。鉴于 1981 年人民币汇率的调整开始与对外贸易状况联系起来[①]，本小节主要考虑此后人民币汇率的变化情况，见表 4.10、图 4.22。

**表 4.10　1981～1996 年我国人民币汇率**　（单位：人民币/美元）

| 年份 | 人民币汇率 | 年份 | 人民币汇率 |
|---|---|---|---|
| 1981 | 1.71 | 1997 | 8.29 |
| 1982 | 1.89 | 1998 | 8.28 |
| 1983 | 1.98 | 1999 | 8.28 |
| 1984 | 2.33 | 2000 | 8.28 |
| 1985 | 2.94 | 2001 | 8.28 |
| 1986 | 3.45 | 2002 | 8.28 |
| 1987 | 3.72 | 2003 | 8.28 |
| 1988 | 3.72 | 2004 | 8.28 |
| 1989 | 3.77 | 2005 | 8.19 |
| 1990 | 4.78 | 2006 | 7.97 |
| 1991 | 5.32 | 2007 | 7.60 |
| 1992 | 5.51 | 2008 | 6.95 |
| 1993 | 5.76 | 2009 | 6.83 |
| 1994 | 8.62 | 2010 | 6.77 |
| 1995 | 8.35 | 2011 | 6.46 |
| 1996 | 8.31 | 2012 | 6.31 |

资料来源：根据《中国统计年鉴 2013》及中国商务部网站数据整理计算；表中数据为年均汇率

① 我国自 1981 年 1 月 1 日起实施双重汇率制，即在官方汇率之外实施“内部结算汇率”，出口商品结汇时采用高于官方汇率的“内部结算汇率”（1981 年官方汇率$1=¥1.53，内部结算汇率为$1=¥2.8）以鼓励出口

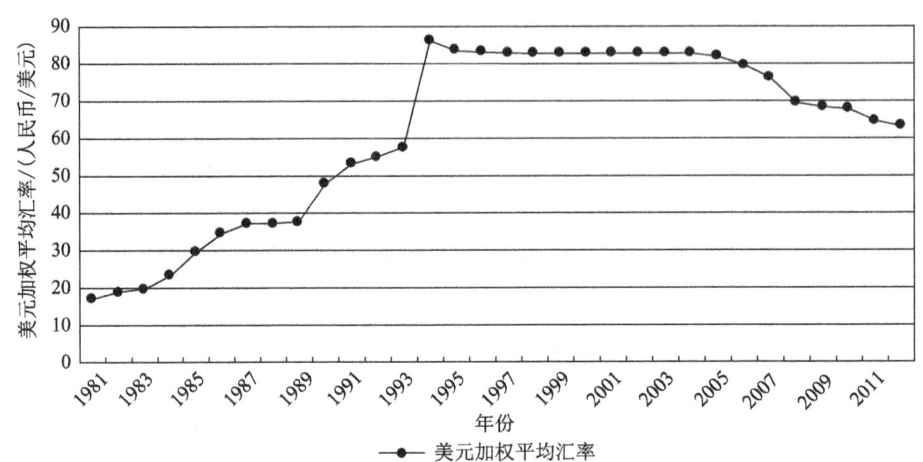


图 4.22　1981～2012 年我国人民币汇率变化

资料来源：根据《中国统计年鉴 2013》整理计算

由图 4.22 可知，1981～2012 年，人民币汇率变化总体呈现出由被高估的汇率逐渐向均衡汇率发展的趋势。具体可分为三个阶段。

第一阶段，1981～1994 年，人民币汇率总体呈贬值趋势，由 1981 年的 1 美元兑 1.71 元人民币持续跌到 1994 年的 1 美元兑 8.62 元人民币这一历史最低值。改革开放前，为降低引进先进设备等的成本，支持重工业发展，我国人民币汇率被高估。而随着对外开放的不断深入，为适应我国对外贸易发展，调节贸易收支逆差和推动出口创汇，我国采取了人民币贬值策略，以扩大对外贸易。

第二阶段，1995～2004 年，人民币汇率总体呈小幅升值趋势，由 1995 年的 1 美元兑 8.35 元人民币升到 2004 年的 1 美元兑 8.28 元人民币。这是由于我国自 1994 年 1 月 1 日起，将人民币官方汇率与外汇调剂市场汇率并轨，实行以供求为基础的单一浮动汇率制，引起人民币汇率在并轨之后的一段时间里窄幅波动上浮。同时，为应对 1997 年亚洲金融危机，我国收窄了人民币汇率浮动区间，人民币汇率固定在 1 美元兑 8.28 元人民币。

第三阶段，2005～2012 年，人民币汇率总体呈缓慢升值趋势，由 2005 年的 1 美元兑 8.19 元人民币逐渐上升到 2012 年的 1 美元兑 6.31 元人民币。2005 年 7 月 21 日起，我国实行以市场供求为基础并参考一篮子货币进行调节的有管理浮动汇率制度。当天人民币对美元汇率上调了 2.1%。此后，人民币汇率制度更具弹性，人民币逐渐升值。期间，受 2008 年金融危机影响，外部需求下降，我国净出口额减少，从而缓解了人民币升值的压力，加之政府积极进行宏观调控维稳，2008～2009 年人民币汇率趋于平稳。不过，随着对外出口形势的好转，我国贸易顺差扩大，同时受美国等外来压力影响，2010 年及以后人民币汇率持续升值。

### (二)人民币汇率变动对出口的影响

人民币汇率变动通过影响出口商品的相对价格，进而影响出口规模和出口产品结构。表 4.11、图 4.23 反映了我国自 1981 年来人民币汇率变动与出口变动的状况。

**表 4.11　人民币汇率变动与出口变动**

| 年份 | 人民币汇率/(人民币/美元) | 增幅/% | 出口总额/亿美元 | 增幅/% |
| --- | --- | --- | --- | --- |
| 1981 | 1.71 | 13.80 | 220.10 | 20.40 |
| 1982 | 1.89 | 11.00 | 223.20 | 1.41 |
| 1983 | 1.98 | 4.39 | 222.30 | −0.40 |
| 1984 | 2.33 | 17.78 | 261.40 | 17.59 |
| 1985 | 2.94 | 26.20 | 273.50 | 4.63 |
| 1986 | 3.45 | 17.58 | 309.40 | 13.13 |
| 1987 | 3.72 | 7.80 | 394.40 | 27.47 |
| 1988 | 3.72 | 0.00 | 475.20 | 20.49 |
| 1989 | 3.77 | 1.16 | 525.38 | 10.56 |
| 1990 | 4.78 | 27.04 | 620.91 | 18.18 |
| 1991 | 5.32 | 11.29 | 719.10 | 15.81 |
| 1992 | 5.51 | 3.59 | 849.40 | 18.12 |
| 1993 | 5.76 | 4.49 | 917.44 | 8.01 |
| 1994 | 8.62 | 49.58 | 1 210.06 | 31.90 |
| 1995 | 8.35 | −3.11 | 1 487.80 | 22.95 |
| 1996 | 8.31 | −0.44 | 1 510.48 | 1.52 |
| 1997 | 8.29 | −0.29 | 1 827.92 | 21.02 |
| 1998 | 8.28 | −0.13 | 1 837.09 | 0.50 |
| 1999 | 8.28 | −0.01 | 1 949.31 | 6.11 |
| 2000 | 8.28 | 0.00 | 2 492.03 | 27.84 |
| 2001 | 8.28 | −0.02 | 2 660.98 | 6.78 |
| 2002 | 8.28 | 0.00 | 3 255.96 | 22.36 |
| 2003 | 8.28 | 0.00 | 4 382.28 | 34.59 |
| 2004 | 8.28 | 0.00 | 5 933.26 | 35.39 |
| 2005 | 8.19 | −1.03 | 7 619.53 | 28.42 |
| 2006 | 7.97 | −2.68 | 9 689.78 | 27.17 |
| 2007 | 7.60 | −4.61 | 12 204.56 | 25.95 |
| 2008 | 6.95 | −8.67 | 14 306.93 | 17.23 |
| 2009 | 6.83 | −1.64 | 12 016.12 | −16.01 |
| 2010 | 6.77 | −0.90 | 15 777.54 | 31.30 |
| 2011 | 6.46 | −4.59 | 18 983.81 | 20.32 |
| 2012 | 6.31 | −2.27 | 20 487.14 | 7.92 |

资料来源：根据《中国统计年鉴 2013》及中国商务部网站数据整理计算

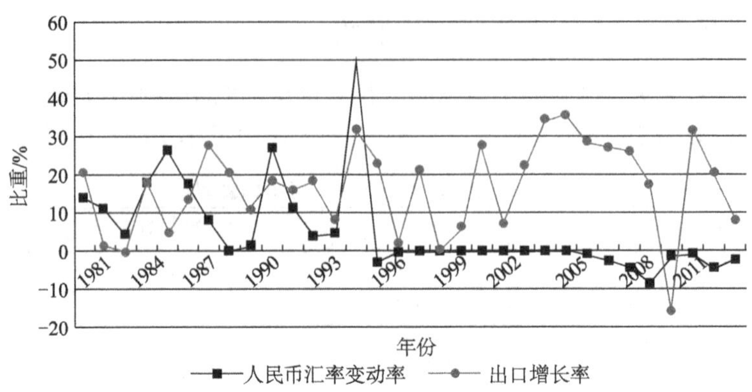


图 4.23　人民币汇率变动与出口变动

资料来源：根据《中国统计年鉴 2013》及中国商务部网站数据整理计算

从表 4.11、图 4.23 中可知，总体来看，出口增长率和人民币汇率波动率大致保持一致的变动趋势，具有正相关性。尤其在 1981～1996 年，两者变化几乎一致，人民币汇率贬值将推动出口增长，人民币汇率升值将引起出口下降。1997～2005 年，人民币汇率波动较小，几乎为零增长。这是由于，为应对 1997 年亚洲金融危机，我国收窄了人民币汇率浮动区间，在这阶段实质上实施了固定汇率制度，稳定了出口形势，整体促进了出口贸易增长。2006 年以后，两者的变动方向又基本一致，且出口增长率的变化幅度大于人民币汇率波动幅度。这是由于人民币汇率波动只是影响出口增长率变动的众多因素之一。

## 二、出口补贴

出口补贴是各国常用的一项促进出口贸易发展的政策，是一国政府根据产业发展目标，给予出口厂商和潜在的出口厂商以现金支付或者财政上的优惠待遇。可分为直接补贴和间接补贴两种方式：直接补贴是商品出口时政府支付给出口厂商的现金补贴；间接补贴是商品出口时给予出口厂商以财政上的优惠，如减免或返还出口商品所缴纳的国内税、减免制造出口商品所进口的原料和中间品的关税等。

### (一)出口补贴发展状况

改革开放后的较长时期里，在计划价格和市场价格同时运行的双轨制下，大部分出口商品仍是计划价格定价，进出口商品的国内外价格仍处于隔断状态。加之，由于出口计划任务的刚性、外贸企业自主权的约束及外贸企业经营水平较低等因素影响，我国出口仍有巨额亏损。在国家统负盈亏政策下，国家对出口企业实行出口补贴政策。

我国实施的出口补贴除上述的亏损补贴外，还有为鼓励出口创汇的奖励金制度、所得税返还政策、对特定出口商品生产专项补贴政策、针对出口生产企业实行的优惠的贷款利率政策、出口收汇贴息等。这些政策都是国家对出口的补贴，在一定程度上促进了出口贸易的发展。

### （二）出口补贴对出口的影响

鉴于出口补贴统计数据的缺乏，本小节仅定性分析出口补贴对出口的作用。首先，出口补贴的实施激发了企业扩大出口的积极性，推动了出口贸易发展。其次，在存在反出口倾向的条件下，出口补贴起到了鼓励出口、抵消贸易保护的效果，有利于推动贸易体制的“中性化”。最后，出口补贴可以推动具有比较优势的产品出口竞争力进一步提高。例如，机电产品出口所得税返还政策、纺织品生产出口专项补贴政策的实行，促进了机电产品、纺织品出口额的迅速增长。

## 三、出口退税

### （一）出口退税发展状况

出口退税是一个国家或地区对已报关离境的出口货物，由税务机关根据本国税收规定，将其已经缴纳的国内增值税或消费税等间接税款，退还给出口企业的一项税收制度，旨在鼓励出口贸易。鉴于自 1985 年 4 月 1 日起我国正式实施出口退税政策，本小节主要回顾 1985 年以来的出口退税政策调整情况。从 1985 年至今，我国出口退税政策不断调整，其调整过程主要可以分为三个阶段。

第一阶段，1985～1993 年的探索调整阶段，此阶段产品税与增值税并用。其中，1985～1988 年以退还生产环节的增值税和最后环节的产品税为主，出口退税整体规模较小，对出口贸易的促进作用不明显；1989～1993 年按照“征多少、退多少、未征不退和彻底退税”原则，退还所有环节的流转税，出口退税政策对出口贸易的推动作用显著增强。

第二阶段，1994～2004 年的全面调整阶段，此阶段退还增值税和消费税，退税率变动较大。具体来看，1994～1997 年，出口退税率逐步调低，平均出口退税率由 1994 年的 16.2%降低为 1997 年的 8.7%。从 1994 年开始，我国参照国际惯例对出口商品实行零税率政策，遵循“征多少、退多少”的中性原则，出口退税率划为 17%、13%、6%三档，1997 年出口退税率则分别下调，划为 9%、6%、3%三档。1998～2003 年，出口退税率由 1998 年的 10.0%逐步调高为 2003 年的 15.6%，出口退税率划为 17%、15%、13%、5%四档。2004 年按照“适度、稳妥、可行”

的原则，出口退税率平均调低 3%，并将出口退税率划为 17%、13%、11%、8%、5%五档。对比 1994 年的出口退税政策，可见 2004 年以来我国出口退税政策开始由中性向非中性转变。

第三阶段，2005 年至今的结构调整阶段，此阶段的调整突出体现了优化出口产品结构特征。我国分批调低、取消了一些能耗高、环境污染大的产品的出口退税率，同时提高了 IT 产品、生物医药产品等高技术含量、高附加值产品的出口退税率，旨在调整出口产品结构，推动经济增长方式的转变。此阶段，我国将出口退税率划为 17%、13%、11%、9%、5%五档。其中，2008～2009 年，为应对金融危机带来的出口形势恶化，我国对出口退税率进行了应急调整，多次提高了轻工业产品、深加工产品的出口退税率，同时上调了部分医药产品、高新技术产品的出口退税率，从而推动了出口贸易的恢复和发展。

### （二）出口退税对出口贸易量的影响

1985 年，出口退税制度在我国正式推行，在很大程度上提高了企业出口积极性，从而推动了出口贸易快速增长。表 4.12 为 1985～2012 年我国出口退税总额与出口总额，图 4.24 直观地反映了 1985～2012 年这 28 年来我国出口退税总额与出口总额变化趋势。

**表 4.12 我国出口总额与出口退税总额**（1985～2012 年）

| 年份 | 出口退税总额/亿元 | 出口总额/亿美元 | 年份 | 出口退税总额/亿元 | 出口总额/亿美元 |
|---|---|---|---|---|---|
| 1985 | 19.7 | 273.5 | 1999 | 627.7 | 1 949.3 |
| 1986 | 44.0 | 309.4 | 2000 | 810.4 | 2 492.0 |
| 1987 | 76.7 | 394.4 | 2001 | 1 071.5 | 2 661.0 |
| 1988 | 113.0 | 475.2 | 2002 | 1 259.2 | 3 256.0 |
| 1989 | 153.0 | 525.4 | 2003 | 2 039.0 | 4 382.3 |
| 1990 | 185.0 | 620.9 | 2004 | 4 200.0 | 5 933.3 |
| 1991 | 254.4 | 719.1 | 2005 | 3 371.6 | 7 619.5 |
| 1992 | 285.0 | 849.4 | 2006 | 4 284.9 | 9 689.8 |
| 1993 | 301.0 | 917.4 | 2007 | 5 273.3 | 12 204.6 |
| 1994 | 450.0 | 1 210.1 | 2008 | 5 866.1 | 14 306.9 |
| 1995 | 549.2 | 1 487.8 | 2009 | 6 487.0 | 12 016.1 |
| 1996 | 826.0 | 1 510.5 | 2010 | 7 328.0 | 15 777.5 |
| 1997 | 432.5 | 1 827.9 | 2011 | 9 205.0 | 18 983.8 |
| 1998 | 437.0 | 1 837.1 | 2012 | 10 429.0 | 20 487.1 |

资料来源：根据《中国统计年鉴 2013》及中国商务部网站数据整理计算

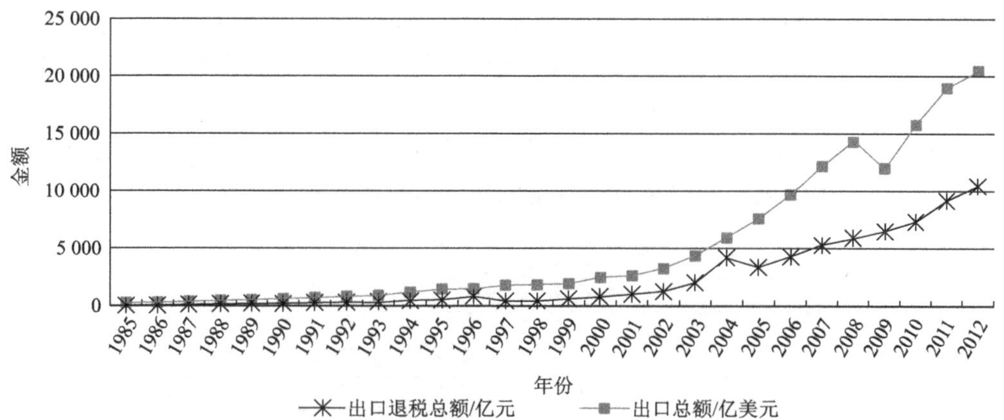


图 4.24　1985～2012 年我国出口总额与出口退税总额相关图

资料来源：根据《中国统计年鉴 2013》及中国商务部网站数据整理计算

表 4.12、图 4.24 显示，自我国 1985 年实施出口退税政策以来，1985～2012 年，出口退税总额与出口总额的变动趋势整体一致，具体可以分为两个阶段。

第一阶段，1985～2000 年，出口退税总额和出口总额都在缓慢增加。此阶段，由于出口退税制度才初步确立，其总额增加缓慢，由 1985 年的 19.7 亿元缓慢增加到 2000 年的 810.4 亿元。这时期的出口总额由 1985 年的 273.5 亿美元缓慢增加到 2000 年的 2492.0 亿美元。可见，两者的变化趋势相同。

第二阶段，2001～2012 年，出口退税总额与出口总额整体都在快速增加。此阶段，除 2005 年有小幅回落外，出口退税总额在不断增加，由 2001 年的 1071.5 亿元逐渐上升，并在 2012 年首次突破万亿元，达到 10 429.0 亿元。说明我国出口退税政策实施越来越普及，出口退税幅度逐渐增大。这时期的出口总额，除 2009 年受金融危机影响有短暂下降外，由 2001 年的 2661.0 亿美元持续快速上升到 2012 年的 20 487.1 亿美元。2001 年后，我国出口退税率逐步调整为 15.2%，其后出口退税额大幅增加，从而鼓励企业扩大出口规模，推动了出口总额的不断增长。可见，出口总额的快速增长离不开出口退税政策的激励。

### （三）出口退税对出口产品结构的影响

我国自 1994 年以来的出口退税政策全面调整，对不同类型产品设定了不同等级的出口退税率，对国家鼓励出口的产品不降或少降甚至提高出口退税率，而对国家限制出口的产品特别是资源性产品多降甚至取消出口退税。这些政策引导国内生产者综合考虑成本与利润，调节供给结构，进而调整出口产品结构。

图 4.25 反映了自 1985 年我国重新确立出口退税制度以来，1985～2012 年我

国出口商品结构的变化趋势。从图 4.25 中可知，1985 年我国出口商品中初级产品和工业制成品的比重相当，各占 50%。此后，我国初级产品占出口贸易的比重开始下降，工业制成品的比重则逐年上升。到 20 世纪末，我国工业制成品出口比重已超九成，出口贸易的高速增长在很大程度上依赖于工业制成品出口的持续扩大。可见，出口退税政策实施以来对工业制成品出口发挥了积极的刺激作用。

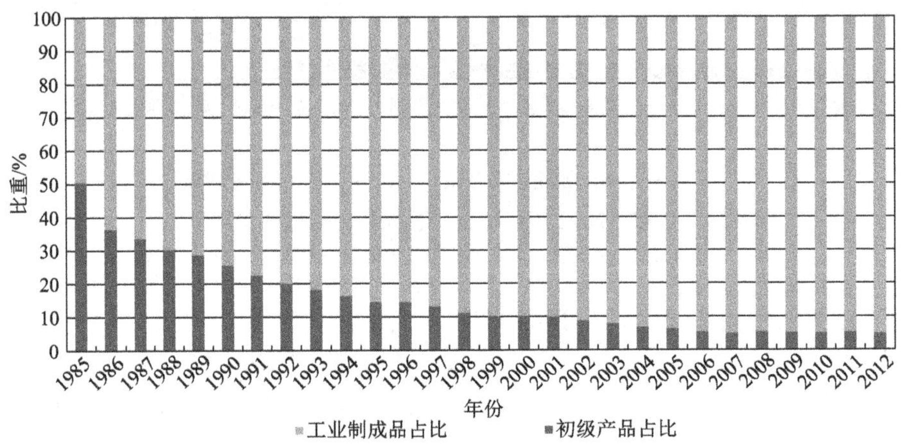


图 4.25　1985～2012 年我国初级产品、工业制成品出口占比

按照联合国 SITC 标准(本书的研究也都在 SITC 框架下完成)，在研究中通常将 SITC0～SITC8 按要素密集度粗略分为三大类产品，其中 SITC0～SITC4 属于资源密集型产品，SITC5 和 SITC7 属于资本技术密集型产品，SITC6 和 SITC8 则属于劳动密集型产品。鉴于 SITC9 产品较模糊，本书不予考虑。图 4.26 给出了 1985～2010 年我国出口商品要素密集度的变化趋势。

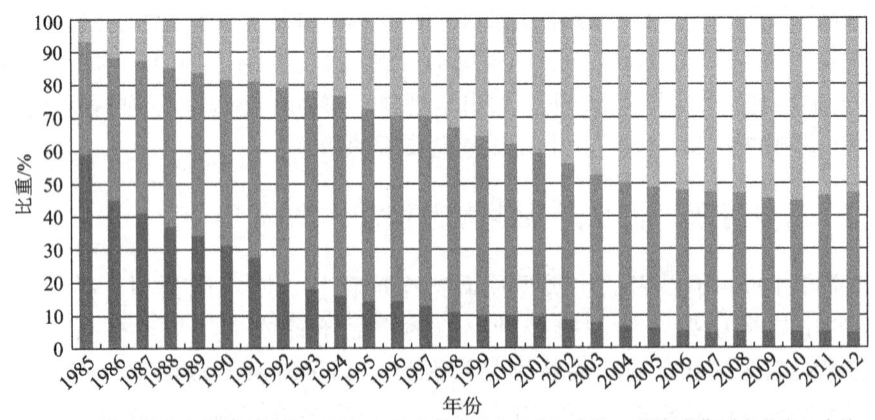


图 4.26　1985～2012 年我国出口商品要素密集度的变化趋势

由图 4.26 可知，1985～2012 年，虽然各类产品的出口总量均在增长，但结构发生了明显变化。1985 年我国出口产品中半数以上为资源密集型产品，此后，资源密集型产品所占比重迅速下降，到 1994 年所占比重为 16.29%，到 2012 年，资源密集型产品所占比重仅为 4.91%。劳动密集型产品在我国出口产品中一直占据重要地位，其所占比重呈先升后降趋势，从 1985 年的 29.17%上升到 1994 年的峰值 60.46%，而后其所占比重基本逐年下降，到 2012 年为 42.41%。对于资本技术密集型产品，其所占比重持续上升，从 1985 年的 5.65%逐步上升至 1995 年的 27.22%。此后，其所占比重加快增加，2003 年达到 47.32%，首次超过了劳动密集型产品所占比重，随后几年其所占比重一直在 50%～55%波动，并一直保持为所占比重最高的出口产品。

我国出口产品结构的调整与我国出口退税政策“有保有压”的税率调整是密不可分的。从 1995 年开始，我国的出口退税实施差别化退税率。例如，我国从 1999 年 1 月 1 日开始，先后提高机械设备、电器及电子产品、仪器与仪表、运输工具的出口退税率到 17%，而以农产品为原料的很多初级产品的出口退税率仅为 9%。2004 年，我国出口退税政策的调整进一步突出行业性差异，分别制定了 5%、8%、11%、13%、17%五档出口退税率，对国家鼓励发展的资本技术密集型产品出口给予高退税率甚至完全退税，而对国家限制出口的产品设定较低退税率甚至取消退税。例如，2004 年我国取消了稀土、原油、成品油的出口退税，2005 年将煤炭、锡、钨等的出口退税率调低至 8%，取消了金属硅、碳化硅木粉、木片等一些“高耗能、高污染、资源性”产品的出口退税，但同时将重大技术装备、部分 IT 产品及生物医药产品的出口退税率从 13%提高至 17%。2008 年我国进一步将出口退税率分为 5%、9%、11%、13%、14%和 17%六档，并提高了抗艾滋病药物等高技术含量、高附加值商品的出口退税率。2010 年又取消了玉米淀粉、化工产品、部分塑料及制品、玻璃及制品等产品的出口退税。可见，以要素密集度衡量的我国出口商品结构的转变与出口退税政策的结构性调整密切相关。

# 第五章　节能目标约束下我国出口产品结构调整的实证分析

本章拟在前面研究基础上构建计量模型，分别就能源约束、技术进步、产业结构、制度创新对我国出口产品结构调整的影响进行实证分析。

## 第一节　能源约束对我国出口产品结构调整影响的实证分析

我国能源约束日渐严峻，从短期来看，能源价格上涨、电力短缺导致企业生产成本上升、开工不足，致使其被动减少生产、出口和利润以适应能源约束的影响。从长期来看：一方面，企业生产、出口和利润的减少会激励其利用技术进步、新能源开发，来提高能源利用率、降低能耗强度等，以实现技术进步推动下出口成本的降低；另一方面，企业作为生产者有足够的时间去寻找新的替代品、开发新产品和更新设备，促使出口产品结构的调整。因此，后文将从能源约束视角，就其对我国出口产品结构影响的长期效应、短期效应做实证研究。

### 一、能源约束对我国出口产品结构调整影响的长期效应

#### （一）单位根检验

根据SITC分类方法,我们以SITC0～SITC9的出口来表征我国出口产品结构。SITC0、SITC1、SITC2、SITC3、SITC4、SITC5、SITC6、SITC7、SITC8、SITC9分别为相应 SITC0～SITC9 的出口额占出口总额的比重。Energy_constraint 为能源约束状况，用单位 GDP 能耗来表示。本小节样本数据所采用的 SITC0～SITC9 类的出口额、GDP 和能源消耗均来源于 1978～2013 年的《中国统计年鉴》。为避免数据剧烈波动和消除异方差，我们对各时间序列变量取对数。

根据第四章中 SITC 分类的方法,我们从 SITC0～SITC9 十大类出口产品的角度对我国出口产品结构进行深入分析。为了避免非平稳的时间序列导致“伪回归”现象，我们先对变量进行单位根检验，检验各个时间序列是否为同阶单整。时间序列的单位根检验最经典的方法是迪基-福勒(Dichey-Fuller，DF)检验、增广的迪基-福勒(augmented Dichey-Fuller，ADF)检验和菲利普斯-配索(Phillips-Perron，PP)检验，其中，DF 检验是理论分析中最常用的时间序列单位根检验方法，ADF

检验、PP 检验则是目前使用较多的检验方法。本书将采用 ADF 检验方法对时间序列变量进行单位根检验，ADF 检验的主要思想是：使用高阶自回归的回归方程来控制误差项的相关性，即用包括自变量的一阶差分 $\Delta X_t$ 的 $k$ 个滞后项使得高阶自回归过程 AR($p$)的误差为白噪声。检验模型分为以下三种情形。

情形 1：回归不含常数项或时间趋势项，真实过程为随机游走，表示为(0, 0, $K$)。

数据产生过程(data generating process，DGP)：$y_t=(\sum_{i-1}^{p-1}\zeta_i\Delta y_{t-i})+y_{t-1}+\varepsilon_t$，$\varepsilon_t\sim N(0,\sigma^2)$独立同分布

ADF 检验式：$y_t=(\sum_{i-1}^{p-1}\zeta_i\Delta y_{t-i})+\rho y_{t-1}+\varepsilon_t$，$H_0:\rho=1$

情形 2：回归含常数项，但是不含时间趋势项，真实过程为随机游走，表示为($C$, 0, $K$)。

数据产生过程：$y_t=(\sum_{i-1}^{p-1}\zeta_i\Delta y_{t-i})+y_{t-1}+\varepsilon_t$，$\varepsilon_t\sim N(0,\sigma^2)$独立同分布

ADF 检验式：$y_t=(\sum_{i-1}^{p-1}\zeta_i\Delta y_{t-i})+\rho y_{t-1}+\varepsilon_t$，$H_0:\rho=1$

情形 3：回归含常数项和时间趋势项，真实过程为一个含有位移的随机游走，表示为($C$，$T$，$K$)。

数据产生过程：$y_t=(\sum_{i-1}^{p-1}\zeta_i\Delta y_{t-i})+\alpha_0+y_{t-1}+\varepsilon_t$，$\varepsilon_t\sim N(0,\sigma^2)$独立同分布

ADF 检验式：$y_t=(\sum_{i-1}^{p-1}\zeta_i\Delta y_{t-i})+\rho y_{t-1}+\varepsilon_t$，$H_0:\rho=1$

其中，$\varepsilon_i$ 为白噪声，$t$ 为时间趋势变量，$\Delta$ 为时间序列的一阶差分。原假设 $H_0:\rho=1$ 表示 $y_t$ 有一个单位根。若 ADF 检验值小于 1%、5%或 10%水平下的 MacKinnon 临界值，时间序列变量为平稳时间序列，反之则为不平稳时间序列。本书检验时，首先根据其基本时序图确定常数项和时间趋势项是否存在，即确定 ADF 检验的检验形式($C$, $T$, $K$)，然后再根据最小值原则(Akaike information criterion，AIC)确定滞后期数，最后根据 ADF 统计量判定时间序列变量是否平稳。具体单位根检验结果见表 5.1。

**表 5.1　相关变量及其差分的平稳性检验**

| 变量(ln) | 检验形式($C$, $T$, $K$) | ADF 检验值 | ADF 统计量临界值 | | | 结论 |
|---|---|---|---|---|---|---|
| | | | 1% | 5% | 10% | |
| ln Energy_constraint | (0, 0, 1) | −2.5489 | −2.6369 | −1.9513 | −1.6107 | 不平稳 |
| Δln Energy_constraint | ($C$, 0, 1) | −4.1030 | −3.6463 | −2.9540 | −2.6158 | 平稳*** |

续表

| 变量(ln) | 检验形式(C, T, K) | ADF 检验值 | ADF 统计量临界值 | | | 结论 |
|---|---|---|---|---|---|---|
| | | | 1% | 5% | 10% | |
| ln SITC0 | (C, T, 1) | −4.5256 | −4.2529 | −3.5485 | −3.2071 | 不平稳 |
| Δln SITC0 | (C, 0, 1) | −6.2051 | −3.6463 | −2.9540 | −2.6158 | 平稳*** |
| ln SITC1 | (C, T, 1) | −1.7723 | −4.2627 | −3.5530 | −3.2096 | 不平稳 |
| Δln SITC1 | (0, 0, 1) | −3.3511 | −2.6369 | −1.9513 | −1.6107 | 平稳*** |
| ln SITC2 | (C, T, 1) | −2.0764 | −4.2529 | −3.5485 | −3.2071 | 不平稳 |
| Δln SITC2 | (C, 0, 1) | −5.9917 | −3.6463 | −2.9540 | −2.6158 | 平稳*** |
| ln SITC3 | (C, T, 1) | −1.8301 | −4.2529 | −3.5485 | −3.2071 | 不平稳 |
| Δln SITC3 | (C, 0, 1) | −7.0542 | −3.6463 | −2.9540 | −2.6158 | 平稳*** |
| ln SITC4 | (C, T, 1) | −3.0418 | −4.2529 | −3.5485 | −3.2071 | 不平稳 |
| Δln SITC4 | (0, 0, 1) | −5.2970 | −2.6369 | −1.9513 | −1.6107 | 平稳*** |
| ln SITC5 | (C, T, 1) | −2.0048 | −4.2529 | −3.5485 | −3.2071 | 不平稳 |
| Δln SITC5 | (C, 0, 1) | −5.4359 | −3.6463 | −2.9540 | −2.6158 | 平稳*** |
| ln SITC6 | (C, T, 1) | −5.4359 | −3.6463 | −2.9540 | −2.6158 | 不平稳 |
| Δln SITC6 | (C, 0, 1) | −5.7258 | −3.6463 | −2.9540 | −2.6158 | 平稳*** |
| ln SITC7 | (C, T, 1) | −1.6922 | −4.2529 | −3.5485 | −3.2071 | 不平稳 |
| Δln SITC7 | (C, 0, 1) | −5.2687 | −3.6463 | −2.9540 | −2.6158 | 平稳*** |
| ln SITC8 | (C, T, 1) | −2.3852 | −4.2529 | −3.5485 | −3.2071 | 不平稳 |
| Δln SITC8 | (C, 0, 1) | −5.6867 | −3.6463 | −2.9540 | −2.6158 | 平稳*** |
| ln SITC9 | (C, T, 1) | −1.5681 | −4.2846 | −3.5629 | −3.2153 | 不平稳 |
| Δln SITC9 | (0, 0, 1) | −3.4767 | −2.6471 | −1.9529 | −1.6100 | 平稳*** |

***表示估计系数通过 1%的系数显著性检验

注：表中检验形式(C, T, K)分别表示单位根检验方程包括 C 常数项、K 时间趋势项、K 滞后期数；ln Energy_constraint 表示第三章中的单位 GDP 能耗对数，lnSITC0～lnSITC9 表示第三章中十大类出口产品的出口额对数；Δ表示各个变量的一阶差分

由表 5.1 的检验结果可知，原始序列 Energy_constraint 及 SITC0～SITC9 的 ADF 检验值均大于 10%水平的 MacKinnon 临界值，不能拒绝原假设 $H_0: \rho = 1$，即原始序列存在单位根。对原始序列 Energy_constraint 及 SITC0～SITC9 进行一阶差分，得到ΔEnergy_constraint 及ΔSITC0～ΔSITC9，再对其进行 ADF 检验，检验值均小于 1%水平下的 MacKinnon 临界值，说明 Energy_constraint 及 SITC0～SITC9 均在 1%水平下拒绝原假设 $H_0: \rho = 1$，原始序列一阶差分后均不存在单位根，即为一阶单整。因此，可以对各个时间序列变量做协整检验。

## （二）协整检验

协整分析方法广泛应用于非平稳时间序列数据的处理，是研究时间序列变量之间长期均衡关系很有力的工具。协整理论认为，即使各个变量存在单位根，是不平稳的，但它们的某个线性组合却有可能平稳，存在长期的稳定关系，即各个时间序列变量之间存在协整关系。最常用的协整检验方法有两种：一种是 Engle 和 Granger（1987）提出的 EG 两步检验法，多用于双变量之间的协整检验；另一种是 Johansen（1988）提出的极大似然估计法，是基于 VAR 模型的协整检验方法，被称为 Johansen 协整检验，用来检验多个变量间的协整关系。相比之下，Johansen 协整检验更为方便和优越。两种协整检验方法均要求各时间序列变量要具有相同的单整阶数。根据前文单位根检验的结果，本书所考察的 Energy_constraint 及 SITC0～SITC9 均是一阶单整时间序列，本书的协整分析将采用 Johansen 协整检验。具体协整检验结果见表 5.2。

**表 5.2　Johansen 协整检验**

| 检验变量 | 特征值 | 似然比 | 5%水平下的概率值 | 结论 |
|---|---|---|---|---|
| lnSITC0<br>ln Energy_constraint | 0.1497 | 5.3775 | 0.7675 | 不存在协整关系 |
| | 0.0008 | 0.0253 | 0.8736 | |
| lnSITC1<br>ln Energy_constraint | 0.2062 | 8.8430 | 0.3801 | 不存在协整关系 |
| | 0.0364 | 1.2234 | 0.2687 | |
| lnSITC2<br>ln Energy_constraint | 0.0809 | 3.2547 | 0.9541 | 不存在协整关系 |
| | 0.0142 | 0.4710 | 0.4925 | |
| lnSITC3<br>ln Energy_constraint | 0.0767 | 2.8767 | 0.9722 | 不存在协整关系 |
| | 0.0073 | 0.2419 | 0.6228 | |
| lnSITC4<br>ln Energy_constraint | 0.0767 | 2.8767 | 0.0347 | 存在一个协整关系 |
| | 0.0073 | 0.2419 | 0.4060 | |
| lnSITC5<br>ln Energy_constraint | 0.3814 | 16.5406 | 0.9094 | 不存在协整关系 |
| | 0.0207 | 0.6905 | 0.9997 | |
| lnSITC6<br>ln Energy_constraint | 0.1218 | 4.4648 | 0.8627 | 不存在协整关系 |
| | 0.0055 | 0.1805 | 0.6710 | |
| lnSITC7<br>ln Energy_constraint | 0.2006 | 8.3472 | 0.4290 | 不存在协整关系 |
| | 0.0286 | 0.9580 | 0.3277 | |
| lnSITC8<br>ln Energy_constraint | 0.2717 | 11.2968 | 0.1939 | 不存在协整关系 |
| | 0.0250 | 0.8348 | 0.3609 | |
| lnSITC9<br>ln Energy_constraint | 0.2783 | 10.6569 | 0.2335 | 不存在协整关系 |
| | 0.0405 | 1.1977 | 0.2738 | |

由表 5.2 的检验结果可知，单位 GDP 能耗 Energy_constraint 与初级产品的 SITC0～SITC3 及工业制成品的 SITC5～SITC9 均不存在长期协整关系，但是与 SITC4 润滑油及有关原料和动、植物油脂及蜡的出口比重之间存在一个协整关系，即 Energy_constraint 与 SITC4 间存在一种长期平衡关系。

### （三）回归分析

根据前文协整检验的结果，即 Energy_constraint 与 SITC4 之间存在长期协整关系。因此，有必要进一步对 Energy_constraint 与 SITC4 的长期协整关系进行估计。

对 Energy_constraint 与 SITC4 长期协整关系的估计方程为

$$\ln SITC4=-0.3902\ln Energy\_constraint+1.0631 \qquad R^2=0.3048 \qquad DW=0.6049$$
$$(-3.8038) \qquad (7.2007)$$

Energy_constraint 与 SITC4 长期协整关系的估计方程中 Energy_constraint 的系数为–0.3092，即能源约束的严峻性增加 1 个单位，SITC4 的出口比重将减少 0.3092 个单位。说明从长期来看，能源约束与 SITC4 润滑油及有关原料和动、植物油脂及蜡的出口比重之间存在反向协整关系，能源约束降低了 SITC4 润滑油及有关原料和动、植物油脂及蜡的出口比重。由此可以看出，出口贸易结构的调整是长期性的，从长期来看，能源约束可以直接带来出口结构的调整。可能原因在于，根据《石油产品及润滑剂的总分类》(GB 498-87)，SITC4 中的润滑油及其有关原料和蜡都是直接来源于石油的产品，而我国工业的快速发展导致出产的石油已经远远不能满足国内需求，我国对石油保护意识也空前警觉，努力改变出口石油换外汇及无节制使用的局面，致使石油对出口贸易的约束阻力也一直高居不下。因此，石油约束强力直接迫使 SITC4 这一能源密集型产品的出口规模逐步减少，导致其出口比重的下降。同时，从单位 GDP 能耗 Energy_constraint 与初级产品的 SITC0～SITC3 及工业制成品的 SITC5～SITC9 均不存在长期协整关系，也就是说，能源约束对我国出口贸易结构的长期性影响还是很有限的。

由于 Energy_constraint 与 SITC4 存在长期协整关系，它们之间的短期非均衡关系就能够用一个误差修正模型来表述。因此，下面将建立 Energy_constraint 与 SITC4 之间的误差修正模型，并对其进行估计，以寻求 Energy_constraint 与 SITC4 之间的短期非均衡关系。

对 Energy_constraint 与 SITC4 的误差修正模型的估计方程为

$$\ln SITC4=-1.3316\ln Energy\_constraint+0.6026\ln SITC4(-1)+1.0820\ln Energy\_gdp(-1)+0.4101$$
$$(-1.4014) \qquad (4.8642) \qquad (1.1648) \qquad (2.4190)$$
$$R^2=0.6909 \qquad DW=1.7718$$

Energy_constraint 与 SITC4 误差修正模型的估计方程中 Energy_constraint 的系数为–1.3316，比长期协整关系的估计系数–0.3092 要小。这说明，在短期内，能源约束与 SITC4 润滑油及有关原料和动、植物油脂及蜡的出口比重之间也存在反向协整关系，但能源约束对 SITC4 出口比重的短期负向作用比长期影响更加强烈。

### （四）因果关系检验

计量经济模型是利用回归分析工具处理一个经济变量对其他经济变量的依存性问题，然而这种长期稳定的均衡关系是否具有因果关系，需要进一步做检验。Granger 因果关系检验就是最常用的方法之一，因此，下面将对存在长期协整关系的 Energy_constraint 与 SITC4 做 Granger 因果关系检验。具体检验结果见表 5.3。

**表 5.3　SITC4 和 Energy_constraint 的 Granger 因果关系检验**

| 原假设 H0 | 滞后期 | *F* 检验统计量 | 概率值 | 结论 |
|---|---|---|---|---|
| Energy_constraint 不是 SITC4 的 Granger 原因 | 1 | 6.0686 | 0.0195 | 拒绝 H0 |
| SITC4 不是 Energy_constraint 的 Granger 原因 | 1 | 1.2624 | 0.2698 | 接受 H0 |

从表 5.3 的检验结果可以看出，SITC4 润滑油及有关原料和动、植物油脂及蜡的出口比重的调整不是能源约束 Energy_constraint 变化的原因，而能源约束 Energy_constraint 的变化是 SITC4 润滑油及有关原料和动、植物油脂及蜡的出口比重调整的原因。这一结果说明，我国能源约束的加剧限制了能源密集型产品 SITC4 润滑油及有关原料和动、植物油脂及蜡的出口，进而导致了出口比重的降低。

## 二、能源约束对我国出口产品结构调整影响的短期效应

短期的动态分析可以帮助我们研究能源约束与出口结构之间的波动关系。由于出口贸易结构受投入要素比重影响进行调整具有刚性，对能源价格上涨、电力短缺等能源约束的变动缺乏敏感性，相应的出口结构调整具有时间上的滞后性。因此，下面将探讨能源约束对我国出口产品结构影响的短期效应，以期对能源约束与出口结构之间的波动关系进行深入分析。

### （一）VAR 模型

VAR 模型是 Sims（1980）提出的，该模型是采用多方程自回归模型联立的模型，通常用于时间序列系统的预测和随机扰动对变量的动态影响分析，模型将所

有变量看成是内生的，再将所有内生变量组成封闭系统进行估计，可以解决内生变量滞后期的问题。由于出口贸易结构的调整对能源变动的反映具有滞后性，故下面采用 VAR 模型对能源约束 Energy_constraint（用单位 GDP 能耗表示）与我国出口产品结构（分别用 SITC0～SITC9 产品的出口比重表示）进行估计。具体估计结果如后文。

lnSITC0=−0.0993ln Energy_constraint (−1) +0.8615lnSITC0 (−1) +0.8446

ln Energy_constraint=−0.0802 lnSITC0 (−1) +0.9088 ln Energy_constraint (−1) +0.3688

lnSITC1=−0.0680ln Energy_constraint (−1) +0.9351lnSITC1 (−1) +0.2698

ln Energy_constraint =−0.0829 lnSITC1 (−1) +0.8904ln Energy_constraint (−1) +0.1609

lnSITC2=−0.0581ln Energy_constraint (−1) +0.8871lnSITC2 (−1) +0.5518

ln Energy_constraint =−0.0236 lnSITC2 (−1) +0.9696ln Energy_constraint (−1) +0.0291

lnSITC3=−0.0977ln Energy_constraint (−1) +0.8550lnSITC3 (−1) +0.8042

ln Energy_constraint =−0.0123 lnSITC3 (−1) +0.9897ln Energy_constraint (−1) −0.1328

lnSITC4=−0.2141ln Energy_constraint (−1) +0.6369lnSITC4 (−1) +0.4717

ln Energy_constraint =−0.0258 lnSITC4 (−1) +0.9734ln Energy_constraint (−1) −0.0463

lnSITC5=−0.0535ln Energy_constraint (−1) +0.9712lnSITC5 (−1) +0.3324

ln Energy_constraint =−0.0189lnSITC5 (−1) +0.9547ln Energy_constraint (−1) −0.0390

lnSITC6=−0.0512ln Energy_constraint (−1) +0.9467lnSITC6 (−1) +0.5279

ln Energy_constraint =−0.0256 lnSITC6 (−1) +0.9457ln Energy_constraint (−1) +0.1093

lnSITC7=−0.2213ln Energy_constraint (−1) +0.9047lnSITC7 (−1) +0.9825

ln Energy_constraint =−0.0137 lnSITC7 (−1) +0.9479ln Energy_constraint (−1) −0.0389

lnSITC8=−0.0728ln Energy_constraint (−1) +0.9338lnSITC8 (−1) +0.6442

ln Energy_constraint =−0.1068 lnSITC8 (−1) +0.7891ln Energy_constraint (−1) +0.7551

lnSITC9=0.1964ln Energy_constraint (−1) +0.9601lnSITC9 (−1) +0.2998

ln Energy_constraint =−0.0001 lnSITC9 (−1) +0.9856ln Energy_constraint (−1) −0.0653

由能源约束与我国出口产品结构的 VAR 模型估计结果可知，从短期来看，除 SITC9 其他产品以外，前一期的能源约束对 SITC0～SITC9 产品的出口比重均具有负向作用，Energy_constraint (−1) 对 SITC0～SITC8 的估计系数在−0.2213～−0.0512 波动。其中，SITC6 轻纺产品、橡胶制品、矿冶产品及其制品的估计系数−0.0512 最大，说明前一期的能源约束对 SITC6 轻纺产品、橡胶制品、矿冶产品及其制品出口比重的短期负向作用最小。SITC7 机械及运输设备的估计系数−0.2213 最小，说明前一期的能源约束对 SITC7 机械及运输设备出口比重的短期负向作用最大。同时，前一期的 SITC0～SITC9 产品的出口比重对能源约束也均具有负向作用，SITC0～SITC9 (−1) 对 Energy_constraint (−1) 的估计系数在−0.1068～−0.0001 波动。

前文中的结果与前文关于能源约束对出口产品结构调整影响的稳态调整效应的作用机理一致，即我国出口贸易的高速发展导致能源消耗巨大，能源逐步枯竭，我国对能源保护意识也空前警觉，努力改变能源无节制使用的局面，能源约束对出口贸易具有一定的遏制作用。然而，能源约束对 SITC6 和 SITC7 产品的出口比重的影响程度不同，这一结果与前面关于能源约束对出口产品结构调整影响的极化效应的作用机理并不一致，对此，我们做出以下解释：短期内能源约束对资本技术、劳动密集型产品出口的调整作用如图 5.1 所示，SITC6 是劳动密集型产品，对能源的依赖性较强，进而对能源约束条件的变化反应比较迟缓，即 SITC6 的出口对能源约束的反应存在较大黏性，短期内企业还来不及对能源约束做出反应，无法快速收缩生产、减少出口规模来抵制能源约束带来的负面影响；而 SITC7 是资本技术密集型产品，对能源的依赖性较弱，进而对能源约束条件的变化反应比较敏感，即 SITC 的出口对能源约束的反应存在较大弹性，短期内企业能够对能源约束的变化做出迅速反应，能够快速收缩生产、减少出口来应对能源约束的负面影响。

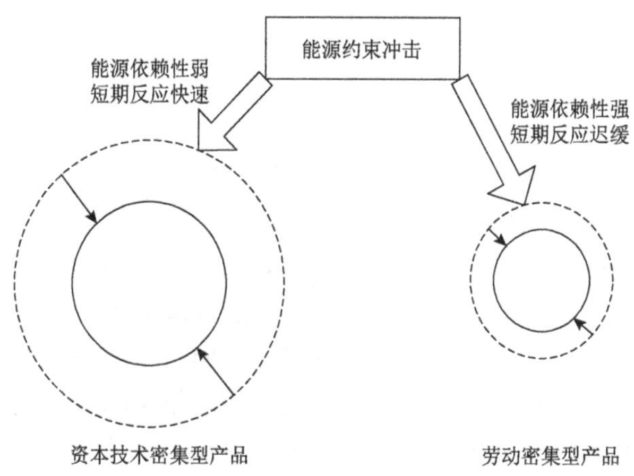


图 5.1　短期内能源约束对资本技术、劳动密集型产品出口的调整作用示意图

## （二）脉冲响应函数和方差分解

脉冲响应函数可以反映系统对任何一个变量产生的标准差新信息的响应程度，其具有较强的时间特性。下面我们将能源约束、出口产品结构引入 VAR 系统，再对变量标准差新信息对系统的影响方向和程度进行研究。为了便于探究和分析，我们选择了能源消耗较高的 SITC6 轻纺产品、橡胶制品、矿冶产品及其制品及能源消耗较低的 SITC7 机械及运输设备做脉冲响应比较研究。图 5.2 是 Energy_constraint 与 SITC6、SITC7 的脉冲响应图。

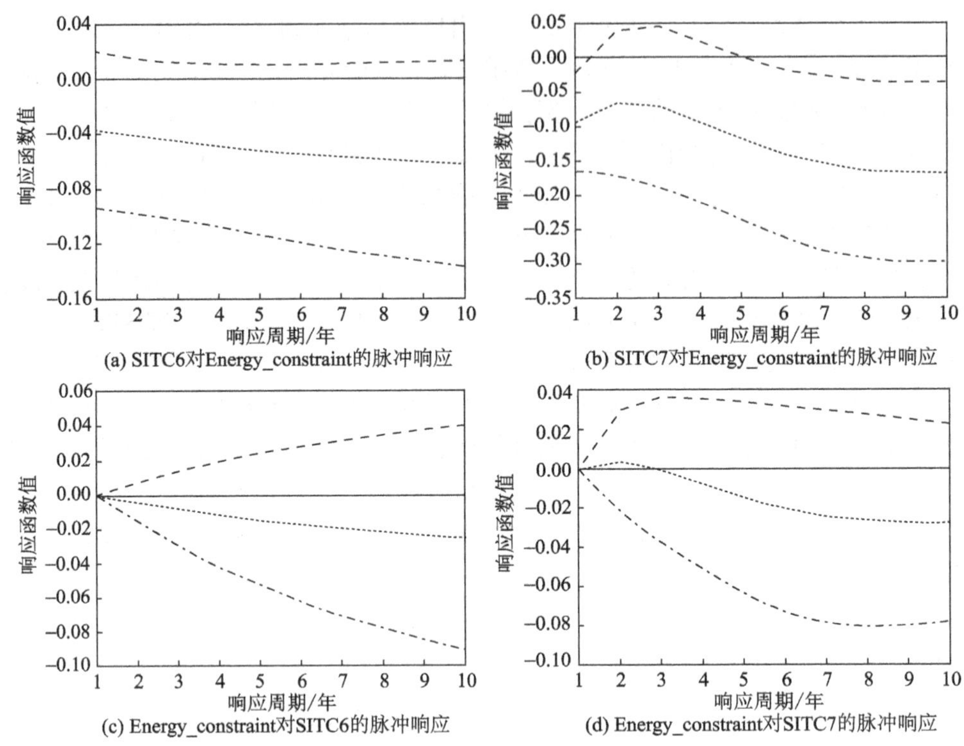


图 5.2　Energy_constraint 与 SITC6、SITC7 的脉冲响应图

中间的虚线为响应函数值随时间变化的路径，两侧的虚线是脉冲响应函数值加、减两倍标准差的置信区间

图 5.2 中 Energy_constraint 与 SITC6、SITC7 的脉冲响应图是分别给 SITC6 和 SITC7 产品出口比重一个 Energy_constraint 的标准差冲击的脉冲响应函数图，以及分别给 Energy_constraint 能源约束 SITC6 和 SITC7 出口比重的一个标准差冲击的脉冲响应函数图。横轴是响应周期，表示冲击作用的滞后期数。从图 5.2 中可以看出，SITC6 出口对能源约束的反应一致为负，且这种负反应逐年增大，说明短期内能源约束对 SITC6 出口比重产生的负面影响呈逐年增大趋势。可能原因在于，SITC6 是劳动密集型的能耗较低的产品，短期对能源约束的敏感性较弱，从长期来看，则有足够的时间对能源约束做出反应。因此，这种负面效应逐年增强。SITC7 出口比重对能源约束的反应也一致为负，这种负面影响前两年呈现减小趋势，而后逐年增大，但负面效应的增大速度放缓。可能原因在于，SITC7 是资本技术密集型的能耗较高的产品，短期对能源约束的敏感性较强，从长期来看，其出口对能源约束做出的反应趋于缓慢，因此，负面效应的增大速度是放缓的。整体来看，能源约束对 SITC7 出口比重的负面效应两倍于对 SITC6 的负面效应，说明不论从短期还是长期来讲，能源约束对能耗强度较低的 SITC7 比能耗强度较高的 SITC6 出口比重的负面效应要大，也就是说，能源约束对能耗强度较低

的 SITC7 比能耗较高的 SITC6 产品出口比重的调整作用要强。我们也可以看出，能源约束对 SITC6 出口比重的反应一直为负，但是这种负面反应相对较弱。能源约束对 SITC7 出口比重的反应也一直为负，并且这种负面反应呈先放缓后增加的趋势，负面效应的增大速度放缓。

为了分析各个变量标准差新信息对 VAR 模型内生变量的相对重要性，将 VAR 系统中内生变量的波动按成因分解成与各个方程新信息相互关联的若干个组合部分，我们将通过方差分解进一步考察在各出口贸易的影响因素中能源约束的重要性，以期对能源约束对不同能耗部门出口比重的不同作用进行探讨。图 5.3 为 Energy_constraint 与 SITC6、SITC7 的方差分解图，横轴表示时间，纵轴表示变量变异的贡献率。

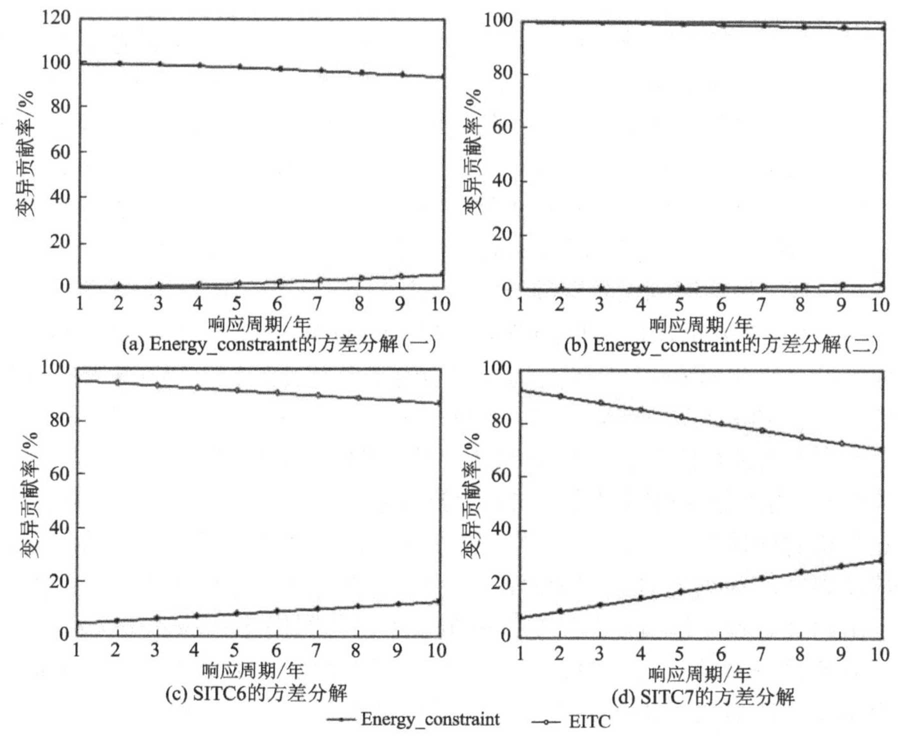


图 5.3　Energy_constraint 与 SITC6、SITC7 的方差分解图

从图 5.3 中可以看出，SITC6 类产品出口比重上升的短期调整主要还是通过自身的变异来解释，变异的贡献率达到 90%，能源约束也是该类产品出口比重短期调整的重要影响因素，该影响因素的贡献率为 10%左右。相比之下，SITC7 类出口比重上升的短期调整对能源约束的反应更为强烈，能源约束的变异对该类产品出口比重短期调整的影响因素为 20%左右，尽管如此，SITC7 类出口比重上升的短期调整仍然主要靠自身变异来解释，解释力度为 80%左右。然而，不论对于

SITC6 还是 SITC7 来说，能源约束的变化几乎全部是通过自身的变异来解释的，变异的贡献率接近 100%。

## 第二节 技术进步对我国出口产品结构调整影响的实证分析

鉴于技术进步主要来源于技术引进、技术扩散和技术创新，下面将以技术引进、技术扩散和技术创新指标来实证分析技术进步对我国出口产品结构调整的影响。

### 一、平稳性检验

根据 SITC 分类方法，我们以初级产品（SITC0～SITC4）、工业制成品（SITC5～SITC9）出口比重来表征我国出口产品结构。其中，Primary_commodity 为初级产品出口额占出口总额的比重，初级产品出口额用 SITC0～SITC4 类初级产品的出口额之和来表示；Manufactured_goods 为工业制成品出口额占出口总额的比重，工业制成品出口额用 SITC5～SITC9 类工业制成品的出口额之和来表示。另外，Tec_import 为技术引进指标，用技术引进合同金额与实际 GDP 之比表示；FDI 为技术扩散指标，用实际利用外资额与实际 GDP 之比表示；RD 为技术创新指标，用 R&D 经费强度表示（由 R&D 经费支出与实际 GDP 之比计算得到）。本小节样本数据所采用的 SITC0～SITC4 类初级产品的出口额、SITC5～SITC9 类工业制成品的出口额、实际利用外资额、实际 GDP 均来源于 1978～2013 年的《中国统计年鉴》，技术引进合同金额、R&D 经费支出来源于 1990～2013 年的《中国科技统计年鉴》。为避免数据剧烈波动和消除异方差，我们对各时间序列变量取对数。

在分析时间序列的经济变量时，如时间序列非平稳，尽管回归结果显著，也只能反映时间序列变量共同随时间增长的趋势，并不能反映变量之间的实质关系，由此会导致“伪回归”。为了避免非平稳的时间序列的“伪回归”现象，我们先对变量进行单位根检验，检验各个时间序列是否为同阶单整。下面利用单位根检验方法对技术进步与出口产品结构做平稳性检验。具体单位根检验结果见表 5.4。

**表 5.4 相关变量及其差分的平稳性检验**

| 变量（ln） | 检验形式 $(C, T, K)$ | ADF 检验值 | ADF 统计量临界值 | | | 结论 |
|---|---|---|---|---|---|---|
| | | | 1% | 5% | 10% | |
| Primary_commodity | $(C, T, 1)$ | −2.0403 | −4.2529 | −3.5485 | −3.2071 | 不平稳 |
| ΔPrimary_commodity | $(C, 0, 1)$ | −6.5086 | −3.6463 | −2.9540 | −2.6158 | 平稳*** |

续表

| 变量(ln) | 检验形式 (C, T, K) | ADF 检验值 | ADF 统计量临界值 | | | 结论 |
|---|---|---|---|---|---|---|
| | | | 1% | 5% | 10% | |
| Manufactured_goods | (C, 0, 1) | −0.8676 | −3.6394 | −2.9511 | −2.6143 | 不平稳 |
| ΔManufactured_goods | (C, 0, 1) | −5.4369 | −3.6463 | −2.9540 | −2.6158 | 平稳*** |
| Tec_import | (C, 0, 1) | −1.1349 | −3.6394 | −2.9511 | −2.6143 | 不平稳 |
| ΔTec_import | (0, 0, 1) | −6.0977 | −2.6369 | −1.9513 | −1.6107 | 平稳*** |
| FDI | (C, T, 1) | −1.6275 | −4.2627 | −3.5530 | −3.2096 | 不平稳 |
| ΔFDI | (C, T, 1) | −4.2846 | −4.2733 | −3.5578 | −3.2124 | 平稳*** |
| RD | (C, 0, 1) | 0.0708 | −3.7696 | −3.0049 | −2.6422 | 不平稳 |
| ΔRD | (C, T, 1) | −4.5467 | −4.4679 | −3.6450 | −3.2615 | 平稳*** |

***表示估计系数通过 1%的系数显著性检验

注：表中检验形式(C，T，K)分别表示单位根检验方程包括 C 常数项、K 时间趋势项、K 滞后期数；Primary_commodity、Manufactured_goods 分别为第三章中的初级产品、工业制成品出口额占出口总额的比重，Tec_import、FDI、RD 分别为第三章中的技术引进指标、技术扩散指标和技术创新指标；Δ表示各个变量的一阶差分

由表 5.4 的检验结果可知，原始序列 Primary_commodity、Manufactured_goods 及 Tec_import 、FDI、RD 的 ADF 检验值均大于 10%水平下的 MacKinnon 临界值，不能拒绝原假设 $H_0:\rho=1$ ，即原始序列存在单位根。我们对原始序列 Primary_commodity、Manufactured_goods 及 Tec_import 、FDI、RD 进行一阶差分后，得到ΔPrimary_commodity、ΔManufactured_goods 和ΔTec_import、ΔFDI、ΔRD，再对其进行 ADF 检验，检验值均小于 1%水平下的 MacKinnon 临界值，说明ΔPrimary_commodity、ΔManufactured_goods 和ΔTec_import、ΔFDI、ΔRD 均在 1%水平下拒绝原假设 $H_0:\rho=1$ ，原始序列一阶差分后均不存在单位根，即为一阶单整。因此，可以对各个时间序列变量做协整检验。

## 二、协整检验

协整关系是指变量之间的线性组合存在长期的均衡关系，只有存在长期均衡关系的变量之间的回归，才不会出现虚假回归现象，回归结果才是真实有效的。协整检验要求各时间序列变量要具有相同的单整阶数，根据单位根检验的结果，本书所考察的 Primary_commodity、Manufactured_goods 及 Tec_import 、FDI、RD 均是一阶单整时间序列。因此，我们将采用协整检验的 Johansen 检验方法对 Primary_commodity、Manufactured_goods 和 Tec_import 、FDI、RD 之间长期均衡关系进行协整分析。具体协整检验结果见表 5.5。

**表 5.5 Johansen 协整检验**

| Primary_commodity 和 Tec_import、FDI、RD | | | | |
|---|---|---|---|---|
| 假设协整数目 | 特征值 | 最大特征值统计量 | 5%水平下临界值 | 5%水平下的概率值 |
| None* | 0.9361 | 103.0169 | 47.8561 | 0.0000 |
| At most 1* | 0.7805 | 45.2674 | 29.7971 | 0.0004 |
| At most 2 | 0.4532 | 13.4252 | 15.4947 | 0.1001 |
| At most 3 | 0.0350 | 0.7490 | 3.8415 | 0.3868 |
| Manufactured_goods 和 Tec_import、FDI、RD | | | | |
| 假设协整数目 | 特征值 | 最大特征值统计量 | 5%水平下临界值 | 5%水平下的概率值 |
| None* | 0.9340 | 93.8181 | 47.8561 | 0.0000 |
| At most 1* | 0.7585 | 36.7398 | 29.7971 | 0.0068 |
| At most 2 | 0.2754 | 6.8997 | 15.4947 | 0.5893 |
| At most 3 | 0.0065 | 0.1359 | 3.8415 | 0.7123 |

*表示检验结果通过 5%的显著性检验

由表 5.5 的检验结果可知，Primary_commodity 与 Tec_import 、FDI、RD 变量之间在 5%的显著水平下存在 2 个协整关系，由此我们可以认为各个变量之间存在长期均衡关系，使用这些变量进行回归不会出现“伪回归”现象，相关变量的一个协整方程是

$$\ln Primary\_commodity=-1.078\ln Tec\_import-2.459\ln FDI-15.428\ln RD+0.356$$

由 Primary_commodity 与 Tec_import、FDI、RD 的协整方程可以看出，Tec_import、FDI、RD 对初级产品出口比重的弹性系数分别为–1.078、–2.459 和–15.428，Tec_import 系数不显著，FDI、RD 系数分别在 5%、1%水平下显著。这说明，技术引进对我国初级产品出口比重的影响微弱；技术扩散、技术创新与我国初级产品出口比重之间均存在稳定负向关系，但较之于技术扩散，技术创新与我国初级产品出口比重之间的负向影响程度较强烈。

从表 5.5 中的检验结果可以看到，Manufactured_goods 与 Tec_import 、FDI、RD 变量之间在 5%的显著水平下也存在 2 个协整关系，由此我们可以认为各个变量之间存在长期均衡关系，使用这些变量进行回归不会出现“伪回归”现象。相关变量的一个协整方程是

$$\ln Manufactured\_goods=1.054\ln Tec\_import+3.744\ln FDI+16.832\ln RD+0.643$$

由 Manufactured_goods 与 Tec_import、FDI、RD 的协整方程可知 Tec_import、FDI、RD 对工业制成品出口比重的弹性系数分别为 1.054、3.744 和 16.832，Tec_import 系数不显著，FDI、RD 系数分别在 5%、1%水平下显著。这说明，技术引进对我国工业制成品出口比重的影响也很微弱；技术扩散、技术创新与我国工业制成品出口比重之间存在稳定正向关系。可能原因在于，技术引进主要依靠大量引进国外的先进技术而获得，但技术引进面临消化吸收及创新效果不好的问

题,这就导致了技术引进对我国初级产品和工业制成品出口比重的影响都很微弱。技术扩散主要通过模仿创新与学习、吸收先进技术来促进技术进步，尽管模仿创新可以减少成本，但消化吸收仍存在效果不好的问题，而就技术创新来看，我国越来越重视科技人才的培养与供给，逐步建立起适应技术进步的教育制度，使得我国自主创新能力得到明显增强。因此，较之于技术扩散，技术创新与我国工业制成品出口比重的促进作用较大。

## 三、VAR 模型

### (一) VAR 模型估计

经过平稳性检验和协整关系检验后，我们就可以建立 VAR 模型并对参数进行估计了。在前文基础上，我们分别利用 Primary_commodity、Manufactured_goods 与 Tec_import、FDI、RD 这两组变量建立 VAR 模型，估计结果见表 5.6。

**表 5.6　VAR 模型估计结果**

| 项目 | Primary_commodity | Tec_import | FDI | RD |
|---|---|---|---|---|
| Primary_commodity (–1) | 0.850 | 0.060 | –0.002 | –0.014 |
| Tec_import (–1) | 0.588 | 1.020 | 0.127 | –0.077 |
| FDI (–1) | –0.076 | 0.604 | –0.099 | –0.019 |
| RD (–1) | –0.100 | 0.420 | –0.858 | 0.823 |
| *C* | 0.005 | –0.009 | 0.020 | 0.005 |
| 可决系数 | 0.9708 | 0.8138 | 0.9515 | 0.9966 |
| 调整后的可决系数 | 0.9639 | 0.7700 | 0.9401 | 0.9958 |
| 项目 | Manufactured_goods | Tec_import | FDI | RD |
| Manufactured_goods (–1) | 0.852 | 0.002 | –0.061 | 0.014 |
| Tec_import (–1) | –0.567 | 0.128 | 1.021 | –0.078 |
| FDI (–1) | 0.071 | –0.099 | 0.606 | –0.019 |
| RD (–1) | 0.683 | –0.856 | 0.428 | 0.821 |
| *C* | 0.143 | 0.018 | 0.051 | –0.009 |
| 可决系数 | 0.9917 | 0.8129 | 0.9545 | 0.9972 |
| 调整后的可决系数 | 0.9898 | 0.7689 | 0.9438 | 0.9965 |

由表 5.6 的估计结果可以看出，滞后一期的技术引进 Tec_import (–1) 对初级产品 Primary_commodity 出口比重有正向促进作用,对工业制成品 Manufactured_goods 的出口比重却有负向制约作用(系数分别为 0.588、–0.567)。滞后一期的技术扩散 FDI (–1) 对初级产品 Primary_commodity 出口比重有负向制约作用，对工业制成品 Manufactured_goods 的出口比重有正向促进作用(系数分别为–0.076、0.071)，但是由于系数较小，说明实际利用外资额带来技术外溢带来的技术进步对我国初级

产品、工业制成品出口比重的限制或者促进作用有限。滞后一期的技术创新RD(–1)对初级产品Primary_commodity出口比重有负向制约作用，但对工业制成品Manufactured_goods的出口比重有正向促进作用(系数分别为–0.100、0.683)。可能原因在于，我国技术引进存在着重“引进”轻“消化”、重“硬件”轻“软件”的问题，没有能形成“引进、消化、吸收、再创新”良性循环，使得我国引进技术的消化吸收再创新能力很弱，这就导致了其对我国工业制成品出口比重的制约作用；而由于我国初级产品生产技术较之于美国等发达国家落后很多，使初级产品的技术引进对其初级产品的出口比重有正向促进作用。技术扩散主要通过FDI的技术外溢来提高我国企业的生产效率，实现科技进步，但由于外商投资企业往往严密控制其技术的扩散，导致其对我国工业制成品的出口比重正向效应及对初级产品出口比重的负向效应均不大。就技术创新而言，由于我国企业在自主创新中的作用越来越明显，加之产、学、研相结合的技术创新体系越来越完善，推动着我国技术的产业化进程，使得我国自主创新能力有了很大提高。因此，技术创新对我国工业制成品的出口比重有较强的促进作用。

## (二)脉冲响应函数和方差分解

经过VAR模型参数进行估计后，我们分别将Primary_commodity、Manufactured_goods与Tec_import、FDI、RD两组变量引入VAR系统，对变量标准差新信息对系统的影响方向和程度进行分析，对两组变量进行脉冲响应的比较研究。图5.4是Primary_commodity、Manufactured_goods与Tec_import、FDI、RD的脉冲响应图。

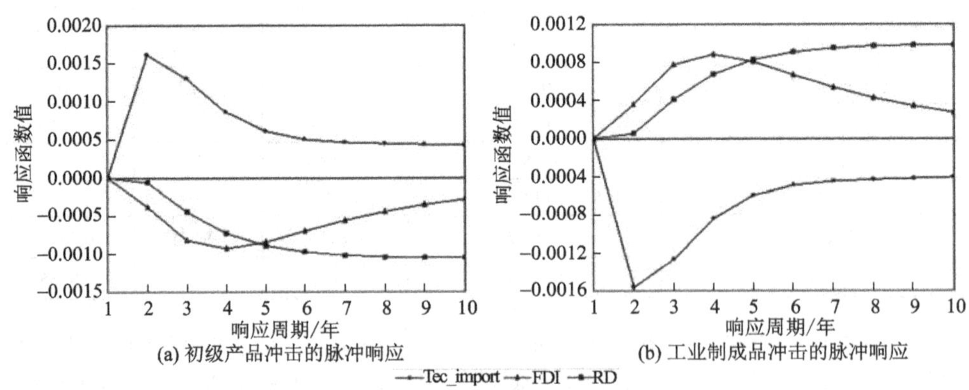


图5.4 Primary_commodity、Manufactured_goods与Tec_import、FDI、RD的脉冲响应图

图5.4是分别给Primary_commodity、Manufactured_goods出口Tec_import 、FDI、RD的一个标准差冲击的脉冲响应函数图，横轴是响应周期，表示冲击作用

的滞后期数。从图 5.4 中可以看出，初级产品 Primary_commodity 出口比重对技术引进 Tec_import 的反应一致为正，并且这种正反应在前三年呈扩大趋势，之后负面反应逐年放缓。说明在短期内，技术引进对初级产品的出口比重具有较强烈的冲击，但这种正面效应在长期会逐步减弱。初级产品 Primary_commodity 出口比重对技术扩散 FDI 的负反应则在前三年十分微弱，之后负向反应开始扩大，且在长期逐年减小。说明在短期内，实际利用外资额技术扩散带来的技术进步对初级产品出口比重几乎没有冲击作用，但随着时间的推移，中期其技术扩散对我国初级产品出口比重的阻碍作用将会越来越明显，长期则作用微弱。初级产品 Primary_commodity 出口对技术创新 RD 的反应一致为负，并且随着时间的推移，这种负反应在前三年内呈迅速扩大态势。工业制成品 Manufactured_goods 出口比重对技术引进 Tec_import 的反应也一致为负，并且这种负反应在前三年呈扩大趋势，之后负面反应逐年放缓，但是我们可以看出，技术引进的冲击对工业制成品的负面效应作用比其对初级产品的负面效应作用强烈。工业制成品 Manufactured_goods 出口比重对技术扩散 FDI 的反应一致为正，并且前期这种正反应呈逐年扩大趋势，中期以后，正反应越来越微弱。工业制成品 Manufactured_goods 出口对技术创新 RD 的反应一致为正，并且这种正反应整体呈扩大态势，但随着时间的推移，正反应的扩大趋势会逐年放缓。

为了分析各技术进步的变量标准差新信息对VAR模型内生变量的相对重要性，将 VAR 系统中内生变量的波动按成因分解成与各个方程新息相互关联的若干个组合部分，我们将通过方差分解进一步考察在各初级产品、工业制成品出口比重的影响因素中各种技术进步的重要性，以期对技术进步对不同部门出口比重的不同作用进行探讨。图 5.5 为对 Primary_commodity、Manufactured_goods 进行 Tec_import、FDI、RD 方差分解图，横轴表示时间，纵轴表示变量变异的贡献率。

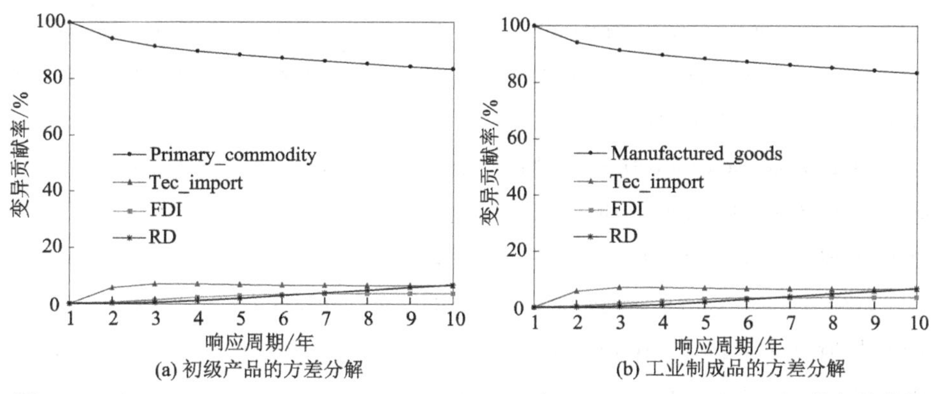


图 5.5　Primary_commodity、Manufactured_goods 与 Tec_import、FDI、RD 的方差分解

从图 5.5 中可以看出，初级产品出口比重上升的调整主要是通过自身的变异来解释，变异的贡献率为 90%左右。技术引进也是初级产品出口比重短期调整的重要影响因素，但随着时间的推移，技术引进对初级产品出口比重的贡献呈下降趋势。技术扩散对初级产品出口比重调整的贡献则很小。短期内，技术创新对初级产品出口比重的贡献不大，但从长期来看，其对初级产品的贡献会越来越大，贡献率在长期会上升为近 5%的水平。与初级产品出口比重的调整类似，工业制成品出口比重的调整也主要是由自身变异来解释的，变异的贡献率也为 90%左右。技术引进也是工业制成品出口比重调整的重要影响因素，贡献率一直维持在 8%的水平。与之相反的是，技术扩散对工业制成品出口比重调整的贡献十分微弱，贡献率在 5%左右的较低水平；而尽管技术创新对工业制成品出口比重的贡献率不大，但随着时间的推移，其对工业制成品出口比重的贡献会增加为 8%左右的水平。

## 四、因果关系检验

计量经济模型是利用回归分析工具处理一个经济变量对其他经济变量的依存性问题的模型，然而这种相关关系是否具有因果关系，需要进一步做检验。Granger 因果关系检验就是最常用的方法之一。因此，下面将对存在长期协整关系的 Primary_commodity、Manufactured_goods 与 Tec_import 、FDI、RD 进行因果关系检验。具体检验结果见表 5.7。

**表 5.7 Primary_commodity、Manufactured_goods 与 Tec_import、FDI、RD 的因果关系检验**

| 原假设 H0 | 滞后期 | *F* 检验统计量 | 概率值 | 结论 |
|---|---|---|---|---|
| Tec_import 不是 Primary_commodity 的 Granger 原因 | 2 | 0.5056 | 0.6085 | 接受 H0 |
| Primary_commodity 不是 Tec_import 的 Granger 原因 | 2 | 3.9511 | 0.0308 | 拒绝 H0 |
| Primary_commodity 不是 FDI 的 Granger 原因 | 2 | 0.1202 | 0.8872 | 接受 H0 |
| FDI 不是 Primary_commodity 的 Granger 原因 | 2 | 0.0221 | 0.9782 | 接受 H0 |
| RD 不是 Primary_commodity 的 Granger 原因 | 2 | 0.8969 | 0.4274 | 接受 H0 |
| Primary_commodity 不是 RD 的 Granger 原因 | 2 | 1.7397 | 0.2072 | 接受 H0 |
| Tec_import 不是 Manufactured_goods 的 Granger 原因 | 2 | 1.8429 | 0.1770 | 接受 H0 |
| Manufactured_goods 不是 Tec_import 的 Granger 原因 | 2 | 5.4613 | 0.0099 | 拒绝 H0 |
| Manufactured_goods 不是 FDI 的 Granger 原因 | 2 | 0.5589 | 0.5781 | 接受 H0 |
| FDI 不是 Manufactured_goods 的 Granger 原因 | 2 | 0.2346 | 0.7924 | 接受 H0 |
| RD 不是 Manufactured_goods 的 Granger 原因 | 2 | 0.7038 | 0.5094 | 接受 H0 |
| Manufactured_goods 不是 RD 的 Granger 原因 | 2 | 3.2733 | 0.0643 | 接受 H0 |

从表 5.7 中的检验结果可以看出，技术引进 Tec_import、技术扩散 FDI、技术创新 RD 均不是初级产品 Primary_commodity 与工业制成品 Manufactured_goods 出口调整的原因，初级产品 Primary_commodity 与工业制成品 Manufactured_goods 出口调整也不是技术扩散 FDI、技术创新 RD 变化的原因。然而，初级产品 Primary_commodity 与工业制成品 Manufactured_goods 出口的调整均是技术引进 Tec_import 的原因。这些说明了，即使前文已经证明技术进步对我国初级产品、工业制成品出口均有一定的促进作用，但是我国从以初级产品为主转向以工业制成品为主的出口结构调整及工业制成品内部结构调整不是由技术进步引起的。可能的原因在于，我国过去廉价自然资源和劳动力的供给严重制约着出口产品结构的发展，具体来看，由于技术投入和要素投入存在明显的替代关系。因此，在面对我国丰富而廉价的资源和劳动力要素供给时，企业会选择扩大资源和劳动力投入，放弃成本高、风险大的技术 R&D，导致我国对于技术进步的利用程度较低。加之，我国社会制度也并非是完全的市场经济，这也制约着技术的市场化和产品化，抑制了技术进步对我国资源配置效率、出口比较优势改善作用的发挥，进而阻碍了我国生产和出口模式的转型。因此，过去丰裕、廉价的要素供给及并非完全的市场经济体制，严重制约了我国通过技术进步促进出口产品结构调整路径的实现。

## 第三节　产业结构对我国出口产品结构调整影响的实证研究

本节将从结构变化指数、出口产品及产业比重两个方面就产业结构对我国出口产品结构调整的影响进行实证分析。

### 一、产业结构对我国出口产品结构调整影响的实证分析——基于结构变化指数

#### （一）计量模型的建立

1. 指标的选取

国内学者在研究结构变化时，对指标的选取进行了积极的探索。考虑到数据的可获得性，本书借鉴蓝庆新和田海峰（2002）、祁国志（2008）及陈虹（2011）的指标选取方法，运用总量中各组成部分增长率与结构变化的乘积来反映结构的变化，具体计算公式及其含义如下。

假如经济总量由 $n$ 个指标组成，总的指标值用 $Y$ 来表示，则 $Y=\sum_{i=1}^{n}Y_i$，$Y_i(i=1,2,3,\cdots,n)$ 表示各个组成部分的指标值。在等式两边分别对时间求导可得

$$\frac{\mathrm{d}Y}{Y}=\sum_{i=1}^{n}\frac{\mathrm{d}Y_i}{Y}=\sum_{i=1}^{n}\frac{\mathrm{d}Y_i}{Y_i}\times\left(\frac{Y_i}{Y}\right)_{t-1}+\sum_{i=1}^{n}\frac{\mathrm{d}Y_i}{Y_i}\times\left(\left(\frac{Y_i}{Y}\right)_t-\left(\frac{Y_i}{Y}\right)_{t-1}\right) \tag{5.1}$$

其中，$\left(\frac{Y_i}{Y}\right)_t$ $(i=1,2,\cdots,n)$ 表示 $t$ 时期各组成部分指标值在总指标值中所占的比重。在式(5.1)中，第一项为基期结构不变情况下各组成部分增长率的贡献，第二项为组成部门增长率中结构变化的贡献。将经济总量指标的增长率按式(5.1)进行离散分解，可以近似用式(5.2)来度量经济总量增长中结构变化的效应。

$$\sum_{i=1}^{n}\frac{\Delta Y_{i,t}}{Y_{i,t-1}}\times\left(\left(\frac{Y_i}{Y}\right)_t-\left(\frac{Y_i}{Y}\right)_{t-1}\right) \tag{5.2}$$

在式(5.2)中，$\sum_{i=1}^{n}\frac{\Delta Y_{i,t}}{Y_{i,t-1}}$ 表示各个组成部分的增长速度；$\left(\left(\frac{Y_i}{Y}\right)_t-\left(\frac{Y_i}{Y}\right)_{t-1}\right)$ 表示各组成部分比重的变化。因此，考察经济结构的变化，应该考虑两方面的因素：一是各个组成部分的增长速度；二是各组成部分比重的变化，比重上升则该部分为正，比重下降则该部分为负。对于一些自身高速增长，并且在总量中比重不断上升的部门，其对结构变化的贡献为正；而对于自身增长速度为正，但比重却逐渐下降的部门，其对结构变化的贡献为负；还有一些自身增长速度可能很快，但由于其比重变化不大，对结构变化的影响依然不大。因而，式(5.2)可以较全面地描述经济结构的变化，较好地反映结构变化对经济总量增长率的影响。若该指标值为正，则对经济总量的增长率起到促进作用，若该指标为负，则相反。根据前文的分析，本书选取后文指标作为出口产品结构和产业结构变化的指标。

$$\text{出口产品结构变化：}\sum_{i=1}^{n}\frac{\Delta \mathrm{EX}_{i,t}}{\mathrm{EX}_{i,t-1}}\times\left(\left(\frac{\mathrm{EX}_i}{\mathrm{EX}}\right)_t-\left(\frac{\mathrm{EX}_i}{\mathrm{EX}}\right)_{t-1}\right) \tag{5.3}$$

$$\text{产业结构变化：}\sum_{i=1}^{n}\frac{\Delta Y_{i,t}}{Y_{i,t-1}}\times\left(\left(\frac{Y_i}{Y}\right)_t-\left(\frac{Y_i}{Y}\right)_{t-1}\right) \tag{5.4}$$

其中，$\left(\frac{\mathrm{EX}_i}{\mathrm{EX}}\right)_t$ 表示第 $t$ 年第 $i$ 种产品的出口额占总出口额的比重；$\frac{\Delta \mathrm{EX}_{i,t}}{\mathrm{EX}_{i,t-1}}$ 表示第 $t$ 年第 $i$ 种产品的出口额的增长率；$\left(\frac{Y_i}{Y}\right)_t$ 表示第 $t$ 年第 $i$ 产业生产总值的比重；$\frac{\Delta Y_{i,t}}{Y_{i,t-1}}$ 表示第 $t$ 年第 $i$ 产业生产总值占总生产总值的增长率。

2. 模型的建立

建立产业结构变化与出口产品结构的测量指标后，本书借鉴 Jeffrey (2000) 将增长率模型弹性化处理这一思路，参照童霞(2008)建立的产业比重对出口商品比重对数模型，对式(5.3)和式(5.4)分别取对数得到式(5.5)和式(5.6)。

$$\text{Expchange} = \ln \sum_{i=1}^{n} \frac{\Delta \text{EX}_{i,t}}{\text{EX}_{i,t-1}} \times \left( \left( \frac{\text{EX}_i}{\text{EX}} \right)_t - \left( \frac{\text{EX}_i}{\text{EX}} \right)_{t-1} \right) \tag{5.5}$$

$$\text{Indchange} = \ln \sum_{i=1}^{n} \frac{\Delta Y_{i,t}}{Y_{i,t-1}} \times \left( \left( \frac{Y_i}{Y} \right)_t - \left( \frac{Y_i}{Y} \right)_{t-1} \right) \tag{5.6}$$

根据式(5.5)和式(5.6)，建立计量模型，公式为

$$\text{Expchange} = \alpha + \beta \text{Indchange} + \mu \tag{5.7}$$

其中，Expchange 表示式(5.5)中的出口结构变化；Indchange 表示式(5.6)中的产业结构变化；$\mu$ 表示随机误差项。

3. 数据来源及描述性统计

本小节出口结构变化和产业结构变化指标的具体数据来源如下。

1978～2012 年初级产品出口额、工业制成品出口额和总出口额数据来源于历年《中国统计年鉴》。1978～2012 年三次产业当年价格生产总值和三次产业的生产总值指数数据均来源于《中国统计年鉴 2013》。分别按照其指数调整为以 1978 年为基期的可比生产总值数据。最后根据式(5.4)，计算得到产业结构变化的时间序列。在进行描述性统计时采用原序列数据，而在进行回归分析时则由于存在较多负值与 0 值，为了减少数据的偏度，先对数据加 1 再取对数。

1979～2012 年我国产业结构变化和出口结构变化的计算结果见表 5.8。

**表 5.8　1979～2012 年我国产业结构变化和出口结构变化**

| 年份 | 产业结构变化 | 出口结构变化 |
|---|---|---|
| 1979 | 0.634 958 793 | 1.116 737 203 |
| 1980 | 0.072 582 322 | −0.538 617 397 |
| 1981 | 0.211 631 81 | 0.675 400 63 |
| 1982 | 0.121 644 359 | 0.097 049 622 |
| 1983 | 0.023 308 324 | 0.122 532 722 |
| 1984 | 0.380 684 269 | 0.271 865 354 |
| 1985 | 1.294 848 682 | 1.014 847 669 |
| 1986 | 0.095 221 299 | 9.036 259 603 |
| 1987 | 0.015 645 96 | 0.456 448 877 |
| 1988 | 0.091 834 932 | 0.564 101 824 |
| 1989 | 0.127 891 285 | 0.137 267 488 |

续表

| 年份 | 产业结构变化 | 出口结构变化 |
|---|---|---|
| 1990 | 0.243 272 16 | 0.559 367 72 |
| 1991 | 0.463 972 029 | 0.575 441 06 |
| 1992 | 0.501 518 494 | 0.424 407 06 |
| 1993 | 0.593 988 559 | 0.231 261 159 |
| 1994 | 0.002 572 255 | 0.313 413 846 |
| 1995 | 0.029 355 092 | 0.307 973 937 |
| 1996 | 0.007 851 835 | 0.000 489 525 |
| 1997 | 0.177 559 356 | 0.195 448 809 |
| 1998 | 0.203 263 673 | 0.335 785 96 |
| 1999 | 0.145 731 817 | 0.090 948 734 |
| 2000 | 0.179 232 796 | 1.83803E-05 |
| 2001 | 0.105 445 45 | 0.011 872 362 |
| 2002 | 0.063 089 869 | 0.175 564 562 |
| 2003 | 0.109 935 013 | 0.114 776 741 |
| 2004 | 0.055 064 051 | 0.228 039 677 |
| 2005 | 0.172 385 421 | 0.031 345 124 |
| 2006 | 0.111 982 054 | 0.198 759 652 |
| 2007 | 0.049 880 459 | −0.013 097 765 |
| 2008 | 0.000 585 354 | 0.077 353 128 |
| 2009 | 0.115 994 526 | 0.006 408 112 |
| 2010 | 0.012 089 897 | 0.001 385 139 |
| 2011 | 0.001 081 981 | 0.003 499 832 |
| 2012 | 0.075 990 708 | 0.032 558 111 |

依据表 5.8 绘制产业结构变化和出口结构变化关系趋势图如图 5.6 所示。

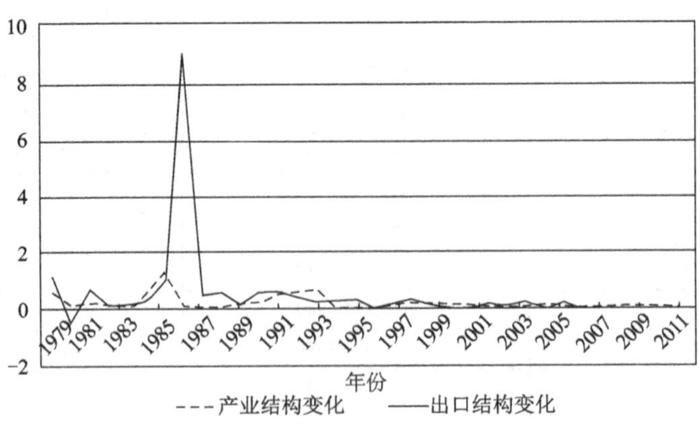


图 5.6　产业结构变化和出口结构变化关系趋势图

从图 5.6 中可以看出，1979～2012 年，我国产业结构变化序列总体上较为平缓，但在 1983～1987 年和 1989～1994 年出现了两次较大波动，并于 1985 年达到最大值，为 1.293。可能原因在于，1985 年后，我国由农业产业迅速发展阶段进入非农产业迅速发展阶段，第三产业所占比重也于 1985 年首次超过第一产业，我国产业结构类型由“二一三”转变为“二三一”。因此，1985 年是我国产业结构调整十分重要的一年(胡耀华，2008)。其余年份序列较为平稳，说明这些年份我国产业结构变化幅度不大。

出口结构变化序列于 1986 年达到最大值，为 9.036，表明该年度我国出口结构波动最大，可能原因在于，我国于 1985 年开始实行出口退税政策。这一政策不仅使我国 1986 年出口总额增长率达到 13.13%，同时对我国出口结构也产生了重要影响，初级产品出口额出现了高达–18.48%的负增长，该年度工业制成品的出口增长率则高达 45.47%，为样本期内最高。此后我国出口结构变化指数急剧减弱，至 1991 年再次出现一个小波峰，为 0.575。究其原因，这段时间我国正处于深化外贸体制改革阶段，出口结构因此产生了较大波动。其后出口结构变化整体上较为平稳，表明其后我国出口结构变化幅度不大。

此外，从图 5.6 中不难看出，我国出口贸易结构变化的波动与产业结构变化的波动存在着一定程度的重合，出口结构的变化幅度大于产业结构，且其变化趋势较产业结构变化存在一定程度的滞后。这在一定程度上表明我国出口结构的变化与产业结构变化存在着某种对应关系。

### (二)实证结果与分析

#### 1. 单位根检验

为了避免非平稳的时间序列的“伪回归”现象，需对变量进行单位根检验，检验各个时间序列是否为同阶单整。具体检验结果见表 5.9。

**表 5.9　相关变量及其差分的单位根检验**

| 变量 | 检验形式 (*C*, *T*, *K*) | ADF 检验值 | ADF 统计量临界值 | | | 结论 |
|---|---|---|---|---|---|---|
| | | | 1% | 5% | 10% | |
| Expchange | (*C*, *T*, 0) | –5.2640 | –4.2627 | –3.5529 | –3.2096 | 平稳*** |
| Indchange | (*C*, 0, 0) | –4.5679 | –3.6463 | –2.9540 | –2.6158 | 平稳*** |

***表示估计系数通过 1%的系数显著性检验

注：表中检验形式(*C*，*T*，*K*)分别表示单位根检验方程包括 *C* 常数项、*T* 时间趋势项、*K* 滞后期数；滞后期 *K* 的选择标准是 AIC 和 SC 最小准则；Expchange 与 Indchange 为取对数后序列

由表 5.9 的检验结果可知，原始序列 Expchange 和 Indchange 的 ADF 检验值均小于 1%水平下的 MacKinnon 临界值，说明 Expchange 和 Indchange 均在 1%水

平下拒绝原假设 $H_0:\rho=1$，原始序列均不存在单位根，即为零阶单整。因此，可以对各个时间序列变量进行协整检验。

2. 协整检验

协整关系反映变量线性组合后平稳程度的变动性质及变量之间长期均衡、稳定关系。近年来学术界已广泛采用协整组合来反映经济理论模型中的长期均衡、稳定关系。前文单位根检验已表明我国产业结构变化与出口结构变化是一阶平稳序列，因此，可以进行序列间的协整关系检验。首先建立中国产业结构变化与出口结构变化的回归方程形式如下。

$$
\begin{aligned}
&\text{Expchange}=0.1331+0.6978\text{Indchange}\\
&\qquad\qquad\qquad 1.7328\,(0.0913)\\
&R^2=0.55,\ \text{DW}=1.92
\end{aligned}
\tag{5.8}
$$

(括号前数值为回归系数的 $t$ 检验统计量，括号内为回归系数的 $p$ 值)

由此得到了残差 Reisd，并对 Resid 进行 ADF 检验，结果见表 5.10。

**表 5.10　协整检验**

| 变量 | 检验形式 $(C, T, K)$ | ADF 检验值 | ADF 统计量临界值 | | | 结论 |
|---|---|---|---|---|---|---|
| | | | 1% | 5% | 10% | |
| Resid | (0, 0, 0) | −5.5599 | −2.6369 | −1.9513 | −1.6107 | 平稳*** |

***表示估计系数通过 1%的系数显著性检验

注：表中检验形式($C$，$T$，$K$)分别表示单位根检验方程包括 $C$ 常数项、$T$ 时间趋势项、$K$ 滞后期数；滞后期 $K$ 的选择标准是 AIC 和 SC 最小准则

由表 5.10 可知，在 1%的显著性水平下，残差 Resid 拒绝原假设，因而是平稳序列。因此，产业结构变化和出口结构变化的协整关系成立，二者具有协整关系，即式(5.8)为二者之间的长期稳定关系。

由式(5.8)可知，产业结构变化的系数为正，说明我国产业机构变化与出口结构变化存在较强的正向关系，由于系数较大，可以在一定程度上说明我国产业结构变化对出口结构变化的促进作用较强。这与涂晓今(2012)研究结论一致，认为我国产业结构决定了外贸结构，外贸结构的优化依赖于产业结构的调整。原因在于，像我国这样一个对外依存度很高的国家，其出口产品结构在很大程度上由其产业结构决定。

3. 误差修正模型

在协整检验确定了上述各变量的长期均衡关系后，进一步利用误差修正模型确定其短期均衡。误差修正模型是一种具有特定形式的计量经济模型，其基本思

路是，若变量存在协整关系，即表明这些变量间存在长期稳定关系，而这种长期稳定的关系是在短期动态过程的不断调整下得以维持的。产生这种结果的原因在于，大多数经济时间序列的一阶差分是平稳序列，同时存在某种联系方式（如线性组合）把相互协整过程和长期稳定均衡状态结合起来。之所以能够这样，是因为其中存在一种调节过程——误差修正机制在起作用，防止了长期关系的偏差在规模或数量上的扩大（孙敬水，2004）。

对于我国产业结构变化与出口结构变化建立误差修正模型如下。

$$\text{DExpchange}=-0.4435\text{DIndchange}-0.3270\text{ECM}(-1)+[\text{AR}(1)=0.4494]$$
$$1.9035(0.0669)\quad -4.0706(0.0000)\quad 2.6928(0.0116) \tag{5.9}$$
$$R^2=0.70,\ \text{DW}=1.74$$

当模型存在自相关时，采用广义差分法进行处理。式（5.9）为我国产业结构变化与出口结构变化的短期动态关系，表明虽然二者从长期来看是正向稳定相关关系，但其短期相关系数为负。由 ECM 项系数可知，每年实际发生的出口结构变化与其长期均衡值的偏差中的 32.7%（−0.3270）被修正，其调整到长期均衡的收敛速度约为 3.06 年。究其原因，我国产业结构的变化与出口产品结构的变化存在一定的时滞。因此，在短期内来看，二者相关系数为负（郭利红和李斌，2004；王晓艳，2006）。这一短期内的滞后效应也可以在图 5.1 中得到验证。

4. Granger 因果检验

协整检验结果表明，我国出口结构变化与产业结构变化之间存在长期的稳定关系，但这二者的 Granger 因果关系还需进一步验证。下文采用 Granger 因果检验法，结果如表 5.11 所示。

**表 5.11　Granger 因果关系检验**

| 原假设 H0 | 滞后期 | $F$ 检验统计量 | 概率值 | 结论 |
|---|---|---|---|---|
| Indchange 不是 Expchange 的 Granger 原因 | 1 | 10.2025 | 0.0033 | 拒绝 H0 |
| Expchange 不是 Indchange 的 Granger 原因 | 1 | 0.45337 | 0.5059 | 接受 H0 |
| Indchange 不是 Expchange 的 Granger 原因 | 2 | 18.7571 | $8.00\times10^{-6}$ | 拒绝 H0 |
| Expchange 不是 Indchange 的 Granger 原因 | 2 | 0.05018 | 0.9511 | 接受 H0 |
| Indchange 不是 Expchange 的 Granger 原因 | 3 | 13.8123 | $2.00\times10^{-5}$ | 拒绝 H0 |
| Expchange 不是 Indchange 的 Granger 原因 | 3 | 0.26833 | 0.8476 | 接受 H0 |
| Indchange 不是 Expchange 的 Granger 原因 | 4 | 9.18356 | 0.0002 | 拒绝 H0 |
| Expchange 不是 Indchange 的 Granger 原因 | 4 | 0.30821 | 0.8692 | 接受 H0 |

由表 5.11 可知，在滞后期 1～滞后期 4，显著性水平为 1%的情况下，我国产业结构变化不是出口结构变动的原因原假设均被拒绝；而出口结构变化不是产业结构变动的原因原假设则均被接受。这说明我国出口结构与产业结构呈单向因果关系，即产业结构变化是出口结构变化的 Granger 原因，而出口结构变化不是产业结构变化的 Granger 原因。可能原因在于，我国是一个出口依存度很高的国家，如 2012 年我国出口依存度高达 25%，这就从根本上决定了我国出口结构会很大程度地依赖于我国国内的产业结构。因此，产业结构变化是出口结构变化的 Granger 原因。然而，由于近年来我国出口贸易过于依靠加工贸易的工业制成品出口，而加工贸易存在国内产业链条短、国内产业配套不足的缺陷，导致我国加工贸易国内产业链残缺，上下游联系不连贯。因此，出口结构变化不是产业结构变化的 Granger 原因。

5. 二者关系的进一步讨论

由于出口产品结构变化与产业结构变化这两个变量均为零阶平稳，本书通过建立 VAR 模型来进一步讨论二者之间的关系。VAR 是基于数据的统计性质来建立模型的，该模型把系统中每一个内生变量作为系统中所有内生变量的滞后值的函数来构造模型，从而将单变量自回归模型推广到由多元时间序列变量组成的向量自回归模型。建立 VAR 模型的一个重要的问题是确定滞后阶数。依据 AIC 和 SC 最小准则最终确定 VAR 模型的滞后阶数为 1。

根据 AR 根图(图 5.7)可知，被估计的 VAR 模型所有根的模的倒数小于 1，即位于单位圆内，因而是稳定的，又由于 LM 检验知模型不存在残差自相关，所以 VAR 模型的估计效果较好。可以用脉冲响应和方差分解来进一步探讨二者之间的关系。

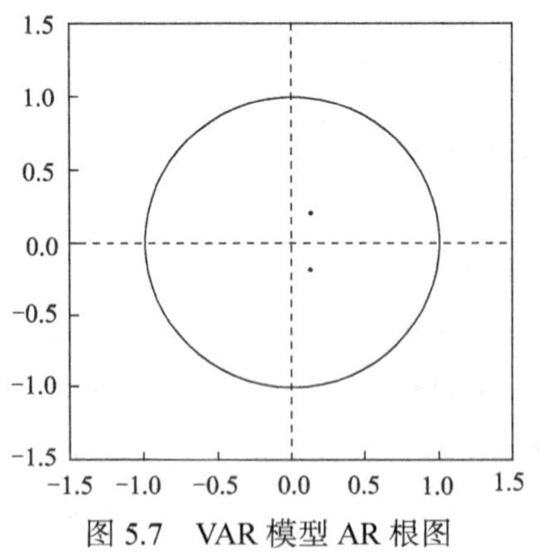


图 5.7　VAR 模型 AR 根图

(1) 脉冲响应函数

脉冲响应函数是分析当一个误差项发生变化，或者说模型受到某种冲击时对系统的动态影响的函数。图 5.8 是产业结构变化和出口结构变化的脉冲响应图，其中，实线为响应函数值随时间变化的路径，两侧的虚线是脉冲响应函数值加、减两倍标准差的置信区间。

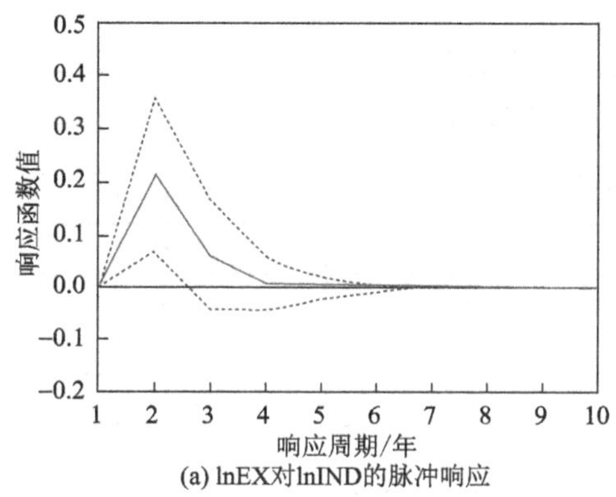

(a) lnEX对lnIND的脉冲响应

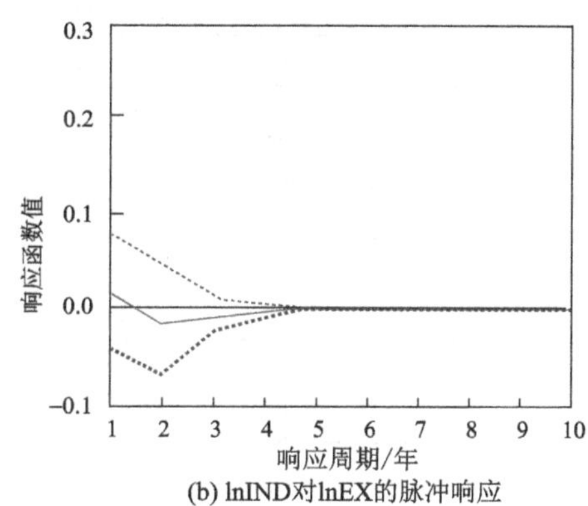

(b) lnIND对lnEX的脉冲响应

图 5.8　产业结构与出口结构的脉冲响应图

第一，产业结构变化的冲击对出口结构变化影响的脉冲响应。由图 5.8(a)可以看出，出口结构变化对产业结构变化的冲击反应为正，且呈现先增加后减少的倒 U 形趋势。当在本期给产业结构一个正向冲击后，出口结构在第 1 期无明显变化，之后开始迅速增加，并于第 2 期达到最高点，随后逐渐下降。从第 4 期开始出口结构呈现小幅波动并最终趋近于 0。这说明产业结构变化的冲击对出口结构变化具有一定正面效果，该效果需要一定的时滞得以显现，其滞后期大约为 1 年。此外，产业结构变化的冲击对出口结构的正向影响持续时间为 4 期。

第二，出口结构变化的冲击对产业结构变化影响的脉冲响应。由图 5.8(b)可以看出，产业结构变化对出口结构变化的冲击反应较小，且反应方向呈现一定的正负波动。当在本期给出口结构一个正冲击后，产业结构在第 1 期明显增加，其反应值达到最高(0.018)，随后逐渐减少，并在第 2 期达到最低(−0.013)。从第 5 期开始产业结构呈现小幅上下波动最终趋于 0。可见出口结构的冲击对产业结构产生的影响整体较小，然而其影响能在当期得以实现，此外出口结构变化的冲击对产业结构产生正向影响持续时间为 5 期。

(2)方差分解分析

为了分析各个变量标准差新信息对 VAR 模型内生变量的相对重要性，将 VAR 系统中内生变量的波动按成因分解成与各个方程新息相互关联的若干个组合部分，通过分析每一个结构冲击对内生变量变化(通常用方差来度量)的贡献度，进一步评价不同结构冲击的重要性。表 5.12 是对出口结构的方差分解结果。

**表 5.12 出口结构的方差分解结果** （单位：%）

| 时期 | S.E. | lnEX | lnIND |
|---|---|---|---|
| 1 | 0.394 352 | 100.000 0 | 0.000 000 |
| 2 | 0.449 735 | 77.100 26 | 22.899 74 |
| 3 | 0.453 911 | 75.823 62 | 24.176 38 |
| 4 | 0.453 965 | 75.821 60 | 24.178 40 |
| 5 | 0.453 971 | 75.819 77 | 24.180 23 |
| 6 | 0.453 972 | 75.819 51 | 24.180 49 |
| 7 | 0.453 972 | 75.819 51 | 24.180 49 |
| 8 | 0.453 972 | 75.819 51 | 24.180 49 |
| 9 | 0.453 972 | 75.819 51 | 24.180 49 |
| 10 | 0.453 972 | 75.819 51 | 24.180 49 |

由表 5.12 可知，第 1 期出口结构的变化完全来源于自身，自身贡献度为 100.0000%，产业结构对其无影响。第 2 期出口结构对自身的贡献度迅速下降至 77.100 26%，同时产业结构贡献度则相应快速上升至 22.899 74%。从第 3 期开始，出口结构对自身的贡献度基本稳定在 75.8%左右的水平，而产业结构贡献率则继续小幅上升。自第 6 期开始，出口结构自身贡献率和产业结构贡献率均保持稳定，二者分别为 75.81951%和 24.18049%。以上说明我国出口结构的变化虽然主要来自自身的贡献，但产业结构变化对其也同样产生较强影响，且其影响存在一定滞后期，在一期后对出口结构产生影响且作用较明显。

## 二、产业结构对我国出口产品结构调整影响的实证分析——基于出口产品及产业比重

为进一步分析产业结构内部第一、第二、第三产业变化对我国出口结构内部的初级产品、工业制成品出口结构调整的影响，本小节将从出口产品及产业比重角度，就产业结构对我国出口产品结构调整影响进行实证分析。

### （一）模型和数据

本书在钱纳里一般半对数回归方程的基础上，参照杨全发（1999）去除时间变量以研究产业结构与贸易结构相关性的建模思路，借鉴孙晓华和王昀（2013）所建模型，构建对数模型如下。

$$\mathrm{PE} = \alpha_{10} + \alpha_{1i} \ln Y_i + \mu_1$$

$$\mathrm{ME} = \alpha_{20} + \alpha_{2i} \ln Y_i + \mu_2$$

其中，PE 和 ME 分别表示初级产品和工业制成品的出口比重，$Y_i\ (i=1,2,3)$ 表示第 $i$ 产业的生产总值占 GDP 比重，$\mu_1$ 和 $\mu_2$ 均表示随机误差项。

本章分析的变量为我国初级产品的出口比重、工业制成品的出口比重及我国三次产业实际生产总值占 GDP 比重。具体数据来源如下：1978～2012 年初级产品出口额、工业制成品出口额和总出口额及 GDP 数据均来源于历年《中国统计年鉴》，计算得到出口结构变化的时间序列。1978～2012 年三次产业当年价格生产总值均来源于《中国统计年鉴 2013》。

## （二）实证结果及分析

### 1. 单位根检验

为避免数据剧烈波动和消除异方差，我们对各时间序列变量取对数。为了避免非平稳的时间序列导致“伪回归”现象，需要对变量进行单位根检验，检验各个时间序列是否为同阶单整。具体单位根检验结果见表 5.13。

**表 5.13　相关变量及其差分的平稳性检验**

| 变量(ln) | 检验形式 (C, T, K) | ADF 检验值 | ADF 统计量临界值 | | | 结论 |
|---|---|---|---|---|---|---|
| | | | 1% | 5% | 10% | |
| PE | (C, T, 1) | −2.0403 | −4.2529 | −3.5485 | −3.2071 | 不平稳 |
| ΔPE | (C, 0, 1) | −6.5086 | −3.6463 | −2.9540 | −2.6158 | 平稳*** |
| ME | (C, 0, 1) | −0.8676 | −3.6394 | −2.9511 | −2.6143 | 不平稳 |
| ΔME | (C, 0, 1) | −5.4369 | −3.6463 | −2.9540 | −2.6158 | 平稳*** |
| ln*Y*1 | (C, T, 1) | −3.1201 | −4.2627 | −3.5530 | −3.2096 | 不平稳 |
| Δln*Y*1 | (C, T, 0) | −5.1867 | −4.2627 | −3.5530 | −3.2096 | 平稳*** |
| ln*Y*2 | (C, T, 1) | −2.5874 | −4.2627 | −3.5530 | −3.2096 | 不平稳 |
| Δln*Y*2 | (C, 0, 0) | −4.2962 | −3.6463 | −2.9540 | −2.6158 | 平稳*** |
| ln*Y*3 | (C, T, 0) | −1.5769 | −4.2627 | −3.5530 | −3.2096 | 不平稳 |
| Δln*Y*3 | (C, T, 0) | −5.0563 | −4.2627 | −3.5530 | −3.2096 | 平稳*** |

***表示估计系数通过 1%的系数显著性检验

注：表中检验形式(*C*，*T*，*K*)分别表示单位根检验方程包括 *C* 常数项、*K* 时间趋势项、*K* 滞后期数；PE 和 ME 表示初级产品、工业制成品的出口比重，ln*Y*1、ln*Y*2 和 ln*Y*3 分别是第一、第二、第三产业所占比重的对数；Δ表示各个变量的一阶差分

由表 5.13 检验结果可知，原始序列 PE、ME 及 ln*Y*1、ln*Y*2、ln*Y*3 的 ADF 检验值均大于 10%水平下的 MacKinnon 临界值，不能拒绝原假设 $H_0:\rho=1$，即原始序列存在单位根。对原始序列 PE、ME 及 ln*Y*1、ln*Y*2、ln*Y*3 进行一阶差分后，

得到ΔPE、ΔME 和ΔlnY1、ΔlnY2、ΔlnY3，再对其进行 ADF 检验，检验值均小于 1%水平下的 MacKinnon 临界值，说明ΔPE、ΔME 和ΔlnY1、ΔlnY2、ΔlnY3 均在 1%水平下拒绝原假设 $H_0:\rho=1$，原始序列一阶差分后均不存在单位根，即为一阶单整。因此，可以对各个时间序列变量做协整检验。

2. 协整检验

协整关系是指变量之间的线性组合存在长期的均衡关系，只有存在长期均衡关系的变量之间的回归，才不会出现虚假回归现象，回归结果才是真实有效的。协整检验要求各时间序列变量要具有相同的单整阶数，根据单位根检验的结果，本书所考察的 PE、ME 及 lnY1、lnY2、lnY3 均是一阶单整时间序列。因此，本书采用协整检验中的 Johansen 检验方法对 PE、ME 及 lnY1、lnY2、lnY3 之间长期均衡关系进行协整分析。具体协整检验结果见表 5.14。

**表 5.14 Johansen 协整检验**

| PE 和 lnY1、lnY2、lnY3 | | | | |
|---|---|---|---|---|
| 假设协整数目 | 特征值 | 最大特征值统计量 | 5%水平下临界值 | 5%水平下的概率值 |
| 不存在协整关系* | 0.6060 | 59.7802 | 47.8561 | 0.0026 |
| 至多存在一个协整关系* | 0.3894 | 29.0404 | 29.7971 | 0.0609 |
| 至多存在两个协整关系 | 0.2867 | 12.7595 | 15.4947 | 0.1239 |
| 至多存在三个协整关系 | 0.0476 | 1.6098 | 3.8415 | 0.2045 |
| ME 和 lnY1、lnY2、lnY3 | | | | |
| 假设协整数目 | 特征值 | 最大特征值统计量 | 5%水平下临界值 | 5%水平下的概率值 |
| 不存在协整关系* | 0.5601 | 55.2162 | 47.8561 | 0.0087 |
| 至多存在一个协整关系* | 0.3852 | 28.1152 | 29.7970 | 0.0772 |
| 至多存在两个协整关系 | 0.2714 | 12.0605 | 15.4947 | 0.1540 |
| 至多存在三个协整关系 | 0.0476 | 1.6123 | 3.84146 | 0.2042 |

*表示检验结果通过 5%的显著性检验

由表 5.14 的检验结果可知，PE 与 lnY1、lnY2、lnY3 变量之间在 5%的显著水平下存在 1 个协整关系，由此我们可以认为各个变量之间存在长期均衡关系，使用这些变量进行回归不会出现“伪回归”现象，相关变量的协整方程如下。

$$PE=-3.3781\ln Y1+14.6009\ln Y2-8.5740\ln Y3-42.8224 \quad (5.10)$$

从式(5.10)结果来看，第一产业系数为负，且未通过显著性检验，说明第一产业比重的增加对初级产品出口比重的提高没有影响。究其原因，我国以“保障供给”为先导的农业政策使得我国农产品对出口的支持力度有限，从而导致第一产业产值增加不能很好地支持初级产品出口。

第二产业系数为正，且通过 1%的显著性检验，表明第二产业发展促进了初级产品出口比重的提高，可能原因在于，随着工业化程度的提高，初级产品出口部门能够运用更先进的机械设备，使初级产品生产效率得到了提高，加快了初级产品生产部门的发展，从而促进了初级产品出口的增长。

第三产业系数为负，且通过 10%的显著性检验，表明第三产业发展不利于初级产品出口比重的提高。一来是因为初级产品都是一些未经加工或者简单加工的产品，本身就与第三产业联系不是很紧密；二来则因为我国初级产品出口部门与非出口部门之间不存在明显的技术溢出效应，这也限制了第三产业中较高的技术含量向初级产品出口部门传递(许和连和栾永玉，2005)。

由表 5.14 的检验结果可知，ME 与 ln$Y$1、ln$Y$2、ln$Y$3 变量之间在 5%的显著水平下存在 1 个协整关系，由此我们可以认为各个变量之间存在长期均衡关系，使用这些变量进行回归不会出现“伪回归”现象，相关变量的协整方程如下所示。

$$\mathrm{ME}=9.6622\ln Y1+10.7564\ln Y2+11.7958\ln Y3+222.4623 \tag{5.11}$$

从式(5.11)结果来看，第一产业系数为正且通过 1%的显著性检验，表明第一产业发展促进工业制成品出口比重的提高，说明第一产业发展能够促进工业制成品的出口。可能原因在于，第一产业的发展可以为工业制成品出口部门提供较为丰富的原材料和剩余劳动力等生产资源。

第二产业系数为正，通过 5%的显著性检验，表明第二产业发展有利于工业制成品出口比重的提高。可能原因在于，现实贸易出口结构同国内产业结构不断优化呼应(霍建国，2003；李钢，2013)。当我国第二产业逐渐向深加工、高附加值的资本技术密集型产业发展时，工业制成品出口部门也在向技术含量较高的资本密集、技术密集产业升级，有效促进了工业制成品出口比重的提升(殷功利，2012)。

第三产业系数为正，且通过 10%的显著性检验，这表明第三产业的发展促进了工业制成品出口比重的提高。这可能与第三产业中交通运输、邮电、仓储业的大力发展有关，这些基础设施的发展为工业制成品的出口提供了良好的基础和条件，此外，第三产业中服务业的发展，尤其是工业制成品的销售和售后服务等行业的不断成熟，也进一步促进了工业制成品的出口增长。

3. VEC 模型估计

经过平稳性检验和长期协整关系检验后，由于各变量均为一阶差分平稳，因此对一阶差分序列建立 VEC 模型对参数的短期影响机制进行估计。在前文基础上，分别利用 PE、ME 与 ln$Y$1、ln$Y$2、ln$Y$3 这两组变量建立 VAR 模型，根据 AIC 和 SC 最小准则选择滞后期为 1，估计结果见表 5.15。

**表 5.15 向量误差修正模型方程系数表**

| 误差修正项 | D(PE) | D(ME) |
|---|---|---|
| CointEq1 | −0.303 577*** | −0.278 302*** |
| | [−4.140 7] | [−3.631 9] |
| D(lnY1(−1)) | −6.164 574* | 3.210 581** |
| | [ −1.556 07] | [1.729 89] |
| D(lnY2(−1)) | 11.640 48*** | 12.684 53*** |
| | [2.777 08] | [2.613 51] |
| D(lnY3(−1)) | −10.417 12 | 8.415 27 |
| | [−1.179 89] | [1.197 22] |
| C | 20.555 41 | −14.347 93 |
| | [0.826 57] | [−0.541 10] |
| 可决系数 | 0.464 769 | 0.448 877 |
| 调整后的可决系数 | 0.365 652 | 0.346 817 |
| 残差平方和 | 135.841 5 | 140.099 3 |
| 标准误差方程 | 2.243 026 | 2.277 908 |

*、**、***分别表示 10%、5%、1%的显著水平

注：[ ]内为 t 值

由表 5.15 的估计结果可以看出，方程误差修正项系数在 1%的显著水平下通过检验①，且由其系数可知初级产品短期均衡与长期均衡值的偏差中的 30.35%(−0.3035)被修正，其调整到长期均衡的收敛速度约为 3.29 年；而工业制成品短期均衡与长期均衡值的偏差中的 27.84%(−0.2784)被修正，其调整到长期均衡的收敛速度约为 3.59 年。可见产业结构对初级产品和工业制成品结构调整的均衡收敛速度较为接近。

第一产业比重(lnY1)在误差修正模型中对初级产品 (PE)的系数在 10%的置信水平下显著，对工业制成品(ME)的系数在 5%的置信水平下显著。其对初级产品的出口比重有制约作用，而对工业制成品的出口比重则有促进作用，二者系数分别为−6.164 574 和 3.210 581。这与长期均衡结果相似(长期均衡系数分别为−3.3781 和 9.6622)。然而，由于第一产业如农业的“保障供给”为先导的农业政策，对初级产品出口的负面影响较为直接，导致第一产业比重对初级产品出口比重的短期负影响比长期负影响更强烈；由于第一产业的发展为工业制成品出口部门提供较为丰富的原材料和剩余劳动力等生产资源,需要一个长时间的反应过程，存在影响机制的时间滞后效应，所以第一产业比重对工业制成品出口比重的短期

① 查 t 分布表，自由度为 33 相应临界值，$\alpha$=0.1 时 $t$=1.3077；$\alpha$=0.5 时 $t$=1.6924；$\alpha$=0.01 时 $t$=2.4448

正影响却不如长期正影响强烈。

第二产业比重（ln*Y*2）在误差修正模型中对初级产品（PE）和工业制成品（ME）的系数均在1%的置信水平下显著。其对初级产品和工业制成品的出口比重均有促进作用，二者系数分别为11.640 48和12.684 53。这与长期均衡结果相似（长期均衡系数分别为14.6009和10.7564），但对初级产品的短期作用弱于长期作用，对工业制成品的短期作用强于长期作用。

就初级产品而言，第二产业短期内对初级产品出口的促进作用略弱于长期，可能原因在于，由于我国“工业反哺农业”的政策指导思想需要一定时间的积累和反应，从长期来看，第二产业对初级产品出口结构调整的支持力度仍越来越强。

就工业制成品而言，第二产业短期内对工业制成品出口的促进作用强于长期，究其原因，在我国统计标准下第二产业中工业占比很大，与出口产品统计标准中的工业制成品紧密相连，因此国内第二产业的发展对工业制成品的生产和出口影响较为立竿见影。

第三产业比重（ln*Y*3）在误差修正模型中对初级产品（PE）和工业制成品（ME）比重的系数均不显著。这与长期均衡结果相反（即第三产业比重对初级产品和工业制成品出口比重的长期影响均显著）。可能原因在于，第三产业并不直接参与初级产品、工业制成品生产和出口的过程，而是作为服务部门为其生产和出口提供便利。因此，其对我国初级产品、工业制成品出口比重的短期影响不显著，长期影响显著。

4. 进一步检验

根据AR根图（图5.9）可知，被估计的VEC模型所有根的模的倒数小于1，即位于单位圆内，因而是稳定的，又由于LM检验知模型不存在残差自相关，所以VEC模型的估计效果较好。可以用脉冲响应和方差分解来进一步探讨二者之间的关系。

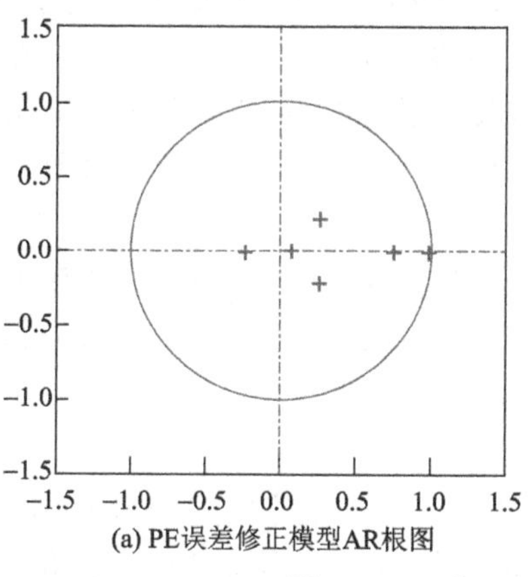

(a) PE误差修正模型AR根图

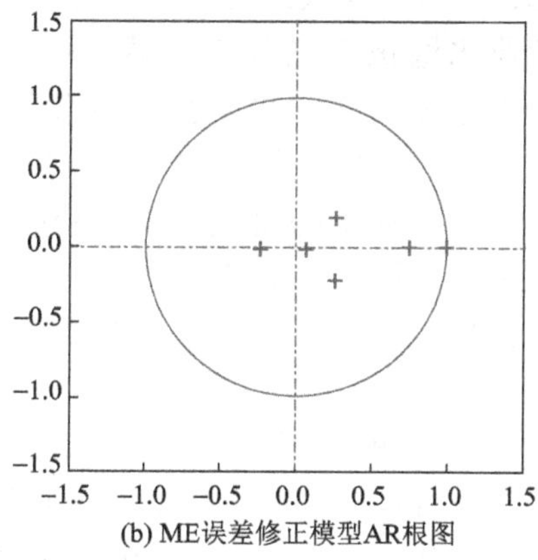

(b) ME误差修正模型AR根图

图5.9　PE和ME误差修正模型AR根图

(1)脉冲响应函数

图 5.10 是分别给 PE、ME 出口 ln$Y$1、ln$Y$2、ln$Y$3 的一个标准差冲击的脉冲响应函数图，横轴是响应周期，表示冲击作用的滞后期数。

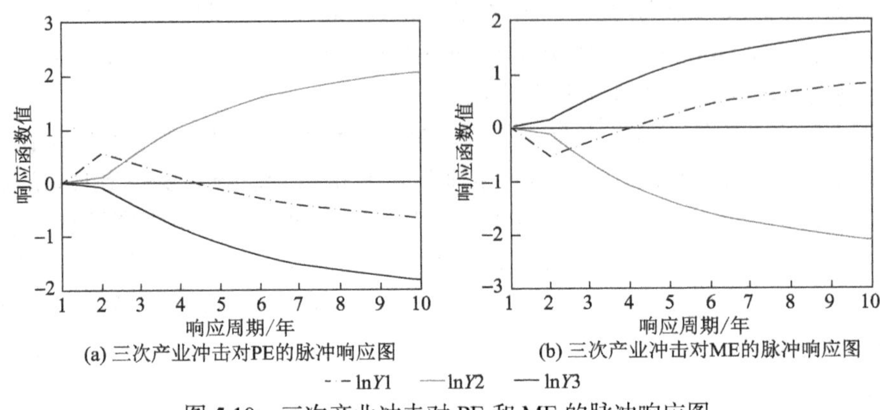


图 5.10　三次产业冲击对 PE 和 ME 的脉冲响应图

从图 5.10(a)中可以看出，当在本期给第一、第二、第三产业比重一个正向冲击后，初级产品出口比重在第 1 期均无变化，其对三次产业累计冲击响应值分别为−1.7006、12.3614 和−10.7504。具体来看，初级产品出口比重 PE 对第一产业比重 ln$Y$1 的反应呈先增加后减少的倒 U 形曲线，于第 2 期达到最高点 0.5499，其后逐渐下降，自第 5 期起响应值变为负值并持续降低，至第 10 期期末达到最低点−0.6655。这说明第一产业对初级产品出口在前 4 期内具有正面效应，自第 5 期则转为负面效应且持续扩大。初级产品出口比重 PE 对第二产业比重 ln$Y$2 的反应始终为正并持续扩大，且自第 2 期起其扩大速度明显加快。说明第二产业对初级产品出口始终具有正面效应，且该效应需要一定的时滞才能得以显现，其滞后期大约为 1 年，随时间推移日益明显。初级产品出口比重 PE 对第三产业比重 ln$Y$3 的反应与第二产业相反，始终为负并持续扩大，且自第 2 期起其扩大速度明显加快。说明第三产业对初级产品出口始终具有负面效应，该效应滞后期为 1 年，并持续增加。从图 5.10(b)中可以看出，工业制成品出口比重对三次产业冲击的反应曲线与初级产品呈一一对应的相反态势。当在本期给第一、第二、第三产业比重一个正向冲击后，工业制成品出口比重在第 1 期均无变化，其对三次产业累计冲击响应值分别为 2.6640、−12.7409 和 10.5668。具体效应此处不再赘述。

(2)方差分解分析

为了分析各技术进步的变量标准差新信息对 VEC 模型内生变量的相对重要性,将 VEC 系统中内生变量的波动按成因分解成与各个方程新息相互关联的若干个组合部分，本书通过方差分解进一步考察在各初级产品、工业制成品出口的影响因素中各产业比重的重要性，以期对产业结构对出口产品结构的影响机制进行更深入探讨。表 5.16 和表 5.17 为对 PE、ME 进行 ln*Y*1、ln*Y*2、ln*Y*3 方差分解的结果表。

**表 5.16　PE 的方差分解结果**

| 时期 | S.E. | PE | ln*Y*1 | ln*Y*2 | ln*Y*3 |
|---|---|---|---|---|---|
| 1 | 2.277 908 | 100.000 0 | 0.000 000 | 0.000 000 | 0.000 000 |
| 2 | 2.518 201 | 94.922 80 | 4.510 912 | 0.233 046 | 0.333 238 |
| 3 | 2.707 201 | 84.852 55 | 4.877 207 | 6.286 100 | 3.984 142 |
| 4 | 3.039 796 | 67.333 23 | 3.868 706 | 17.598 46 | 11.199 60 |
| 5 | 3.562 245 | 50.290 22 | 3.270 681 | 28.145 26 | 18.293 84 |
| 6 | 4.212 409 | 38.454 26 | 3.363 231 | 34.997 59 | 23.184 92 |
| 7 | 4.926 206 | 31.194 64 | 3.783 163 | 38.887 93 | 26.134 27 |
| 8 | 5.661 744 | 26.840 14 | 4.274 548 | 41.022 35 | 27.862 96 |
| 9 | 6.395 056 | 24.178 31 | 4.735 512 | 42.196 64 | 28.889 54 |
| 10 | 7.113 090 | 22.498 27 | 5.136 933 | 42.849 16 | 29.515 63 |

**表 5.17　ME 的方差分解结果**

| 时期 | S.E. | ME | ln*Y*1 | ln*Y*2 | ln*Y*3 |
|---|---|---|---|---|---|
| 1 | 2.243 026 | 100.000 0 | 0.000 000 | 0.000 000 | 0.000 000 |
| 2 | 2.488 548 | 94.835 69 | 4.882 075 | 0.158 116 | 0.124 120 |
| 3 | 2.662 830 | 84.709 27 | 5.904 008 | 5.744 937 | 3.641 784 |
| 4 | 2.991 139 | 67.344 55 | 4.772 180 | 16.647 89 | 11.235 37 |
| 5 | 3.515 054 | 50.728 07 | 3.602 975 | 26.789 42 | 18.879 54 |
| 6 | 4.170 312 | 39.396 72 | 3.099 292 | 33.318 63 | 24.185 36 |
| 7 | 4.891 85 | 32.578 68 | 3.044 050 | 36.979 70 | 27.397 56 |
| 8 | 5.637 217 | 28.565 75 | 3.186 031 | 38.959 46 | 29.288 76 |
| 9 | 6.381 863 | 26.159 85 | 3.392 995 | 40.028 88 | 30.418 27 |
| 10 | 7.112 213 | 24.671 69 | 3.607 493 | 40.608 76 | 31.112 06 |

从表 5.16 和表 5.17 中可以看出，初级产品 PE 和工业制成品 ME 出口调整的自身贡献率仅为 22.498 27%和 24.671 69%，可见产业结构调整对出口产品结构调整具有较大的贡献率，且三次产业结构对初级产品和工业制成品出口的贡献率比重变化较为相似。其中，第一产业对初级产品和工业制成品出口的贡献率最低，分别为 5%左右和 3.5%左右，并围绕其呈小幅波动。第二产业对初级产品和工业制成品出口的贡献率最高，分别为 42.849 16%和 40.608 76%，且其贡献率呈逐年上

升趋势。第三产业对初级产品和工业制成品出口的贡献率分别为 29.515 63%和 31.112 06%。由此可见，三次产业中，第二产业产值变化对出口产品结构调整的解释力度最高，其次为第三产业，第一产业对出口产品结构调整的贡献则十分微弱。

(3) Granger 因果检验

计量经济模型是利用回归分析工具处理一个经济变量对其他经济变量的依存性问题，然而这种相关关系是否具有因果关系，需要进一步做检验。Granger 因果关系检验就是最常用的方法之一。根据检验要求，如果两个 $I(1)$ 非平稳变量存在协整关系，则可以用原变量直接进行因果检验，否则需要使用一阶差分变量。平稳变量可直接做 Granger 因果性检验。因此本书将基于 VEC 模型对 PE、ME 与 ln$Y$1、ln$Y$2、ln$Y$3 原始序列进行 Granger 因果检验。具体检验结果见表 5.18。

**表 5.18 PE、ME 与 LNY1、LNY2、LNY3 的因果关系检验**

| 原假设 H0 | 滞后期 | 卡方检验 | 概率值 | 结论 |
|---|---|---|---|---|
| ln$Y$1 不是 PE 的 Granger 原因 | 1 | 5.854 964 | 0.015 5 | 拒绝 H0 |
| PE 不是 ln$Y$1 的 Granger 原因 | 1 | 3.789 380 | 0.051 6 | 接受 H0 |
| ln$Y$2 不是 PE 的 Granger 原因 | 1 | 4.687 143 | 0.041 8 | 拒绝 H0 |
| PE 不是 ln$Y$2 的 Granger 原因 | 1 | 0.118 369 | 0.730 8 | 接受 H0 |
| ln$Y$3 不是 PE 的 Granger 原因 | 1 | 14.977 42 | 0.000 1 | 拒绝 H0 |
| PE 不是 ln$Y$3 的 Granger 原因 | 1 | 8.398 131 | 0.003 8 | 拒绝 H0 |
| ln$Y$1 不是 ME 的 Granger 原因 | 1 | 7.883 544 | 0.005 0 | 拒绝 H0 |
| ME 不是 ln$Y$1 的 Granger 原因 | 1 | 4.286 074 | 0.038 4 | 拒绝 H0 |
| ln$Y$2 不是 ME 的 Granger 原因 | 1 | 5.728 324 | 0.016 7 | 拒绝 H0 |
| ME 不是 ln$Y$2 的 Granger 原因 | 1 | 0.034 141 | 0.853 4 | 接受 H0 |
| ln$Y$3 不是 ME 的 Granger 原因 | 1 | 20.545 87 | 0.000 0 | 拒绝 H0 |
| ME 不是 ln$Y$3 的 Granger 原因 | 1 | 8.249 403 | 0.004 1 | 拒绝 H0 |

从表 5.18 中的检验结果可以看出，第一产业 ln$Y$1、第二产业 ln$Y$2 和第三产业 ln$Y$3 均是初级产品出口 PE 和工业制成品出口 ME 调整的 Granger 原因；反之，初级产品出口 PE 仅为第三产业 ln$Y$3 调整的 Granger 原因，工业制成品出口 ME 则为第一产业 ln$Y$1 和第三产业 ln$Y$3 二者调整的 Granger 原因。这说明，产业结构的调整是促进我国出口产品结构调整的原因，而与此同时，我国出口结构调整也可以反过来对产业结构调整产生影响。我国第一、第三产业均与出口产品结构存在双向互动的影响机制，而第二产业与出口产品结构则仅存在单向影响机制。

# 第四节 制度创新对我国出口产品结构调整影响的实证研究

鉴于制度创新主要包括人民币汇率、出口补贴、出口退税等三种影响最为直接且显著的类型，而我国在出口补贴方面暂时缺乏较为完整的相关数据，因此将以第四章中的出口退税和人民币汇率两个指标为主，分析制度创新对我国出口产品结构调整的影响。

## 一、模型设定与数据来源

### （一）计量模型设定

除出口退税和人民币汇率外，对出口变动产生影响的因素还有很多，国内供给、国外需求、出口产品价格及 FDI 等众多变量都是能够影响出口额的因素。结合已有的研究并兼顾到数据的可得性，借鉴刘穷志（2005）、谢建国和吴春燕（2012），构建本书半对数计量模型如下所示。

$$\mathrm{PEX}_t = \ln \mathrm{TR}_t + \ln \mathrm{RE} + \ln \mathrm{GDP} + \ln \mathrm{GNP} + \varepsilon_t \tag{5.12}$$

其中，PEX 表示初级产品出口比重；TR 表示出口退税额；RE 表示人民币汇率；GNP 表示国民生产总值（gross national product，GNP）；$\varepsilon$ 表示随机误差项；$t$ 表示时间。

$$\mathrm{MEX}_t = \ln \mathrm{TR}_t + \ln \mathrm{RE} + \ln \mathrm{GDP} + \ln \mathrm{GNP} + \varepsilon_t \tag{5.13}$$

其中，MEX 表示工业制成品出口比重；TR 表示出口退税额；RE 表示人民币汇率；$\varepsilon$ 表示随机误差项；$t$ 表示时间。

### （二）数据来源说明

本节研究中各变量的数据来源如下。

初级产品（PEX）及工业制成品（MEX）出口比重。这里的出口额包含 SITC0～SITC9 共十个行业的总出口额，其中 SITC0～SITC4 为初级产品，SITC5～SITC9 为工业制成品。初级产品出口比重为初级产品出口额占总出口额比重，工业制成品出口比重为工业制成品出口额占总出口额比重。本书中所采用各出口额年度数据均来自历年的《中国统计年鉴》。

出口退税额（TR）。这里采用出口退税额而不是出口退税率。首先，出口退税率变化比较频繁，数据选取不易；其次，出口退税率并不能代表当年出口商真正得到的出口退税。受拖欠税的影响，出口商通常无法按出口退税率获得预期的退税款，出口退税额才真正反映该年政府对出口行业的“事实补贴”，其与出口的线性关系更为强烈。本书中出口退税额根据商务部网站、税务总局网站与财政部网站的相关数据整理获得。

人民币实际有效汇率(RE)。实际有效汇率是一种加权平均汇率，通常以对外贸易比重为权数。有效汇率通常被用于衡量一个国家贸易商品的国际竞争力。实际有效汇率不仅考虑了所有双边名义汇率的相对变动情况，而且还剔除了通货膨胀对货币本身价值变动的影响，能综合反映本国货币的对外价值和相对购买力。因此，它是综合反映本币对外价值和相对购买力的良好指标。本书采用的是间接标价法的人民币对美元汇率的年度数据，来源于国研网数据库。

GDP 和 GNP。本书采取 GDP 反映国内经济发展水平。一国的出口贸易商品结构的变化与其国内经济发展是紧密相关的，因此，GDP 能够在很大程度上影响到一国的出口商品结构，GDP 数据来源于历年《中国统计年鉴》。本书采取 GNP 反映国外需求水平。GNP 数据的具体计算方法为：首先以各自从中国出口的贸易占比为加权系数，计算出中国前十大出口目的地国家或地区(东盟、欧盟、加拿大、澳大利亚、俄罗斯、中国香港、中国台湾、美国、日本及韩国)的加权 GDP，其中各国家或地区 GDP 来源于 IFS 数据库，出口贸易数据则来源于历年《中国统计年鉴》。

此外，由于我国在 1985 年才开始实行出口退税政策，所以本书数据时间段为 1985～2012 年。

## 二、单位根检验

如果两个时间序列都服从单位根过程，那么就可能存在“伪回归”的问题。由于研究将涉及协整检验和 VEC 模型，所以在进行协整分析前，需要确定所有变量是否都是单位根过程，以防出现“伪回归”现象。一般来说，较常用的检查时间序列平稳性的检验方法有两种：ADF 检验和 PP 检验。本书选择的检验方法为 ADF 检验。对各时间序列进行单位根检验，以判断各序列的平稳性。由变量序列的折线图分别选择检测方程是否含有常数项和趋势项，得到单位根检验结果如表 5.19 所示。

**表 5.19 相关变量及其差分的平稳性检验**

| 变量(ln) | 检验形式 $(C, T, K)$ | ADF 检验值 | ADF 统计量临界值 | | | 结论 |
|---|---|---|---|---|---|---|
| | | | 1% | 5% | 10% | |
| PEX | $(C, T, 1)$ | −6.4637 | −4.3393 | −3.5875 | −3.2292 | 平稳*** |
| MEX | $(C, T, 1)$ | −6.4469 | −4.3393 | −3.5875 | −3.2292 | 平稳*** |
| lnTR | $(C, T, 1)$ | −3.6999 | −4.3393 | −3.5875 | −3.2292 | 平稳** |

续表

| 变量(ln) | 检验形式 (C, T, K) | ADF 检验值 | ADF 统计量临界值 | | | 结论 |
|---|---|---|---|---|---|---|
| | | | 1% | 5% | 10% | |
| lnRE | (C, T, 1) | −2.9630 | −3.6999 | −2.9763 | −2.6274 | 平稳* |
| lnGDPD | (C, 0, 1) | −1.8841 | −3.7529 | −2.9981 | −2.6388 | 不平稳 |
| ΔlnGDPD | (C, T, 1) | −6.3374 | −4.4679 | −3.6450 | −3.2615 | 平稳*** |
| lnGDPF | (C, 0, 1) | −2.5009 | −3.6999 | −2.9763 | −2.6274 | 不平稳 |
| ΔlnGDPF | (C, 0, 1) | −4.4831 | −3.7115 | −2.9810 | −2.6299 | 平稳*** |

*、**、***分别表示 10%、5%、1%的显著性水平

注：其中检验形式(C,T,K)分别表示单位根检验方程包括常数项、时间趋势和滞后项的阶数；加入滞后项是为了使残差项为白噪声；Δ表示一阶差分

检验结果表明，初级产品出口比重(PEX)、工业制成品出口比重(MEX)、出口退税额(TR)、人民币实际有效汇率(RE)为零阶平稳，即 $I(0)$ 序列。GDP 和 GNP 在 5%的显著性水平下都存在单位根，不是平稳序列，而在进行一阶差分后其均为 $I(1)$ 序列。值得注意的是，在检验两个时间序列的协整关系时，当且仅当这两个时间序列为同阶单整时，这两个变量之间才有可能存在均衡关系，并且这种均衡关系是唯一的。而在检验三个及以上时间序列之间是否存在协整关系时，当解释变量的单整阶数高于被解释变量单整阶数，若至少有两个解释变量的单整阶数高于被解释变量的单整阶数，则我们依然可以检验变量之间的协整关系或长期均衡关系。

## 三、协整检验

为了研究初级产品出口比重(PEX)、工业制成品出口比重(MEX)、出口退税额(TR)、人民币实际有效汇率(RE)、GDP 和 GNP 之间是否有长期稳定关系，我们需要对这些变量进行协整分析，目前关于协整关系的检验与估计有许多具体的技术模型，检验变量之间的协整关系常用的有 Engle-Granger 两步法和 Johansen 最大似然法。Engle-Granger 两步法是针对两个变量之间是否存在协整关系的检验方法，而如果是多个变量之间的协整关系检验则应使用 Johansen 最大似然法。本书涉及多个变量之间协整关系的检验，因此，采用 Johansen 检验法。Johansen 协整检验是一种基于 VAR 模型的检验，检验之前必须确定 VAR 模型的结构，最为重要的是最优滞后期的确定。在进行检验前我们需要测算出最佳滞后期数，这是因为经济理论往往无法肯定一个 VAR 模型的滞后期数。对于最优滞后阶数的判定，一般采用 AIC 或者 SC 最小原则。以 AIC 为例，分别观察每一滞后阶下的 VAR 模型，用模型中 AIC 的值来判定模型拟合度的高低。由于准则要求 AIC 的

数值越小越好，所以 AIC 值最小的模型即可以判定最佳模型。AIC 模型的计算公式如下

$$AIC = -2L / n + 2k / n \tag{5.14}$$

其中，$L$ 为对数似然值；$n$ 为观测值数目；$k$ 为待估计的参数个数。

本书就 lnTR、lnRE、lnGDP 和 lnGNP 对 PEX 和 MEX 分别进行协整检验并判断，依据 AIC 最终确定 VAR 模型的最优滞后期为 3。在此基础上，得到协整检验结果(表 5.20)及其协整方程。

**表 5.20 Johansen 协整检验**

| PEX 和 lnTR、lnRE、lnGDPD、lnGDPF | | | | |
|---|---|---|---|---|
| 假设协整数目 | 特征值 | 最大特征值统计量 | 5%水平下临界值 | 5%水平下的概率值 |
| 不存在协整关系* | 0.8680 | 50.6320 | 33.8769 | 0.0002 |
| 至多存在一个协整关系* | 0.8121 | 41.7988 | 27.5843 | 0.0004 |
| 至多存在两个协整关系* | 0.7213 | 31.9420 | 21.1316 | 0.0010 |
| 至多存在三个协整关系* | 0.4830 | 16.4947 | 14.2646 | 0.0218 |
| 至多存在四个协整关系 | 0.0061 | 0.1523 | 3.8415 | 0.6963 |
| MEX 和 lnTR、lnRE、lnGDPD、lnGDPF | | | | |
| 假设协整数目 | 特征值 | 最大特征值统计量 | 5%水平下临界值 | 5%水平下的概率值 |
| 不存在协整关系* | 0.8401 | 45.8358 | 33.8769 | 0.0012 |
| 至多存在一个协整关系* | 0.7489 | 34.5433 | 27.5843 | 0.0054 |
| 至多存在两个协整关系* | 0.5769 | 21.5051 | 21.1316 | 0.0443 |
| 至多存在三个协整关系* | 0.3736 | 11.6942 | 14.2646 | 0.1227 |
| 至多存在四个协整关系 | 0.0000 | 0.0007 | 3.8415 | 0.9810 |

*表示检验结果通过 5%的显著性检验

由表 5.20 的检验结果可知，PEX 与 lnTR、lnRE、lnGDP 和 lnGNP 各变量之间在 5%的显著水平下存在 4 个协整关系，由此我们可以认为各个变量之间存在长期均衡关系，使用这些变量进行回归不会出现“伪回归”现象，其中一个协整方程如下所示。

$$PEX_t = -0.0479 \ln TR_t - 0.1261 \ln RE - 0.0524 \ln GDP - 0.0567 \ln GNP + 1.5166 \tag{5.15}$$

从式(5.15)结果来看，出口退税额系数为负，且通过 1%的显著性检验，说明出口退税额的增加不利于初级产品出口比重的提高。究其原因，我国初级产品出

口中多以农产品和矿产品为主，而我国的农业政策为“保障供给”为先导，加之我国政府对矿产资源及其产品保护力度的逐步加强，所以我国出口退税政策对初级产品出口的支持力度较弱。实际汇率系数为负，且通过 1%的显著性检验，表明实际汇率的提高不利于初级产品出口比重的提高。可能原因在于，我国初级产品出口长期价格低廉，且利润空间薄弱，所以人民币的升值对初级产品出口的冲击十分明显。GDP 系数为负，且通过 10%的显著性检验，表明国内经济水平的发展不利于初级产品比重的提高。可能原因在于，我国正处于工业化发展的重要阶段，经济增长对工业制成品出口的促进作用较初级产品更为明显，受到工业制品出口比重挤占，初级产品出口比重因此与国内经济增长呈负相关。GNP 系数为负，且未通过显著性检验，表明二者之间并无明显相关关系。

由表 5.20 的检验结果可知，MEX 与 lnTR、lnRE、lnGDP 和 lnGNP 各变量之间在 5%的显著水平下存在 3 个协整关系，由此我们可以认为各个变量之间存在长期均衡关系，使用这些变量进行回归不会出现“伪回归”现象，其中一个协整方程如下所示。

$$\mathrm{MEX}_t = 0.0476\ln \mathrm{TR}_t + 0.1258\ln \mathrm{RE} + 0.0523\ln \mathrm{GDP} + 0.0572\ln \mathrm{GNP} - 0.5192 \quad (5.16)$$

从式(5.16)结果来看，出口退税额系数为正，且通过 1%的显著性检验，说明出口退税额的增加有利于工业制成品出口占比的提高。究其原因，我国出口退税政策对工业制成品的支持力度较大，如对十一大类机电产品、部分信息技术产品、重大技术装备等工业制成品均常年保持 17%的高出口退税率，从而有力地促进了我国工业制成品出口占比的提高。实际汇率系数为正，且通过 10%的显著性检验，表明实际汇率的提高有利于工业制成品出口占比的提高。可能原因在于，人民币的升值有利于我国以更低价格购买国外先进技术及技术密集型产品，从而有利于我国技术、科研水平的提高，有利于资本、技术密集型产品的发展，在长期内对我国出口产品结构的升级优化产生促进作用(曾铮和张亚斌，2007)。GDP 系数为正，且通过 10%的显著性检验，表明国内经济水平的发展与工业制成品出口占比正相关，说明经济增长能有效促进我国工业制成品出口占比的提高。可能原因在于，随着一国经济水平的不断发展，必将伴随着其技术设备的不断更新和科研水平的不断提高，从而促进一国工业制成品出口比重的提高。GNP 系数为正，且未通过显著性检验，表明二者相关关系不明显。

## 四、误差修正模型

经过平稳性检验和长期协整关系检验后，由于各变量均为一阶差分平稳，所以对一阶差分序列建立 VEC 模型对参数的短期影响机制进行估计。在前文基础上，分别利用 PEX、MEX 与 lnTR、lnRE、lnGDPD、lnGDPF 这两组变量建立 VAR 模型，根据 AIC 和 SC 最小准则选择滞后期为 1，估计结果见表 5.21。

**表 5.21　VEC 模型方程系数表**

| 误差修正项 | *D*(PEX) | *D*(MEX) |
|---|---|---|
| CointEq1 | −0.368 105*** | −0.366 883*** |
| | [−7.335 35] | [−7.198 96] |
| *D*(lnTR(−1)) | 0.015 358*** | −0.015 046*** |
| | [ 3.880 29] | [−3.772 34] |
| *D*(lnRE (−1)) | −0.036 001*** | 0.034 878*** |
| | [−3.182 67] | [ 3.054 51] |
| *D*(lnGDP (−1)) | −0.039 902*** | 0.037 422*** |
| | [ 4.232 24] | [−4.046 80] |
| *D*(lnGNP (−1)) | −0.025 111*** | 0.026 022*** |
| | [−2.694 75] | [2.751 75] |
| *C* | −0.025 356*** | 0.024 871*** |
| | [−7.899 98] | [7.659 01] |
| 可决系数 | 0.867 951 | 0.863 298 |
| 调整后的可决系数 | 0.826 251 | 0.820 129 |
| 残差平方和 | 0.000 404 | 0.000 413 |
| 标准误差方程 | 0.004 611 | 0.004 661 |

***表示 1%的显著性水平

注：[　]内为 *t* 值

由表 5.21 的估计结果可以看出，方程误差修正项系数均在 5%的显著水平下通过检验[①]，且由其系数可知初级产品短期均衡与长期均衡值的偏差中的 36.81%(−0.368 105)被修正，其调整到长期均衡的收敛速度约为 2.72 年；而工业制成品短期均衡与长期均衡值的偏差中的 36.69%(−0.366 883)被修正，其调整到长期均衡的收敛速度约为 2.73 年。可见出口退税对初级产品和工业制成品结构调整的均衡收敛速度较为接近。

出口退税(lnTR)在误差修正模型中对初级产品出口(PEX)和工业制成品出口(MEX)的系数均在 1%的置信水平下显著，短期内其对初级产品出口比重有一定促进作用，而对工业制成品出口比重则有一定抑制作用，二者系数分别为 0.015 358 和−0.015 046，这与长期均衡结果相反(长期均衡系数分别为−0.0479 和 0.0476)。

① 查 *t* 分布表，自由度为 26 相应临界值，$\alpha$=0.1 时 $t$=1.315；$\alpha$=0.5 时 $t$=1.706；$\alpha$=0.01 时 $t$=2.479

这说明从短期来看，出口退税对出口产品结构调整的作用与从长期来看的作用相反。可能原因在于，出口退税政策的调整能够直接影响到出口商的成本和利润，但并不能立即引起当年出口额的变动，加之政府在实行出口退税政策调整之前，一般会给企业预留一段时间的缓冲期，面对政策调整可能带来的市场波动风险，企业有选择性地对当期出口做出调整：如果出口退税率上调，企业选择推迟出口，以便更多地得到退税额，增加企业利润；如果出口退税率下调，企业选择抢占出口，以便以调整前的较高退税率进行退税。这导致了在出口退税额变动的当期，出口贸易出现与长期反方向变动情况（白胜玲和崔霞，2009；张跃莘，2012）。值得注意的是，短期均衡下，出口退税对于我国出口的影响程度弱于长期均衡，说明出口退税政策对出口的滞后或挤占作用仅在短期内存在，其政策效果在长期可以得到一定程度的放大。

实际有效汇率（lnRE）在误差修正模型中对初级产品出口（PEX）和工业制成品出口（MEX）的系数均在 1%的置信水平下显著，短期内其对初级产品出口占比有一定抑制作用，而对工业制成品出口占比则有一定促进作用，二者系数分别为–0.036 001 和 0.034 878，这与长期均衡结果相似，但影响程度弱于长期（长期均衡系数分别为–0.1261 和 0.1258）。原因可能在于，实际汇率的提高意味着人民币币值的上升，这对我国出口商品的最直接影响就是商品价格的提高会直接导致商品出口量的下降。因此，其对我国初级产品和工业制成品的出口均将在短期内产生一定程度的不利影响。然而，一方面在于不同禀赋型商品存在需求价格弹性差异，人民币升值主要对资源密集型产业产生较大影响，对劳动密集型和资本密集型产业的影响则较小（顾国达等，2007；李英楠，2013）；另一方面则在于初级产品与工业制成品的利润空间存在较大差异，因此，实际有效汇率的上升短期内对于初级产品的抑制作用会得到迅速体现，从而导致初级产品占比下降，工业制成品占比上升。

国内生产总值（lnGDP）在误差修正模型中对初级产品出口（PEX）和工业制成品出口（MEX）的系数均在 1%的置信水平下显著，短期内其对初级产品出口比重有一定抑制作用，而对工业制成品出口比重则有一定促进作用，二者系数分别为–0.039 902 和 0.037 422，这与长期均衡结果相似，但其影响程度弱于长期（长期均衡系数分别为–0.0524 和 0.0523）。可能原因在于，从长期来看我国工业制成品出口与经济增长存在一个良性的互动关系。具体来看，我国十分重视工业发展对经济发展水平的拉动作用，同时经济的增长又可以促进工业的进一步发展，从而进一步促进工业制成品的出口（易力等，2006）。此外，技术进步本身具有一定的长期性，如人才培养、科技创新等，且研发技术成果转化为经济效益也存在着一定的时滞。因此，经济增长带来的技术进步对工业制成品出口的促进作用需较长时间才能得以充分显现。综上所述，从长期来看，经济增长对工业制成品的促进作用强于短期，从而导致长期内经济增长对初级产品占比的负向影响更大，对工业制成品占比则体现为更强的正向影响。

国民生产总值(lnGNP)在误差修正模型中对初级产品出口比重(PEX)和工业制成品出口比重(MEX)的系数均在1%的置信水平下显著,短期内其对初级产品出口比重有一定抑制作用,而对工业制成品出口比重则有一定促进作用,二者系数分别为–0.0251和0.0260,这与长期均衡结果相似(长期均衡系数分别为–0.0567和0.0572)。可能原因在于,我国前十大出口市场中,除东盟外,其余九个均为发达国家(或地区),"产业空心化"是这些国家(或地区)一个共同的重要特征,所以其对物质产品具有很强的外部依赖。当经济不景气时,恩格尔系数随之上升,居民对食品等初级产品的需求比重有所增加;而当经济基本面较好时,居民对消费品等工业制成品的需求比重则明显增加。因此,GNP与我国初级产品出口比重呈负向相关,而与工业制成品比重呈正向相关。此外,GNP对我国出口产品结构调整的短期影响程度弱于长期,可能原因在于,国外市场对本国出口产品结构的优化需要一个长期的过程,当国外市场的经济出现增长时,其主要通过技术转移和加工贸易两种途径对本国的出口产品结构升级产生影响。具体来看,技术转移是指外国将技术传给本国,本国非熟练劳动力逐渐掌握该技术,进而成为熟练劳动力,提升其出口商品结构;加工贸易是指外国将部分生产程序转移到本国,使本国的劳动力在"干–中–学"中逐渐成为熟练劳动力,提高其熟练劳动力的数量,进而改变其出口商品结构升级速率(叶宏伟,2011)。

## 五、进一步检验

根据AR根图(图5.11)可知,被估计的VEC模型所有根的模的倒数小于1,即位于单位圆内,因而是稳定的,又由于LM检验知模型不存在残差自相关,所以VEC模型的估计效果较好。可以用脉冲响应和方差分解来进一步探讨二者之间的关系。

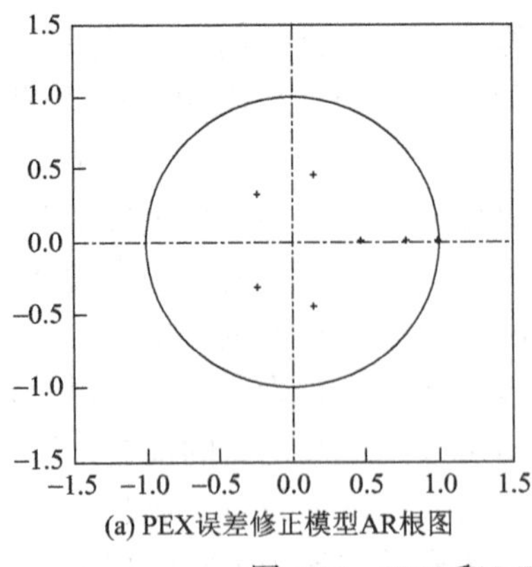


(a) PEX误差修正模型AR根图

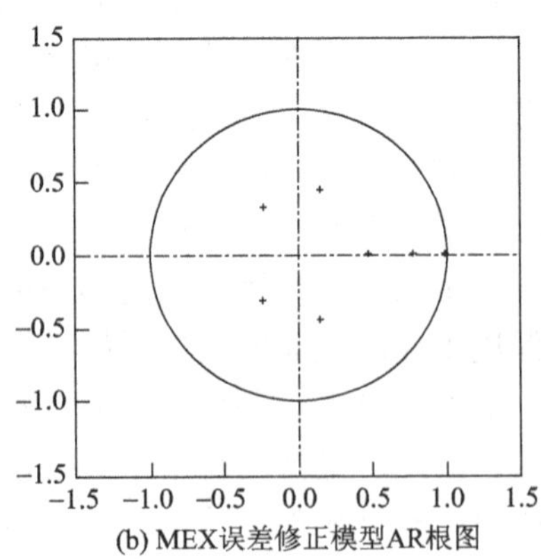


(b) MEX误差修正模型AR根图

图5.11　PEX和MEX误差修正模型AR根图

### (一)脉冲响应函数

经过 VAR 模型进行参数估计后，我们分别将 PEX、MEX 与 lnTR、lnRE、lnGDP、lnGNP 两组变量引入 VAR 系统，对变量标准差新信息对系统的影响方向和程度进行分析，对两组变量进行脉冲响应的比较研究。图 5.12 是 PEX、MEX 进行 lnTR、lnRE、lnGDP、lnGDPF 的脉冲响应图。

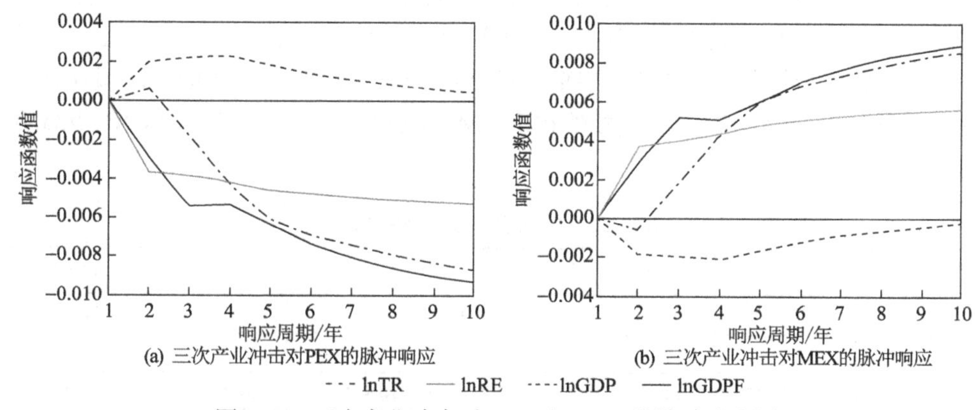


图 5.12 三次产业冲击对 PEX 和 MEX 的脉冲响应图

图 5.12 是分别给 PEX、MEX 与 lnTR、lnRE、lnGDP、lnGDPF 的一个标准差冲击的脉冲响应函数图，横轴是响应周期，表示冲击作用的滞后期数。在本期给出口退税、实际有效汇率、GDP 和 GDPF 一个正向冲击后，初级产品出口的冲击响应如图 5.12(a)所示。由图 5.12 可知，初级产品出口比重 PEX 对出口退税的冲击反应在前两期为正且十分微弱，自第 3 期起为负向反应，且这种负向反应逐年增强。说明短期内出口退税对初级产品出口几乎没有冲击作用，但随着时间的推移，其对我国初级产品出口的抑制作用将越来越明显。初级产品出口对实际有效汇率的冲击反应一致为负，且这种负向反应在前两年呈明显扩大趋势，之后逐年放缓并趋于稳定。这说明短期内实际汇率对初级产品的出口具有较强烈的冲击，但这种负向效应在长期则会逐步减弱。初级产品出口对 GDP 的冲击反应一致为正且呈先增加后减少的倒 U 形趋势，于第 4 年达到最高值后其正向效应逐年缓慢减弱。说明 GDP 对初级产品出口的正向冲击随时间的推移呈先增强后减弱的收敛趋势。初级产品对 GDPF 的冲击反应一致为负，且其负向作用在前 3 年明显扩大，在第 4 年短暂保持平稳后于第 5 年起再次呈现逐年增加趋势。这说明短期内 GDPF 对初级产品出口的负向冲击十分明显，且随着时间的推移，其对我国初级产品出口的冲击还将越来越明显。

在本期给出口退税、实际有效汇率、GDP 和 GDPF 一个正向冲击后，工业制成品出口的冲击响应如图 5.12(b)所示。图 5.12(a)可知，工业制成品出口比重对各影响因素的冲击响应图与初级产品出口比重几乎呈一一对应的反向趋势，此处不再赘述。

## （二）方差分解分析

为了分析各制度创新的变量标准差新信息对 VEC 模型内生变量的相对重要性,将 VEC 系统中内生变量的波动按成因分解成与各个方程新息相互关联的若干个组合部分，本书通过方差分解进一步考察在各初级产品、工业制成品出口的影响因素中各产业比重的重要性，以期对产业结构对出口产品结构的影响机制进行更深入探讨。表 5.22 和表 5.23 为对 PEX、MEX 进行 lnTR、lnRE、lnGDP、lnGNP 方差分解的结果表。

**表 5.22 PEX 的方差分解结果**

| 时期 | S.E. | PEX | lnTR | lnRE | lnGDP | lnGNP |
|---|---|---|---|---|---|---|
| 1 | 0.004 611 | 100.000 0 | 0.000 000 | 0.000 000 | 0.000 000 | 0.000 000 |
| 2 | 0.009 087 | 67.451 52 | 0.474 981 | 16.429 06 | 4.744 888 | 10.899 54 |
| 3 | 0.013 142 | 54.263 71 | 2.052 224 | 16.433 33 | 5.082 455 | 22.168 28 |
| 4 | 0.016 690 | 46.311 60 | 8.092 903 | 16.540 75 | 5.030 754 | 24.023 99 |
| 5 | 0.020 517 | 40.349 27 | 14.147 37 | 15.981 04 | 4.156 145 | 25.366 17 |
| 6 | 0.024 426 | 36.588 44 | 18.017 46 | 15.126 97 | 3.250 460 | 27.016 67 |
| 7 | 0.028 234 | 34.087 52 | 20.486 64 | 14.435 47 | 2.575 348 | 28.415 03 |
| 8 | 0.031 917 | 32.260 93 | 22.267 17 | 13.868 38 | 2.081 663 | 29.521 86 |
| 9 | 0.035 463 | 30.880 15 | 23.628 07 | 13.393 50 | 1.716 290 | 30.382 00 |
| 10 | 0.038 869 | 29.816 33 | 24.676 56 | 12.999 12 | 1.441 855 | 31.066 14 |

**表 5.23 MEX 的方差分解结果**

| 时期 | S.E. | MEX | lnTR | lnRE | lnGDP | lnGNP |
|---|---|---|---|---|---|---|
| 1 | 0.004 661 | 100.000 0 | 0.000 000 | 0.000 000 | 0.000 000 | 0.000 000 |
| 2 | 0.009 052 | 69.078 83 | 0.429 397 | 16.445 19 | 4.086 579 | 9.960 006 |
| 3 | 0.013 003 | 56.012 38 | 2.046 407 | 17.145 19 | 4.351 864 | 20.444 16 |
| 4 | 0.016 494 | 47.797 08 | 8.000 877 | 17.682 32 | 4.327 431 | 22.192 29 |
| 5 | 0.020 260 | 41.538 99 | 14.019 23 | 17.368 27 | 3.557 778 | 23.515 73 |
| 6 | 0.024 100 | 37.538 79 | 17.930 04 | 16.645 54 | 2.759 941 | 25.125 69 |
| 7 | 0.027 842 | 34.853 31 | 20.459 20 | 16.032 34 | 2.168 188 | 26.486 96 |
| 8 | 0.031 463 | 32.883 94 | 22.296 44 | 15.513 76 | 1.738 831 | 27.567 04 |
| 9 | 0.034 951 | 31.390 80 | 23.706 33 | 15.069 54 | 1.424 265 | 28.409 07 |
| 10 | 0.038 302 | 30.236 93 | 24.797 07 | 14.694 85 | 1.190 581 | 29.080 56 |

从表 5.22 和表 5.23 中可以看出，初级产品出口比重（PEX）和工业制成品出口比重（MEX）的方差分解结果十分相似。以初级产品为例，其调整的自身贡献率呈持续下降趋势，于第 3 期起下降速度逐渐放缓，至第 10 期其自身贡献率仅为 29.816 33%。除自身影响外，GNP 也是影响初级产品出口短期调整的重要因素，且随着时间的推移，GNP 对初级产品出口增长的贡献呈持续上升趋势，其上升速度前 3 期内较快，自第 4 期起逐渐放缓，至第 10 期 GNP 对初级产品出口调整的贡献率为 31.066 14%。出口退税对初级产品出口的影响同样呈持续上升趋势，然而其上升速度自第 4 期起才逐渐加快，至第 10 期其贡献率为 24.676 56%。实际有效汇率也是初级产品出口调整的较重要影响因素，其贡献率在第 4 期迅速增加至 16.540 75%后逐渐下降，第 10 期降至 12.999 12%。GDP 对初级产品出口调整的解释力度最弱，且同样呈先增加后减少的倒 U 形趋势，自第 3 期的 5.082 455%逐渐降至第 10 期的 1.441 855%。工业制成品出口调整的方差分解结果与初级产品类似，不再赘述。由此可见，出口退税、GNP 及实际汇率对我国出口产品结构调整的解释力度较大，GDP 对出口产品结构调整的解释力度则较弱。

### （三）Granger 因果检验

计量经济模型是利用回归分析工具处理一个经济变量对其他经济变量的依存性问题，然而这种相关关系是否具有因果关系，需要进一步做检验。Granger 因果关系检验就是最常用的方法之一。本书将基于 VEC 模型对 PEX、MEX 与 lnTR、lnRE、lnGDPD、lnGDPF 序列进行 Granger 因果检验。具体检验结果见表 5.24。

**表 5.24　PEX、MEX 与 lnTR、lnRE、lnGDPD、lnGDPF 的因果关系检验**

| 原假设 H0 | 观测值 | *F* 检验 | 概率值 | 结论 |
|---|---|---|---|---|
| lnTR 不是 PEX 的 Granger 原因 | 27 | 3.413 68 | 0.077 0 | 拒绝 H0 |
| PEX 不是 lnTR 的 Granger 原因 | 27 | 0.321 59 | 0.575 9 | 接受 H0 |
| lnRE 不是 PEX 的 Granger 原因 | 27 | 13.034 7 | 0.001 4 | 拒绝 H0 |
| PEX 不是 lnRE 的 Granger 原因 | 27 | 1.149 01 | 0.294 4 | 接受 H0 |
| lnGDPD 不是 PEX 的 Granger 原因 | 27 | 1.064 67 | 0.312 4 | 接受 H0 |
| PEX 不是 lnGDPD 的 Granger 原因 | 27 | 0.592 42 | 0.449 0 | 接受 H0 |
| lnGDPF 不是 PEX 的 Granger 原因 | 27 | 19.417 0 | 0.000 2 | 拒绝 H0 |
| PEX 不是 lnGDPF 的 Granger 原因 | 27 | 2.743 47 | 0.110 7 | 接受 H0 |
| lnTR 不是 MEX 的 Granger 原因 | 27 | 3.421 08 | 0.076 7 | 拒绝 H0 |
| MEX 不是 lnTR 的 Granger 原因 | 27 | 0.317 86 | 0.578 1 | 接受 H0 |
| lnRE 不是 MEX 的 Granger 原因 | 27 | 13.177 3 | 0.001 3 | 拒绝 H0 |

续表

| 原假设 H0 | 观测值 | $F$ 检验 | 概率值 | 结论 |
|---|---|---|---|---|
| MEX 不是 lnRE 的 Granger 原因 | 27 | 1.128 76 | 0.298 6 | 接受 H0 |
| lnGDPD 不是 MEX 的 Granger 原因 | 27 | 1.060 14 | 0.313 4 | 接受 H0 |
| MEX 不是 lnGDPD 的 Granger 原因 | 27 | 0.579 44 | 0.453 9 | 接受 H0 |
| lnGDPF 不是 MEX 的 Granger 原因 | 27 | 19.561 8 | 0.000 2 | 拒绝 H0 |
| MEX 不是 lnGDPF 的 Granger 原因 | 27 | 2.759 16 | 0.109 7 | 接受 H0 |

从表 5.24 中的检验结果可以看出，出口退税（lnTR）是初级产品（PEX）和工业制成品出口（MEX）结构调整的 Granger 原因，而初级产品（PEX）和工业制成品出口（MEX）结构是人民币实际有效汇率（lnRE）调整的 Granger 原因。究其原因，出口退税可以从政策层面对我国出口产品结构的调整起到引导作用，而人民币汇率则直接影响到国际市场上我国的商品供需状况和市场价格，从而二者均为影响我国出口产品结构调整的原因。此外，GNP（lnGNP）也是初级产品（PEX）和工业制成品出口（MEX）结构调整的 Granger 原因。因此，国外市场需求也是影响我国出口产品结构调整的原因。这些说明了，即使前文已经证明 GDP 对我国初级产品、工业制成品出口比重均产生一定影响，但我国出口产品结构调整并不是由国内经济增长带来的，而是依然对出口拉动型经济有着一定的依赖。

# 第六章 我国出口产品结构优化的国际经验借鉴

本章拟对美国、德国、韩国、日本四个国家节能目标约束下出口产品结构调整进行研究，为我国出口产品结构优化提供可以借鉴的经验。

## 第一节 美国经验

本节将从资源和出口规模、出口产品结构演化的基本特征及优化出口产品结构的成功措施和经验角度，就美国节能目标约束下出口产品结构调整进行研究。

### 一、资源和出口规模

美国位于北美洲中部，东临大西洋，西临太平洋，北部是加拿大，南面与墨西哥及墨西哥湾接壤。美国国土面积为 962.9 万平方千米，其中陆地面积 915.9 万平方千米，内陆水域面 20 万平方千米，与加拿大交界处的五大湖(苏必利尔湖、休伦湖、密歇根湖、伊利湖和安大略湖)中美国主权部分约为 17 万平方千米，河口、海湾、内陆等沿海水域面积约为 10 万平方千米，其水域面积位居世界第四。2012 年美国人口 3.1 亿人，其数量位居世界第三。在能源资源方面，美国煤炭资源探明储量 4300 亿吨，可采储量 2405.6 亿吨，占世界总量比重达到 13%，位居世界第一；美国石油资源已探明储量 206.8 亿桶，占世界总量比重 1.41%，位居世界第十三；美国天然气可采储量 85 000 亿立方米，占世界总量比重 4.54%，位居世界第五。虽然美国能源资源丰富，但分布不均衡。例如，大部分美国的煤炭资源位于阿巴拉契亚山脉各州与伊利诺伊州的中部和南部。作为一个国土辽阔、能源资源丰富的国家，在第二次世界大战后美国经济崛起，迅速成为世界上无可争议的头号强国，这主要得益于其先进的科学、技术和管理经验，以及充裕的资金和高质量的人力资本。

与此同时，美国的出口贸易也得到迅速发展，图 6.1 显示了 1978～2012 年，美国出口贸易额及其出口增长率。由图 6.1 可以看出，美国出口额从 1978 年的 1436.629 亿美元上升至 2012 年的 15 457.100 亿美元，整体增长了近 10 倍。然而，美国出口增长率波动很大，1978～1980 年其出口增长率在 20%以上水平，依次为 22.631%、26.557%、21.389%，这主要是因为在美国经济经历了 20 世纪 70 年代初期“滞涨”后，美联储采取了紧缩货币政策，致使其通胀率于 1978 年开始下降，美国经济也恢复增长。因此，1978 年随后几年美国经济和出口额均出现较快增长。

1981～1986 年，其出口增长率迅速下降，并多年降至负值，依次为 4.441%、-8.493%、-5.587%、8.468%、-2.125%、0.226%，这主要是因为 1979～1981 年“伊斯兰革命”导致第二次石油危机的爆发，油价在短时间内大幅度上涨，致使美国能源支出剧增，加大其通货膨胀和失业压力，并加剧了美国 1981 年前后的经济衰退，导致其出口增长率降至负值，出口额急剧下滑，并出现贸易赤字。然而，受益于里根政府的减税、撤销政府管制的相关政策，1987～1997 年，美国经济逐步复苏，其出口增长率回升至 10%左右水平。受 1998 年东南亚金融危机、2001 年 911 事件及 2008 年美国次贷危机的影响，1998 年、2001 年、2002 年、2009 年美国出口增长率再度降为负值，依次为-0.999%、-7.135%、-4.994%、-17.974%。其余年份均在 10%左右水平波动。

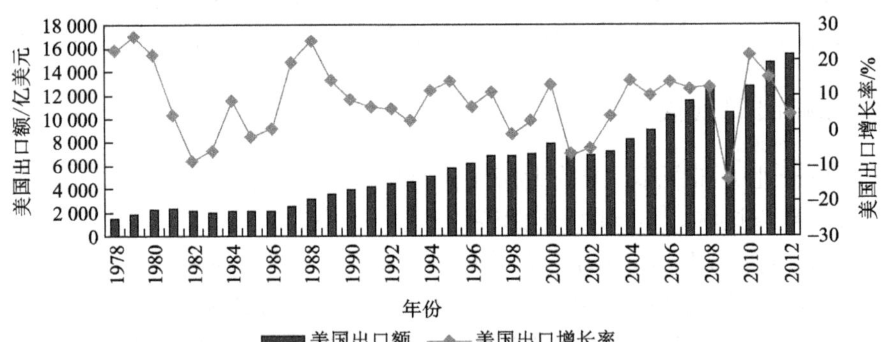


图 6.1 1978～2012 年美国出口贸易额及出口增长率

美国出口贸易迅速发展和出口产品结构逐渐变化的同时，其出口贸易依存度也逐渐增加。表 6.1 给出了 1978～2012 年美国出口贸易依存度。

**表 6.1 1978～2012 年美国出口贸易依存度**

| 年份 | GDP/亿美元 | 出口额/亿美元 | 出口贸易依存度/% |
| --- | --- | --- | --- |
| 1978 | 23 566 | 1 437 | 6.096 |
| 1979 | 26 321 | 1 818 | 6.908 |
| 1980 | 28 625 | 2 207 | 7.710 |
| 1981 | 32 109 | 2 305 | 7.179 |
| 1982 | 33 450 | 2 109 | 6.306 |
| 1983 | 36 381 | 1 991 | 5.474 |
| 1984 | 40 407 | 2 160 | 5.346 |
| 1985 | 43 467 | 2 114 | 4.864 |
| 1986 | 45 901 | 2 119 | 4.616 |

续表

| 年份 | GDP/亿美元 | 出口额/亿美元 | 出口贸易依存度/% |
|---|---|---|---|
| 1987 | 48 702 | 2 526 | 5.186 |
| 1988 | 52 526 | 3 168 | 6.032 |
| 1989 | 56 577 | 3 612 | 6.384 |
| 1990 | 59 796 | 3 929 | 6.570 |
| 1991 | 61 740 | 4 182 | 6.774 |
| 1992 | 65 393 | 4 432 | 6.778 |
| 1993 | 68 787 | 4 557 | 6.625 |
| 1994 | 73 087 | 5 067 | 6.932 |
| 1995 | 76 640 | 5 779 | 7.540 |
| 1996 | 81 002 | 6 161 | 7.606 |
| 1997 | 86 085 | 6 818 | 7.921 |
| 1998 | 90 891 | 6 750 | 7.427 |
| 1999 | 96 657 | 6 928 | 7.167 |
| 2000 | 102 897 | 7819 | 7.599 |
| 2001 | 106 253 | 7 261 | 6.834 |
| 2002 | 109 802 | 6 899 | 6.283 |
| 2003 | 115 122 | 7 188 | 6.244 |
| 2004 | 122 770 | 8 188 | 6.670 |
| 2005 | 130 954 | 9 011 | 6.881 |
| 2006 | 138 579 | 10 260 | 7.404 |
| 2007 | 144 803 | 11 482 | 7.929 |
| 2008 | 147 203 | 12 874 | 8.746 |
| 2009 | 144 179 | 10 560 | 7.325 |
| 2010 | 149 583 | 12 785 | 8.547 |
| 2011 | 155 338 | 14 803 | 9.529 |
| 2012 | 162 446 | 15 457 | 9.515 |

由表 6.1 可以看出，美国的出口贸易依存度由 1978 年的 6.096%逐年增加至 2012 年的 9.515%。1978 年美国 23 566 亿美元生产值中，出口贡献 1437 亿美元；而到 2012 年美国 162 446 亿美元生产值中，出口贡献达到 15 457 亿美元。也就是说，35 年间随美国出口贸易依存度的升高，其出口对国内生产值的贡献作用是增强的，1978 年，1 美元的国内生产值中约有 0.061 美元来源于出口，至 2012 年，

1 美元的国内生产值中约有 0.095 美元来源于出口。可以看出，美国出口对经济的贡献有所增加，但其经济发展却没有过度依赖出口增长。

## 二、出口产品结构演化的基本特征

美国出口规模整体增长、出口增长率大幅波动的同时，其出口产品结构的变动也发生了一定的变化。为进一步分析 1978 年以来美国出口产品结构，表 6.2 给出了 1978～2012 年美国初级产品、工业制成品及工业制成品内部的劳动密集型、资本密集型产品的出口额及其比重。由表 6.2 可以看出，1978～2012 年的 35 年间，美国初级产品、工业制成品及工业制成品内部的劳动密集型、资本密集型产品的出口额及其比重主要经历了两个阶段变化。

**表 6.2　1978～2012 年美国初级产品、工业制成品及工业制成品内部劳动密集型、资本技术密集型产品出口额及其占出口总额的比重**

| 年份 | 初级产品 | | 工业制成品 | | 劳动密集型 | | 资本技术密集型 | |
|---|---|---|---|---|---|---|---|---|
| | 出口额/亿美元 | 比重/% | 出口额/亿美元 | 比重/% | 出口额/亿美元 | 比重/% | 出口额/亿美元 | 比重/% |
| 1978 | 4 188.084 | 29.152 | 9 678.225 | 67.368 | 1 334.824 | 9.291 | 8 343.401 | 58.076 |
| 1983 | 5 675.936 | 28.502 | 13 679.370 | 68.691 | 1 624.865 | 8.159 | 12 054.504 | 60.532 |
| 1988 | 6 629.771 | 20.926 | 22 596.895 | 71.324 | 2 469.891 | 7.796 | 20 127.003 | 63.528 |
| 1993 | 7 542.827 | 16.552 | 36 215.052 | 79.472 | 4 007.245 | 8.794 | 32 207.806 | 70.679 |
| 1998 | 8 418.148 | 12.471 | 56 695.919 | 83.991 | 6 301.703 | 9.335 | 50 394.216 | 74.655 |
| 2003 | 9 687.941 | 13.478 | 59 438.276 | 82.694 | 6 820.720 | 9.489 | 52 617.556 | 73.204 |
| 2008 | 24 662.286 | 19.156 | 99 303.760 | 77.133 | 12 573.500 | 9.766 | 86 730.260 | 67.366 |
| 2012 | 33 890.535 | 21.926 | 84 583.287 | 54.721 | 14 162.300 | 9.162 | 70 420.987 | 45.559 |

第一阶段，1978～1998 年，较之于初级产品的出口，美国工业制成品出口的发展更快，使工业制成品占出口总额的比重逐年上升。具体来看，美国初级产品出口额从 1978 年的 4188.084 亿美元逐年上升至 1998 年的 8418.148 亿美元，而占美国出口总额的比重则从 1978 年的 29.152%逐年下降至 1998 年的 12.471%。工业制成品出口额从 1978 年的 9678.225 亿美元逐年上升至 1998 年的 56 695.919 亿美元，而占美国出口总额的比重从 1978 年的 67.368%逐年上升至 1998 年的 83.991%。工业制成品内部的劳动密集型产品出口额从 1978 年的 1334.824 亿美元逐年上升至 1998 年的 6301.703 亿美元，占美国出口总额的比重从 1978 年的 9.291%逐年上升至 1998 年的 9.335%。工业制成品内部的资本技术密集型产品出口额从 1978 年的 8343.401 亿美元逐年上升至 1998 年的 50 394.216 亿美元，占美

国出口总额的比重从 1978 年的 58.076%逐年上升至 1998 年的 74.655%。主要原因在于，20 世纪 80 年代面对东亚新兴工业国、日本、欧洲各国的工业品的激烈竞争，美国积极推行供给管理政策，如国家技术政策、综合贸易和竞争法规、制造业发展合作计划和美国先进技术计划等，这些均有效提升了美国在汽车、造船、电子、化工、电器及一般工业制成品方面的生产能力和国际竞争力，使美国工业制成品及工业制成品内部的劳动密集型、资本技术密集型产品的出口占其出口总额的比重逐年上升。

第二阶段，1998～2012 年，较之于工业制成品，美国初级产品出口的发展更快，使其初级产品占出口总额的比重逐年上升。具体来看，美国初级产品出口额从 1998 年的 8418.148 亿美元逐年上升至 2012 年的 33 890.535 亿美元，占美国出口总额的比重则从 1998 年的 12.471%逐年上升至 2012 年的 21.926%。工业制成品出口额从 1998 年的 56 695.919 亿美元逐年上升至 2012 年的 84 583.287 亿美元，而占美国出口总额的比重从 1998 年的 83.991%逐年下降至 2012 年的 54.721%。工业制成品内部的劳动密集型产品出口额从 1998 年的 6301.703 亿美元逐年上升至 2012 年的 14 162.300 亿美元，占美国出口总额的比重从 1998 年的 9.335%逐年下降至 2012 年的 9.162%。工业制成品内部的资本技术密集型产品出口额从 1998 年的 50 394.216 亿美元逐年上升至 2012 年的 70 420.987 亿美元，占美国出口总额的比重从 1998 年的 74.655%逐年下降至 2012 年的 45.559%。主要原因在于：一方面，20 世纪 90 年代后期，美国经济进入以信息技术为基础的新经济时代，其传统产业及其产品的高科技含量得到有效提高，传统产业的生产、运营发生新变化，如以高新技术装备起来的美国现代农业快速发展，使信息经济时代美国初级产品的生产和出口能力得到提升，因此，这一时期美国初级产品占其出口总额的比重逐年上升；另一方面，近些年来，美国制造业大量外移，日渐薄弱的工业基础和萎缩的制造业导致了严重的产业空心化问题，进而削弱了美国的工业制成品生产和出口能力，因此，这一时期美国工业制成品及其内部的劳动密集型、资本技术密集型制成品出口占其总出口的比重均下降。

为进一步分析美国初级产品内部 SITC0～SITC4 产品和工业制成品内部 SITC5～SITC9 产品的出口，表 6.3 给出了 1978～2012 年美国 SITC0～SITC9 十类产品出口额及其占出口总额的比重。由表 6.3 可知，整体来看，出口额及比重最大的是 SITC7 机械及运输设备，出口额从 1978 年的 6175.670 亿美元逐年上升至 2012 年的 53 200.830 亿美元，比重也一直在 45%左右波动。可能原因在于，尽管美国制造业的海外转移使其机械及运输设备的竞争力减弱，但据《2013 年全球制造业竞争力指数》报告，美国制造业在全球依然排名第五，由于较高的技术含量，美国机电产品在全球一直具有较强的竞争能力。出口额及其比重较小的是 SITC1 饮料及烟，SITC4 润滑油及有关原料和动、植物油脂及蜡，

SITC9 其他产品。其中，SITC1 出口额从 1978 年的 231.934 亿美元逐年上升至 2012 年的 656.744 亿美元，比重在 1%左右水平波动，且逐年减小。SITC4 出口额从 1978 年的 154.575 亿美元逐年上升至 2012 年的 430.391 亿美元，比重也在 0.267%～1.076%水平，且逐年减小。其余产品的出口额占出口总额的比重大多在 10%左右水平。

**表 6.3　1978～2012 年美国 SITC0～SITC9 十类产品出口额及其占出口总额的比重**

| 年份 | SITC0 | | SITC1 | | SITC2 | | SITC3 | | SITC4 | |
|---|---|---|---|---|---|---|---|---|---|---|
| | 出口额/亿美元 | 比重/% | 出口额/亿美元 | 比重/% | 出口额/亿美元 | 比重/% | 出口额/亿美元 | 比重/% | 出口额/亿美元 | 比重/% |
| 1978 | 1 866.429 | 12.992 | 231.934 | 1.614 | 1 540.356 | 10.722 | 394.790 | 2.748 | 154.575 | 1.076 |
| 1983 | 2 437.958 | 12.242 | 283.209 | 1.422 | 1 835.318 | 9.216 | 970.332 | 4.873 | 149.118 | 0.749 |
| 1988 | 2 670.964 | 8.431 | 459.980 | 1.452 | 2 520.844 | 7.957 | 824.351 | 2.602 | 153.631 | 0.485 |
| 1993 | 3 381.647 | 7.421 | 659.677 | 1.448 | 2 390.769 | 5.246 | 965.432 | 2.119 | 145.301 | 0.319 |
| 1998 | 3 829.528 | 5.673 | 783.312 | 1.160 | 2 535.333 | 3.756 | 999.592 | 1.481 | 270.382 | 0.401 |
| 2003 | 4 328.388 | 6.022 | 478.739 | 0.666 | 3 305.499 | 4.599 | 1 383.590 | 1.925 | 191.726 | 0.267 |
| 2008 | 8 587.082 | 6.670 | 546.563 | 0.425 | 7 538.233 | 5.855 | 7 555.716 | 5.869 | 434.692 | 0.338 |
| 2012 | 10 026.025 | 6.486 | 656.744 | 0.425 | 9 043.426 | 5.851 | 13 733.950 | 8.885 | 430.391 | 0.278 |

| 年份 | SITC5 | | SITC6 | | SITC7 | | SITC8 | | SITC9 | |
|---|---|---|---|---|---|---|---|---|---|---|
| | 出口额/亿美元 | 比重/% | 出口额/亿美元 | 比重/% | 出口额/亿美元 | 比重/% | 出口额/亿美元 | 比重/% | 出口额/亿美元 | 比重/% |
| 1978 | 1 290.695 | 8.984 | 1 334.824 | 9.291 | 6 175.670 | 42.987 | 877.035 | 6.105 | 387.240 | 2.695 |
| 1983 | 2 017.479 | 10.131 | 1 624.865 | 8.159 | 8 797.653 | 44.177 | 1 239.373 | 6.224 | 559.066 | 2.807 |
| 1988 | 3 197.400 | 10.092 | 2 469.891 | 7.796 | 14 654.428 | 46.255 | 2 275.175 | 7.181 | 2 455.272 | 7.750 |
| 1993 | 4 620.988 | 10.141 | 4 007.245 | 8.794 | 22 560.564 | 49.508 | 5 026.255 | 11.030 | 1 811.508 | 3.975 |
| 1998 | 6 933.047 | 10.271 | 6 301.703 | 9.335 | 35 969.613 | 53.286 | 7 491.556 | 11.098 | 2 388.672 | 3.539 |
| 2003 | 9 122.751 | 12.692 | 6 820.720 | 9.489 | 35 394.590 | 49.243 | 8 100.215 | 11.269 | 2 751.406 | 3.828 |
| 2008 | 17 887.004 | 13.893 | 12 573.500 | 9.766 | 55 971.517 | 43.475 | 12 871.738 | 9.998 | 4 138.369 | 3.214 |
| 2012 | 2 069.437 | 1.339 | 14 162.300 | 9.162 | 53 200.830 | 34.418 | 15 150.720 | 9.802 | 17 305.100 | 11.196 |

为了更深入地分析美国出口产品结构，表 6.4 给出了 1978～2012 年美国按照 SITC 三位码编码的前十出口商品的出口额及其占出口总额的比重。

**表 6.4　1978～2012 年美国按照 SITC 三位码编码的前十出口商品的商品名称、出口额及其占出口总额的比重**

| 年份 | 项目 | | | | | | | | | | |
|---|---|---|---|---|---|---|---|---|---|---|---|
| 1978年 | SITC编码 | 1 | 2 | 3 | 4 | 5 | 6 | 7 | 8 | 9 | 10 |
| | | 331 | 732 | 719 | 734 | 332 | 729 | 841 | 221 | 711 | 440 |
| | 商品名称 | 石油，原油，半成品油 | 道路机动车辆 | 机械，器具，电器 | 飞机 | 成品油 | 其他电气及机械设备 | 除皮衣之外的服装 | 油菜籽，油质坚果，杏仁油 | 发电设备 | 玉米 |
| | 出口额/亿美元 | 381.840 | 370.390 | 161.308 | 121.959 | 120.198 | 116.159 | 101.449 | 87.286 | 87.084 | 57.059 |
| | 出口比重/% | 19.174 | 18.599 | 8.100 | 6.124 | 6.036 | 5.833 | 5.094 | 4.383 | 4.373 | 2.865 |
| 1983年 | SITC编码 | 1 | 2 | 3 | 4 | 5 | 6 | 7 | 8 | 9 | 10 |
| | | 331 | 732 | 332 | 734 | 729 | 714 | 719 | 711 | 724 | 931 |
| | 商品名称 | 石油，原油，半成品油 | 道路机动车辆 | 成品油 | 飞机 | 其他电气及机械设备 | 办公机器 | 机械，器具，电器 | 发电设备 | 电信设备 | 未分类特殊机械 |
| | 出口额/亿美元 | 381.840 | 370.390 | 161.308 | 121.959 | 120.198 | 116.159 | 101.449 | 87.286 | 87.084 | 57.059 |
| | 出口比重/% | 19.174 | 18.599 | 8.100 | 6.124 | 6.036 | 5.833 | 5.094 | 4.383 | 4.373 | 2.865 |
| 1988年 | SITC编码 | 1 | 2 | 3 | 4 | 5 | 6 | 7 | 8 | 9 | 10 |
| | | 732 | 714 | 931 | 729 | 734 | 719 | 711 | 512 | 724 | 581 |
| | 商品名称 | 道路机动车辆 | 办公机器 | 未分类特殊机械 | 其他电气及机械设备 | 飞机 | 机械，器具，电器 | 发电设备 | 有机化学品 | 电信设备 | 塑料材料，纤维素，树脂 |
| | 出口额/亿美元 | 257.683 | 244.150 | 218.686 | 205.710 | 197.792 | 151.092 | 126.727 | 84.816 | 67.950 | 62.445 |
| | 出口比重/% | 8.133 | 7.706 | 6.903 | 6.493 | 6.243 | 4.769 | 4.000 | 2.677 | 2.145 | 1.971 |
| 1993年 | SITC编码 | 1 | 2 | 3 | 4 | 5 | 6 | 7 | 8 | 9 | 10 |
| | | 732 | 734 | 729 | 714 | 719 | 711 | 861 | 931 | 724 | 512 |
| | 商品名称 | 道路机动车辆 | 飞机 | 其他电气及机械设备 | 办公机器 | 机械，器具，电器 | 发电设备 | 医学及光学仪器 | 未分类特殊机械 | 电信设备 | 有机化学品 |
| | 出口额/亿美元 | 144.264 | 121.959 | 120.198 | 116.159 | 101.449 | 87.286 | 64.804 | 63.405 | 87.286 | 64.804 |
| | 出口比重/% | 7.244 | 6.124 | 6.036 | 5.833 | 5.094 | 4.383 | 3.254 | 3.184 | 4.383 | 3.254 |

续表

| 年份 | 项目 | | | | | | | | | | |
|---|---|---|---|---|---|---|---|---|---|---|---|
| 1998年 | SITC编码 | 1 | 2 | 3 | 4 | 5 | 6 | 7 | 8 | 9 | 10 |
| | | 729 | 732 | 734 | 714 | 719 | 711 | 861 | 724 | 931 | 722 |
| | 商品名称 | 其他电气及机械设备 | 道路机动车辆 | 飞机 | 办公机器 | 机械，器具，电器 | 发电设备 | 医学及光学仪器 | 电信设备 | 未分类特殊机械 | 电力机械，接电装置 |
| | 出口额/亿美元 | 257.683 | 244.150 | 218.686 | 205.710 | 197.792 | 151.092 | 126.727 | 84.816 | 67.950 | 62.445 |
| | 出口比重/% | 8.133 | 7.706 | 6.903 | 6.493 | 6.243 | 4.769 | 4.000 | 2.677 | 2.145 | 1.971 |
| 2003年 | SITC编码 | 1 | 2 | 3 | 4 | 5 | 6 | 7 | 8 | 9 | 10 |
| | | 729 | 732 | 719 | 714 | 734 | 861 | 711 | 931 | 724 | 581 |
| | 商品名称 | 其他电气及机械设备 | 道路机动车辆 | 机械，器具，电器 | 办公机器 | 飞机 | 医学及光学仪器 | 发电设备 | 未分类特殊机械 | 电信设备 | 塑料材料，纤维素，树脂 |
| | 出口额/亿美元 | 643.515 | 614.275 | 414.056 | 406.195 | 392.995 | 301.937 | 297.007 | 252.848 | 223.129 | 205.519 |
| | 出口比重/% | 8.953 | 8.546 | 5.761 | 5.651 | 5.468 | 4.201 | 4.132 | 3.518 | 3.104 | 2.859 |
| 2008年 | SITC编码 | 1 | 2 | 3 | 4 | 5 | 6 | 7 | 8 | 9 | 10 |
| | | 732 | 719 | 729 | 734 | 332 | 711 | 861 | 714 | 581 | 541 |
| | 商品名称 | 道路机动车辆 | 机械,器具,电器 | 其他电气及机械设备 | 飞机 | 成品油 | 发电设备 | 医学及光学仪器 | 办公机器 | 塑料材料，纤维素，树脂 | 医药，制药产品 |
| | 出口额/亿美元 | 1022.385 | 756.421 | 732.211 | 713.966 | 573.348 | 499.592 | 484.226 | 445.494 | 392.869 | 380.580 |
| | 出口比重/% | 7.941 | 5.875 | 5.687 | 5.546 | 4.453 | 3.881 | 3.761 | 3.460 | 3.052 | 2.956 |
| 2012年 | SITC编码 | 1 | 2 | 3 | 4 | 5 | 6 | 7 | 8 | 9 | 10 |
| | | 931 | 732 | 332 | 734 | 719 | 861 | 714 | 711 | 541 | 581 |
| | 商品名称 | 未分类特殊机械 | 道路机动车辆 | 成品油 | 飞机 | 机械，器具，电器 | 医学及光学仪器 | 办公机器 | 发电设备 | 医药，制药产品 | 塑料材料，纤维素，树脂 |
| | 出口额/亿美元 | 1366.571 | 1219.406 | 1096.140 | 905.498 | 679.123 | 577.403 | 489.850 | 451.170 | 445.231 | 444.571 |
| | 出口比重/% | 8.841 | 7.889 | 7.091 | 5.858 | 4.394 | 3.736 | 3.169 | 2.919 | 2.880 | 2.876 |

由表 6.4 可以看出，1978～2012 年，美国按照 SITC 三位码编码的前十出口商品较为集中，且变化不大。首先，SITC7 机械及运输设备下面的 711、714、719、722、724、729、732、734 进入了美国前十出口商品，且出现频率最高。可能原因在于，美国老牌的通用汽车、通用电气及福特汽车一直是世界前 100 强企业，由此带动了美国汽车、机械、电气等机械制品的生产和出口；波音公司作为世界最大的民用和军用飞机制造商，是美国最大的出口商之一，其飞机一直是美国前十出口产品。整体来看，各机械及运输设备产品的出口额所占比重均维持在 7%左右的水平上。其次，SITC5 化学品及有关产品下面的 512、541、581 也进入了美国前十出口商品。可能原因在于，美国杜邦、陶氏化学作为世界化学工业第一、第二的国际跨国化工公司，其化工产品、塑料产品等具有较高的科技含量，使美国化学制品多次进入其前十出口商品。SITC3 非食用原料下面的 331、332，SITC8 杂项制品下面的 841、861 也进入了美国前十出口商品。整体来看，相应各产品出口额所占比重依次维持在 3%、8%及 4%的水平上。最后，SITC2 饮料及烟下面的 221，SITC4 矿物燃料、润滑油及有关原料和动、植物油脂及蜡下面的 440，SITC9 其他产品下面的 931 也进入了美国前十出口商品。

美国出口产品结构的变化显示了其各出口产品的比较优势变化过程，为此，我们根据 $RCA=[Export(SITC\ i)_{USA} / Export_{USA}] / [Export(SITC\ i)_{World} / Export_{World}]$计算出美国 SITC0～SITC9 十大类出口产品的显示性比较优势指数(revealed comparative advantage index，RCA)，计算结果见表 6.5。

**表 6.5　1978～2012 年美国 SITC0～SITC9 十类产品 RCA**

| 年份 | SITC0 | SITC1 | SITC2 | SITC3 | SITC4 | SITC5 | SITC6 | SITC7 | SITC8 | SITC9 |
|---|---|---|---|---|---|---|---|---|---|---|
| 1978 | 1.233 | 1.361 | 1.662 | 0.194 | 1.502 | 1.133 | 0.513 | 1.400 | 0.700 | 1.786 |
| 1983 | 1.278 | 1.316 | 1.614 | 0.325 | 1.195 | 1.167 | 0.501 | 1.413 | 0.660 | 1.192 |
| 1988 | 1.051 | 1.327 | 1.479 | 0.416 | 1.011 | 1.024 | 0.454 | 1.248 | 0.576 | 3.504 |
| 1993 | 0.995 | 1.197 | 1.438 | 0.313 | 0.774 | 1.125 | 0.554 | 1.293 | 0.755 | 1.474 |
| 1998 | 0.871 | 1.074 | 1.159 | 0.260 | 1.777 | 1.039 | 0.604 | 1.274 | 0.808 | 1.518 |
| 2003 | 1.066 | 0.714 | 1.569 | 0.209 | 0.647 | 1.183 | 0.684 | 1.250 | 0.856 | 1.032 |
| 2008 | 1.263 | 0.568 | 1.711 | 0.363 | 0.607 | 1.314 | 0.705 | 1.264 | 0.930 | 0.753 |
| 2012 | 1.069 | 0.533 | 1.417 | 0.594 | 0.446 | 0.120 | 0.708 | 1.002 | 0.835 | 3.473 |

由表 6.5 可以看出，整体而言， SITC2、SITC7 两类产品的 RCA 均大于 1，

即这两类产品的出口显性比较优势较大，但这些产品的比较优势呈减弱态势。而SITC3、SITC6、SITC8三类产品的RCA均小于1，即这三类产品的出口显性比较优势较小，但这些产品的比较优势呈增强态势。SITC0、SITC1、SITC5、SITC9、SITC4的RCA在1左右波动，但这些产品的比较优势呈减弱趋势。因此，可以看出美国出口产品的比较优势主要集中在SITC0、SITC2的初级产品上面。

美国出口各出口产品比较优势影响着它各出口产品的贸易竞争力，根据贸易竞争力指数(trade competitiveness，TC)=(出口额-进口额)/(出口额+进口额)，我们计算出了美国SITC0～SITC9十类出口产品的贸易竞争力指数，计算结果见表6.6。

**表6.6　1978～2012年美国SITC0～SITC9十类产品贸易竞争力指数**

| 年份 | SITC0 | SITC1 | SITC2 | SITC3 | SITC4 | SITC5 | SITC6 | SITC7 | SITC8 | SITC9 |
|---|---|---|---|---|---|---|---|---|---|---|
| 1978 | 0.860 | –0.023 | 0.239 | –0.838 | 0.478 | 0.276 | –0.374 | 0.113 | –0.422 | 0.103 |
| 1983 | 0.872 | –0.134 | 0.315 | –0.722 | 0.467 | 0.247 | –0.390 | 0.010 | –0.490 | –0.020 |
| 1988 | 0.849 | 0.013 | 0.303 | –0.685 | 0.248 | 0.199 | –0.451 | –0.148 | –0.551 | 0.362 |
| 1993 | 0.863 | 0.060 | 0.200 | –0.720 | 0.143 | 0.194 | –0.272 | –0.065 | –0.399 | –0.018 |
| 1998 | 0.829 | –0.023 | 0.074 | –0.723 | 0.248 | 0.096 | –0.303 | –0.078 | –0.412 | –0.202 |
| 2003 | 0.807 | –0.449 | 0.214 | –0.843 | 0.068 | –0.068 | –0.347 | –0.192 | –0.497 | –0.281 |
| 2008 | 0.849 | –0.536 | 0.378 | –0.738 | –0.110 | –0.012 | –0.309 | –0.132 | –0.415 | –0.239 |
| 2012 | 0.837 | –0.515 | 0.450 | –0.518 | –0.184 | –0.816 | –0.261 | –0.248 | –0.378 | 0.425 |

由表6.6可以看出，整体而言，美国SITC0、SITC2的贸易竞争力指数均大于0，具有较强的贸易竞争力，致使这两类产品的出口额大于其进口额。其中，受益于美国高度发达的现代农业，其SITC0食品及主要供食用的活动物的贸易竞争力指数最大，一直维持在0.8以上的水平上。然而，美国SITC3、SITC6、SITC8的贸易竞争力指数则均小于0，贸易竞争力较弱，致使其出口额小于进口额。其中，SITC3非食用原料、矿物燃料、润滑油及有关原料和动、植物油脂及蜡的贸易竞争力指数最小，一直在–0.843～–0.518范围波动，可能原因在于，SITC3主要来源于石油副产品，而尽管美国拥有较为丰富的能源资源，但其能源尤其是石油仍然大量依赖进口，致使其SITC3的出口额大大小于其进口额，贸易竞争力较小。

## 三、优化出口产品结构的成功措施和经验

20 世纪 70 年代以来，美国出口贸易的增长一直是其经济发展的重要组成部分。据《2012 世界银行年度报告》，美国依然是世界最大的经济贸易国。长期以来，美国出口整体维持增长态势，出口产品结构一直以工业制成品出口为主，同时依靠科技创新有效促进了初级产品出口。总体来说，美国出口产品结构在较优良水平的基础上得到了进一步的优化。主要原因在于，美国一直十分注重科技创新和政策供给对出口发展的推动作用。然而，在美国政府的引导下，其制造业逐步回流至美国，但东南亚等地区仍然具有较低廉的劳动力成本优势，致使美国制造业难以在短时间内完全迁回本土，美国颓废的制造业使其包括资本技术密集型产品在内的工业制成品出口比重减少。

### （一）微观上美国企业注重科技创新，提高其出口产品科技含量

美国企业主要通过注重研发投入，积极培养、引进科技人才，加强产、学、研合作及研发国际化等方式改善其科技创新能力，提高产品科技含量，以扩大高新技术产品的生产和出口。

#### 1. 注重研发投入

据美国《2012 年科学与工程指标》，美国 2012 年研发经费支出 4360 亿美元，占世界研发经费支出 14 000 亿美元的比重高达 31%，美国依然是全球第一大科研支出国，并由此形成了美国自己独立的研发能力，在世界创新竞争力排名中位列第一。以波音公司为例，20 世纪 60 年代末，波音公司为波音 747 的研发投入超过了当时波音公司的市值；自 20 世纪 70 年代末石油危机后，波音投入 30 亿美元研究资金，开发出世界航空史上最经济、最省油、最安全的波音 757、波音 767；21 世纪以来，波音 787 的巨额研发费用达到 150 亿美元，占其市值的比重高达 20%，占其年产值的比重高达 50%。另外，据《华尔街日报》统计报告，即便在危机最为猛烈的 2008 年第四季度，除汽车和医药行业外的美国 28 家大企业，当季收入虽较前一年同期下降了 7.7%，但研发费用只微幅下降了 0.7%。其中，微软、IBM、波音、杜邦、卡特彼勒等许多巨无霸的跨国企业的研发开支还出现了明显增长，从根本上保证了美国出口产品的科技含量和技术附加值。

#### 2. 积极培养、引进科技人才

据美国著名智库兰德公司《高技术制造业和美国竞争力》报告，20 世纪 80 年代至今，美国每年接受的 10 万～20 万外国留学生中，在计算机、数学领域有 71%的博士学位和 63%的硕士学位授予国外留学生，并且其中 80%的留学生愿意留在美国。与此同时，美国高技术人才的继续教育与培养的机构中，企

业培养所占比重高达 50%。据美国培训与开发协会(American Society for Training & Development，ASTD)统计，2010 年美国在员工学习和培训上的支出为 1715 亿美元，如通用电气每年的员工培训和教育项目的经费就高达 10 亿美元。

3. 加强产、学、研合作

美国企业一直十分看重大学及科研机构雄厚的研究实力，希望借助大学及科研机构的科研实力进行高技术 R&D，并进一步将科研成果应用到企业生产中。为此，美国企业纷纷在大学及科研机构周围建立了从事高技术研究与产品开发的实验室、高新科技工业园区及产、学、研合作基地，如北卡罗来纳金三角科技园、波士顿 128 号公路园区及硅谷科技园等，世界著名企业 IBM、杜邦等均入驻到这些产、学、研科技园进行高技术产品的 R&D。与此同时，美国大学也积极走出校门，参与企业有应用前景的科研与开发项目，学生研究成果也一般会被企业直接用于产品开发，如美国惠普、NASA 公司就与斯坦福大学、摩根州立大学、得克萨斯大学合作进行了高级计算方法研究。

4. 研发国际化

美国企业通过在国外设立研发中心雇佣当地高级研究人员，实现了研发的国际化。例如，微软公司在中国北京建立了美国本土以外最大的基础研究机构——微软亚洲研究院。微软亚洲研究院从世界各地吸纳专家学者，如今微软亚洲研究院已经发展成为世界一流的计算机研究机构，有效推动微软信息技术与交互计算的发展。目前已有超过 300 项从微软亚洲研究院诞生的创新技术转移到了微软产品中，如 Office 2010、Windows 7、Bing、 Xbox Kinect 等。微软亚洲研究院已经取得 1200 多项专利，另有多项技术被多家国际专业协会，如 MPEG4、IETF 和 ITU/ISO 等指定为行业标准。

### (二)中观上美国产业结构不断调整，制造业生产和出口萎缩

20 世纪 70～90 年代，美国物质生产领域劳动生产率得到提高，节约出大批劳动力转向服务业，美国服务业成为与制造业同样重要的经济部门，其产业结构呈现出持续轻化和高度化的特征，美国经济进入到后工业化阶段。20 世纪 90 年代至今，在信息技术革命的推动下，信息资源成为与物质资源同样重要的资源，信息技术的发展不但推动了信息技术产业自身的发展，而且能够改造或武装其他高新技术和产业。信息经济时代下美国产业结构的主要特征是，以信息技术产业为代表的高新技术产业为主导产业，以高新技术装备起来的现代农业、制造业和现代服务业作为主体产业。

然而，在美国产业结构不断调整的过程中，与服务业兴起相伴而生的是，制

造业不断进行海外转移，由此造成了美国较为严重的产业空心化问题。联合国工业发展组织的统计数字显示，近年来，全球制造业总量中，美国份额不低于20%，但美国制造业占GDP比重却在逐年下降。1980年，美国制造业产值为1425亿美元，占其GDP 5274亿美元的27%，而2012年美国制造业产值17 800亿美元，仅占其GDP 162 446亿美元的11%。

美国制造业的大量外移削弱了它的工业基础，其制造业企业都外移到中国台湾、中国大陆、墨西哥、越南等劳动力成本较低的国家和地区。美国商务部的数据显示，美国大型跨国公司，如通用电气公司、英特尔公司、宝洁公司和杜邦公司等，在20世纪80年代丧失了800万个工作岗位，在1999～2009年共减少了290万个本国就业机会，而这些公司在美国境外却增加了240万个就业机会。美国最大的机电制造城市罗克福德也在中国建立罗克福德工业园，将其部分机电产业如小型直流电机、工程机械空调及配件转移至海外。美国国内产业结构的空心化、制造业的萎缩致使其工制成品出口占其出口总额的比重出现下滑。

就美国严重的产业空心化问题，2013年美国总统执行办公室、国家科学技术委员会和高端制造业国家项目办公室联合发布了《国家制造业创新网络初步设计》，强调集中产、学、研力量推动数字化制造、新能源及新材料应用等先进制造业的创新发展，从而以科技创新重振美国制造业。福特汽车公司于2013年年底宣布2014年将在美国国内新雇佣5000人。根据巴克莱银行数据，美国2014年制造业每月将新增工作岗位20 000个，将是2013年的5倍。然而，美国制造业回流并不是一蹴而就的，如波士顿咨询公司认为，考虑回美国建厂的公司，至少需要3年时间才能完成建厂并满负荷运转，更为严峻的是，并非所有海外转移的美国制造业都能回流。这也制约着美国制成品的生产和出口。

### （三）宏观上美国政府积极插手其经济贸易的发展，重视对出口的政策供给

美国政府在企业加强技术创新、调整其国内产业结构、节约能源、促进美国出口产品结构调整的过程中，重视相关的政策供给，积极插手其出口贸易的发展。科技创新政策在美国科技发展中发挥着导向作用，美国科学技术相关法律的制定与实施大致可以分为三个阶段：第一阶段，第二次世界大战后至20世纪70年代的科学研究政策阶段。例如，1972年美国通过了《技术评价法》，以研究涉及科学技术的重大问题，并阐明可供选择的政策方案及不同政策可能导致的后果和影响；1976年的《国家科技政策、组织和重点法》明确了美国科技

政策的调整范围、制定原则、实施步骤，以及相应的政府责任、科技发展的重点领域、科学技术政策办公室和总统科学技术委员会的组成和职责等，对科技活动进行了比较明确的规定，是美国科技创新领域的基本法律。第二阶段，20世纪 80 年代的产业技术政策阶段。例如，1980 年通过了《贝尔-多尔法案》和《史蒂文森-威德勒技术创新法》，《史蒂文森-威德勒技术创新法》旨在促进国家实验室研究成果的转化和应用；1981 年生效的《拜-杜法案》重新审视了原来的联邦专利政策，预示着政府与产业界一种新型关系的形成，该法案在建立“大学—企业—政府”三者关系方面做出了重大贡献；1981 年美国通过了《经济复兴税收法》，规定企业在 R&D 方面超过三年平均水平的开支增加额即可享受 25%的税收减免；1982 年美国通过了《小企业创新发展法》，并根据该法制订了“小企业创新研究计划”（Small Business Innovation Research Program，SBIR），要求联邦政府机构中年度 R&D 费用在 1 亿美元以上的单位要按一定比重向 SBIR 拨出专款，R&D 资金超过 2000 万美元的联邦政府机构每年要为中、小企业确定科研项目和目标；为了增强企业的竞争力，美国政府在 1984 年颁布了《国家合作研究法》，允许私人公司之间合作进行科技研究开发，增强了高技术产业的技术优势；1986 年的《联邦技术转移法》进一步授权联邦科研机构与州政府及企业的科研机构开展合作研究；为了使创新过程一体化，美国政府也颁布了相应的法律，如 1984 年的《商品澄清法》及 1988 年的《总贸易和竞争法》等，《总贸易和竞争法》的通过进一步加强了联邦政府和产业界的合作伙伴关系。第三阶段，20 世纪 90 年代以来，国家创新体系政策阶段。美国为确保科技领先地位，美国提出了“国家创新系统”概念，将 R&D 经费投入提高到 GDP 比重的 3%，并修改了很多旧法规。例如，2000 年，美国参议院和众议院通过了《技术转移商业化法案》，该法案修改了《史蒂文森-威德勒技术创新法》和《拜-杜法案》的部分规定，简化了归属联邦政府的成果运用程序，增加了透明度，进一步将科技成果运用于社会，加强了社会实践和科技政策之间的互动；2005 年，美国《2005 年国家创新法》提案指出 21 世纪保持和促进美国创新的三个重要领域是研发投入、科技人才及创新机制；奥巴马也曾在美国国会发表 2011 年度的国情咨文中，强调增加在研发等方面的投资，着重指出美国应在科学与工程技术方面力图振兴，他将加强联邦政府在洁净科技、IT 及生物医疗等方面的研发支出。2012 美国政府预算报告表明，在科研上的投入将整体上增长 1%，达到 1400 亿美元，这一比重超过了英国、法国、德国、日本研发支出的总和。2013 年，美国参议员提出了《美国纺织技术创新和研究出口法》（American Textile Technological Innovation and Research Export，ATTIRE），该法案旨在创建一个资助计划，支持通过大学和建立在企业基础之上的研究及创新，以促进高科技纺织品生产和出口，同时创造就业机会。

第二次世界大战后，美国产业结构是从劳动密集型发展到资本密集型，再到知识密集型产业的。劳动密集型产业和资本密集型产业为传统工业产业，知识密集型产业为高技术产业或新兴工业产业，美国的产业结构政策的制定与实施大致可以分为两个阶段。第一阶段，第二世界大战后至20世纪70年代，美国产业政策重点放在传统工业产业上。美国推动传统工业产业发展的政策主要有：对衰老工业部门的财政进行补贴；加大对于交通、道路等公共事业的投资及工业建设的投资；加大对于私营铁路、航空运输的补贴；实施减免税政策；利用信贷激励工业的发展；等等。第二阶段，20世纪70年代至今，美国产业政策重点放在新兴工业产业上。美国政府支持高技术工业发展的产业政策主要有：增加科研经费；对新型工业实行税收优惠；针对企业推行减低资本收益税的鼓励措施；放松反托拉斯法；激励企业与大学、科研机构等联合开发高技术项目；等等。

贸易保护主义一直贯穿在美国对外贸易政策之中，根据自由贸易与保护主义贸易所占程度的不同，可将美国对外贸易政策的制定与实施分为两个阶段：第一阶段，第二次世界大战后至20世纪80年代，美国的对外贸易政策以“自由贸易”为主线，这种自由贸易是针对盟国的自由贸易，而对社会主义阵营则采取了禁运等贸易保护主义手段。在美国的强烈主张下，建立了第一个全球性多边贸易体制——关税及贸易总协定(General Agreement on Tariffs and Trade，GATT)，成为第二次世界大战后半个世纪国际贸易自由化的基石，这一阶段美国对外关税税率一直呈下降趋势。第二阶段，20世纪80年代至今，美国对外贸易政策以“公平贸易”为主线。1985年里根政府的“贸易政策行动计划”开始了美国外贸政策的全面调整，1989年布什政府《国家贸易政策纲要》、1992年的《扩大出口法》及1993年克林顿政府“国家出口战略”，实现了美国对外贸易政策从“自主贸易”到“公平贸易”的转变，强调贸易伙伴在进入美国市场的同时必须对等地向美国开放市场。20世纪90年代初美国专门成立跨联邦政府部门的“贸易促进协调委员会”(Trade Promotion Coordinating Committee，TPCC)，负责进一步修订“国家出口战略”，并正式于1993年公布第一份“国家出口战略”年度报告，表明了美国联邦政府运用政府干预的手段，直接促进美国的对外贸易发展。奥巴马政府《2013年总统贸易政策议》报告提出继续推进“五年出口翻番计划”、跨太平洋战略经济伙伴协定谈判、跨大西洋贸易与投资伙伴协定谈判等工作重点，旨在打开美国出口市场和维护美国在国际贸易领域的领导地位。2013年《美国纺织技术创新和研究出口法》旨在依靠高新技术促进其纺织品生产和出口，同时创造就业机会。这也意味着，美国将通过“再工业化”和“国家出口战略”建立一套新的工业化体系，通过高新技术产业带动新一轮的国内产业发展，从而促进其出口贸易的进一步发展，缓解其巨额贸易逆差问题。

美国是世界上能源消费和能源进口大国，拥有国际上最先进的能源技术，同时美国对其能源进行高度的政策干预。美国的能源政策的制定与实施主要分为三个阶段：第一阶段，石油危机后的20世纪七八十年代，以应对危机为主的能源政策阶段。期间美国通过了24个能源法案，尼克松、福特、卡特三任美国总统均实施了大规模的能源变革措施，以政府主导和集权化为特色，追求“能源独立”。如1973年的《紧急石油配置法》、1978年的《国家能源法》、1980年的《能源安全法》等。第二阶段，20世纪90年代，市场主导型的能源政策阶段。里根、克林顿及老布什总统主张通过市场力量配置资源。例如，1992年通过了《1992年能源政策法案》(*Energy Policy Act of* 1992)，这也是这一时期通过的唯一一项能源政策法规，旨在保障国内资源供应的安全，维持美国经济大国的领先地位，加强生态环境保护。第三阶段，21世纪以来，小布什政府、奥巴马政府强调了经济发展、能源安全和环境保护协调发展的3E(economy，energy and environment)发展观，期间的能源政策也充分体现了3E发展观。例如，小布什政府《2007年能源独立与安全法》规定，到2020年，汽车最低油耗标准为35加仑/英里以减少汽车能源消耗；到2022年，生物能源产量达到360加仑/年以提高生物能源在能源中的比重。奥巴马政府《2009年美国复苏和再投资法案》强调投资清洁能源产业，其中包括太阳能、风能、水能、地热能及核能等可再生能源，法案规定未来10年1500亿美元用于生物燃料的开发和基础设施建设，计划到2012年美国发电量的10%来自清洁能源，到2025年美国发电量的25%来自清洁能源等，以缓解其国内产品生产和出口的能源压力。

## 第二节　德国经验

本节将从资源和出口规模、出口产品结构演化的基本特征及优化出口产品结构的成功措施和经验角度，就德国节能目标约束下出口产品结构调整进行研究。

### 一、资源和出口规模

德国位于欧洲中部，是工业高度发达的国家，经济总量居欧洲首位。德国工业侧重重工业，汽车和机械制造、化工、电气等部门是支柱产业。食品、纺织与服装、钢铁加工、采矿、精密仪器、光学及航空与航天工业也很发达。主要工业部门的产品中有50%以上销往国外。中、小企业是工业的中流砥柱，专业化程度和技术水平较高。

德国是自然资源较为贫乏的国家，除硬煤、褐煤和盐的储量丰富之外，在原料供应和能源方面，很大程度上依赖进口，2/3的初级能源需进口。至2012年年底，德国天然气储量约3820亿立方米，基本能满足国内需求。硬煤探明储量约2300亿吨，褐煤约 800 亿吨。其他矿藏的探明储量为：钾盐约 130 亿吨，铁矿石 16 亿吨，石油 5000 万吨，天然气约 5000 亿立方米。东南部有少量铀矿。森林覆盖面积为 1076.6 万公顷，占全国面积约 30%。水域面积 86 万公顷，占全国面积约 2.4%。

德国是世界贸易大国，同世界上 230 多个国家和地区保持着贸易关系，全国近 1/3 的就业人员从事出口工作。1986～1990 年，德国的出口额为世界第一，从 1991 年起仅次于美国。自 2003 年起连续六年保持世界第一出口大国的地位，2009 年中国取代德国成为世界出口冠军。德国外贸长期顺差，2012 年其进出口总额 20 064 亿欧元，同比增长 2.2%。德国出口业素以质量高、服务周到、交货准时而享誉世界。主要出口产品有汽车、机械产品、化学品、通信技术、供配电设备和医学及化学设备。主要进口产品有化学品、汽车、石油天然气、机械、通信技术和钢铁产品。主要贸易对象是西方各工业国,其中进出口 50%以上来自或销往欧盟国家。

早在第一次世界大战之前，德国已经完成了以重工业为主的完整的工业体系建设，成为仅次于美国的世界工业强国。但是，德国自然资源匮乏，国内市场狭小，为了摆脱这样的发展困境，德国走上了对外扩张的道路，先后发动了两次世界大战。战争摧毁了德国几乎所有的厂房、设备、各种建筑等，经济完全崩溃，国家也分裂为联邦德国和民主德国两部分。其中联邦德国的经济自 20 世纪 50 年代初便恢复战前水平，其后进入经济高速发展阶段，对外贸易总额由 1950 年的 46 亿美元迅速增加到 1989 年的 7203 亿美元。民主德国于 1990 年 10 月正式加入联邦德国，因此，本书对德国出口贸易及出口商品结构进行分析的时间段均为 1991～2012 年。

图 6.2 显示了 1991～2012 年德国出口贸易的增长。由图 6.2 可知，22 年间德国出口贸易总额由 1991 年的 4025.32 亿美元增长至 2012 年的 14 161.84 亿美元，年均增长率为 6.17%。

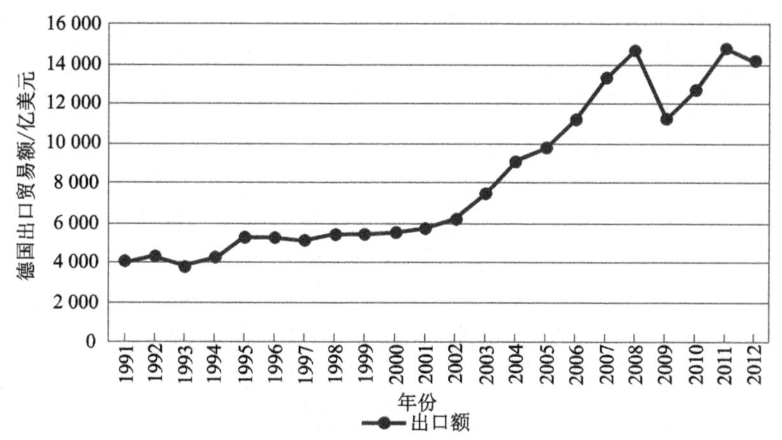


图 6.2 德国出口贸易额

资料来源：UN Comtrade 数据库

具体来看，可以将德国出口变化大致分为三个阶段：1991～2001 年的平稳增长阶段；2002～2008 年的高速增长阶段；2009～2012 年的波动调整阶段。究其原因，中国 2001 年加入 WTO 后，其对外贸易的快速增长有力地带动了德国的出口经济。加之伊拉克战争对美国经济发展损害较大，因此，2003 年起德国超过美国成为世界第一大出口国家。至 2008 年金融危机爆发前，德国出口贸易呈高速增长态势，年均增长率高达 14.41%。2009 年受到金融危机的不利冲击，德国出口呈大幅度下滑态势，于 2010 年起逐步恢复，并进入波动调整阶段。

表 6.7 显示的是 1991～2012 年德国贸易依存度变化。由表 6.7 可知，在出口贸易快速发展的同时，德国的贸易依存度也逐渐增加，贸易依存度由 1991 年的 51.94%增加到 2008 年的 90.01%，其后虽有短暂下降，但于 2010 年继续增加，逐渐增加到 2012 年的 97.67%。

**表 6.7　1991～2012 年德国贸易依存度**

| 年份 | GDP/亿美元 | 出口/亿美元 | 进口/亿美元 | 贸易额/亿美元 | 贸易依存度/% | 出口贡献率/% |
|---|---|---|---|---|---|---|
| 1991 | 18 085.82 | 4 661.11 | 4 732.88 | 9 393.99 | 51.94 | 25.77 |
| 1992 | 20 644.77 | 4 957.80 | 5 041.34 | 9 999.14 | 48.43 | 24.01 |
| 1993 | 20 073.83 | 4 414.61 | 4 379.83 | 8 794.44 | 43.81 | 21.99 |
| 1994 | 21 479.50 | 4 904.78 | 4 832.95 | 9 737.73 | 45.33 | 22.83 |
| 1995 | 25 226.92 | 5 989.09 | 5 839.11 | 11 828.20 | 46.89 | 23.74 |
| 1996 | 24 370.31 | 6 044.75 | 5 810.66 | 11 855.41 | 48.65 | 24.80 |
| 1997 | 21 572.09 | 5 910.39 | 5 632.14 | 11 542.52 | 53.51 | 27.40 |
| 1998 | 21 781.61 | 6 225.83 | 5 926.51 | 12 152.33 | 55.79 | 28.58 |
| 1999 | 21 309.84 | 6 265.85 | 6 078.56 | 12 344.41 | 57.93 | 29.40 |
| 2000 | 18 864.00 | 6 297.67 | 6 239.63 | 12 537.30 | 66.46 | 33.38 |
| 2001 | 18 808.78 | 6 543.39 | 6 170.41 | 12 713.80 | 67.60 | 34.79 |
| 2002 | 20 066.79 | 7 157.96 | 6 255.41 | 13 413.37 | 66.84 | 35.67 |
| 2003 | 24 237.21 | 8 657.45 | 7 707.72 | 16 365.17 | 67.52 | 35.72 |
| 2004 | 27 263.41 | 10 510.02 | 9 134.62 | 19 644.63 | 72.05 | 38.55 |
| 2005 | 27 662.54 | 11 429.51 | 9 987.07 | 21 416.58 | 77.42 | 41.32 |
| 2006 | 29 027.49 | 13 211.47 | 11 580.01 | 24 791.48 | 85.41 | 45.51 |
| 2007 | 33 238.10 | 15 676.86 | 13 350.40 | 29 027.25 | 87.33 | 47.17 |
| 2008 | 36 236.88 | 17 448.87 | 15 166.23 | 32 615.09 | 90.01 | 48.15 |
| 2009 | 32 982.18 | 14 004.30 | 12 382.83 | 26 387.13 | 80.00 | 42.46 |
| 2010 | 33 044.39 | 15 741.98 | 13 885.13 | 29 627.11 | 89.66 | 47.64 |
| 2011 | 36 281.10 | 18 369.64 | 16 483.93 | 34 853.57 | 96.07 | 50.63 |
| 2012 | 34 259.56 | 17 744.33 | 15 715.41 | 33 459.74 | 97.67 | 51.79 |

资料来源：GDP、出口、进口数据来自 UNSD 数据库，贸易额、贸易依存度、出口贡献率由笔者计算得出

贸易依存度仅是度量一国经济开放水平的指标之一，出口对经济增长的贡献率(出口/GDP)对于度量一国出口贸易则更为重要，因为出口不仅对本产业有显著的拉动作用，而且对相关产业，如运输、保险、库存等其他产业也都起到积极的推动作用。本书计算出德国出口对经济增长的贡献率如表 6.7 最后一列所示，呈较为明显的上升趋势，由 1991 年的 25.77%上升至 2012 年的 51.79%，即 2012 年出口贡献了 GDP 中超过 50%的份额。

## 二、出口产品结构演化的基本特征

下面将按照《国际贸易标准分类(修订 3)》(Standard International Trade Classification Revision 3，SITC Rev.3)对德国出口产品进行分类统计，进而从初级产品出口和工业制成品出口结构变化、初级产品内部变化、工业制成品内部变化、按 HS 编码分类的前十出口产品四个层面对德国出口产品结构演化的基本特征进行分析。

根据 SITC Rev.3(表 6.8)所示，SITC0～SITC4 为初级产品，SITC5～SITC9 为工业制成品，而在工业制成品中，一般认为，SITC6 和 SITC8 为劳动密集型产品，SITC5 和 SITC7 为资本技术密集型产品。

**表 6.8　SITC Rev.3**

| | |
|---|---|
| SITC0 | 食品及活动物(food and live animals) |
| SITC1 | 饮料及烟类(beverages and tobacco) |
| SITC2 | 非食用原料(不包括燃料)(crude materials，inedible，except fuels) |
| SITC3 | 矿物燃料、润滑油及有关原料(mineral fuels，lubricants and related materials) |
| SITC4 | 动植物油、脂和蜡(animal and vegetable oils，fats and waxes) |
| SITC5 | 未另列明的化学品和有关商品(chemicals and related products, n.e.s.) |
| SITC6 | 主要按原料分类的制成品(manufactured goods classified chiefly by material) |
| SITC7 | 机械及运输设备(machinery and transport equipment) |
| SITC8 | 杂项制品(miscellaneous manufactured articles) |
| SITC9 | 未分类的商品(commodities and transactions not classified elsewhere in the SITC) |

### (一)初级产品和工业制成品

#### 1. 德国出口结构变化

表 6.9 为 1991～2012 年德国初级产品、工业制成品的出口产品结构，图 6.3 是根据表 6.9 所绘的。

**表 6.9　1991～2012 年德国出口商品结构变动趋势**

| 年份 | 总额/亿美元 | 初级产品/亿美元 | 占比/% | 工业制成品/亿美元 | 占比/% |
|---|---|---|---|---|---|
| 1991 | 4 025.32 | 336.961 4 | 8.37 | 3 688.293 | 91.63 |
| 1992 | 4 302.763 | 362.972 7 | 8.44 | 3 939.789 | 91.56 |
| 1993 | 3 800.748 | 314.840 1 | 8.28 | 3 485.908 | 91.72 |
| 1994 | 4 271.001 | 354.276 2 | 8.29 | 3 916.724 | 91.71 |
| 1995 | 5 236.968 | 411.713 4 | 7.86 | 4 825.254 | 92.14 |
| 1996 | 5 241.66 | 425.279 5 | 8.11 | 4 816.379 | 91.89 |
| 1997 | 5 124.403 | 397.181 1 | 7.75 | 4 727.222 | 92.25 |
| 1998 | 5 435.553 | 405.410 2 | 7.46 | 5 030.142 | 92.54 |
| 1999 | 5 428.356 | 388.750 3 | 7.16 | 5 039.605 | 92.84 |
| 2000 | 5 496.067 | 387.411 3 | 7.05 | 5 108.656 | 92.95 |
| 2001 | 5 714.267 | 424.932 | 7.44 | 5 289.335 | 92.56 |
| 2002 | 6 159.974 | 460.251 9 | 7.47 | 5 699.722 | 92.53 |
| 2003 | 7 485.313 | 536.85 | 7.17 | 6 948.463 | 92.83 |
| 2004 | 9 117.421 | 674.685 2 | 7.40 | 8 442.736 | 92.60 |
| 2005 | 9 771.32 | 802.865 4 | 8.22 | 8 968.454 | 91.78 |
| 2006 | 11 219.63 | 967.116 1 | 8.62 | 10 252.51 | 91.38 |
| 2007 | 13 288.41 | 1 112.097 | 8.37 | 12 176.32 | 91.63 |
| 2008 | 14 661.37 | 1 331.074 | 9.08 | 13 330.3 | 90.92 |
| 2009 | 11 278.4 | 1 033.146 | 9.16 | 10 245.25 | 90.84 |
| 2010 | 12 710.96 | 1 127.354 | 8.87 | 11 583.61 | 91.13 |
| 2011 | 14 822.02 | 1 420.383 | 9.58 | 13 401.64 | 90.42 |
| 2012 | 14 161.84 | 1 411.37 | 9.97 | 12 750.47 | 90.03 |

资料来源：根据 UN Comtrade 数据库 1991～2012 年数据整理计算

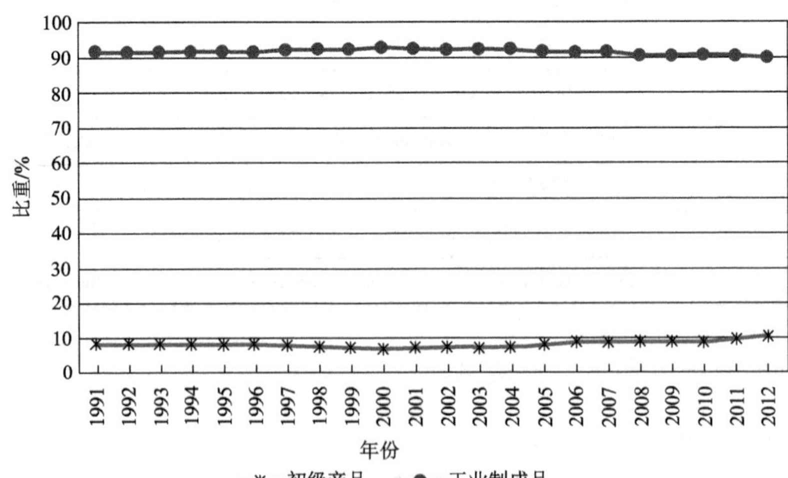


图 6.3　1991～2012 年德国初级产品、工业制成品出口比重

资料来源：根据 UN Comtrade 数据库 1991～2012 年数据整理计算

从表 6.9、图 6.3 中可以看出，1991～2012 年，德国的出口产品结构变化比较平稳，初级产品和工业制成品结构变动较小。初级产品所占比重呈十分微弱地先减少后增加的 U 形曲线，但一直控制在 10%以内，而工业制成品所占比重则呈与之相反的倒 U 形曲线，且一直保持在 90%以上，这也印证了工业制成品是德国的主要出口产品。

2. 中德比较

图 6.4 为 1991～2012 年中德初级产品与工业制成品结构变化趋势比较图。

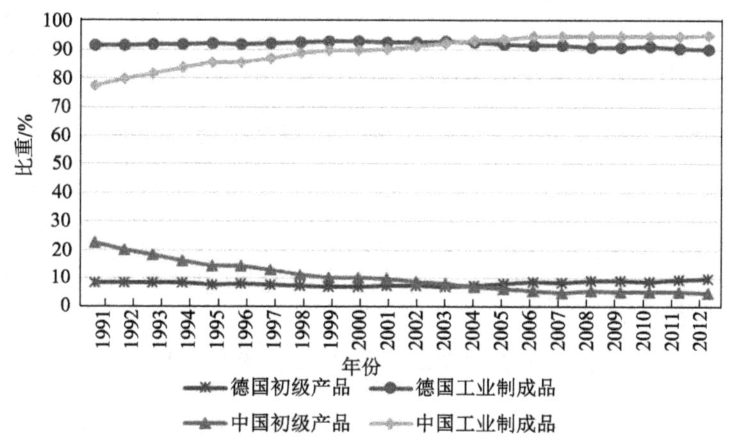


图 6.4　1991～2012 年中德初级产品与工业制成品结构变化

由图 6.4 可知，1991～2012 年中德两国的出口产品结构变化趋势有较大差异。中国出口产品结构中工业制成品的比重持续增加，而与此相对的初级产品比重则持续下降。德国出口产品结构中初级产品和工业制成品结构变化则较为平稳。2004 年中国工业制成品比重首次超过德国，达到 93.6%(同期德国工业制成品比重为 92.6%)，初级产品比重则相应首次低于德国。至 2012 年，工业制成品成为中德两国出口产品结构中的主要出口产品。

## (二)初级产品内部

1. 德国初级产品内部结构变化

图 6.5 为 1991～2012 年德国初级产品内部结构变化趋势图。

由图 6.5 可知，1991～2012 年的德国初级产品内部结构中，SITC1、SITC2 和 SITC4 三类产品占比变化较为平稳，22 年间均分别在 9%、20%和 3%左右的区间内上下波动。以 SITC0 为代表的食品占比在初级产品中占据主导，其虽然在 2008 年出现小幅回升，但整体来看仍呈较明显的下降趋势，与此相对的是以 SITC3 为代表的资源密集型产品，其占比则呈较明显的增加趋势，1991 年占 15%左右，到 2008 年上升为 30%左右，增长了一倍，其后虽有所下降，但都维持在 20%以上。

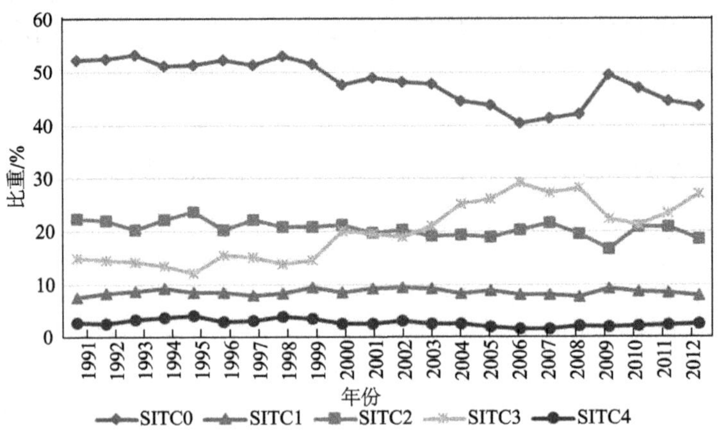


图 6.5　1991～2012 年德国初级产品内部结构变化

2. 中德比较

图 6.6 为 1991～2012 年中国初级产品内部结构变化趋势图。

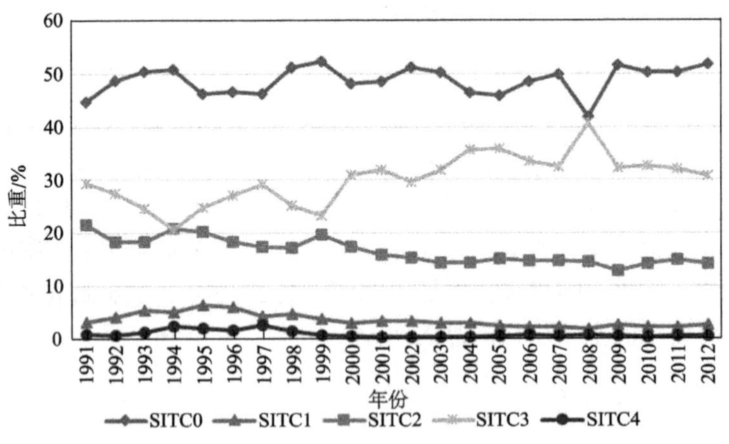


图 6.6　1991～2012 年中国初级产品内部结构变化

从图 6.5 与图 6.6 的对比中可以发现，中德两国初级产品内部结构差异较小。SITC1、SITC2 和 SITC4 在 1991～2012 年变化趋势均较为平稳；两国初级产品中 SITC0 所占比重均为 50%左右，均占据主导地位；两国以 SITC3 为代表的资源密集型产品均与 SITC0 变化趋势相对应，呈逐渐上升趋势，中国 SITC3 类产品所占比重自 2000 年起持续高于 30%，2008 年超过了 40%，略高于德国(样本期内均未超过 30%）。这说明中国的初级产品结构还有待进一步优化。

### （三）工业制成品内部

#### 1. 德国工业制成品内部结构变化

由于一般在工业制成品中，认为 SITC6 和 SITC8 为劳动密集型产品，SITC5 和 SITC7 为资本技术密集型产品，所以本书将工业制成品内部结构分为劳动密集型产品和资源密集型产品两大类，以对德国工业制成品内部结构变化有更清晰的认识。

图 6.7 为 1991～2012 年德国工业制成品内部结构变化趋势图。

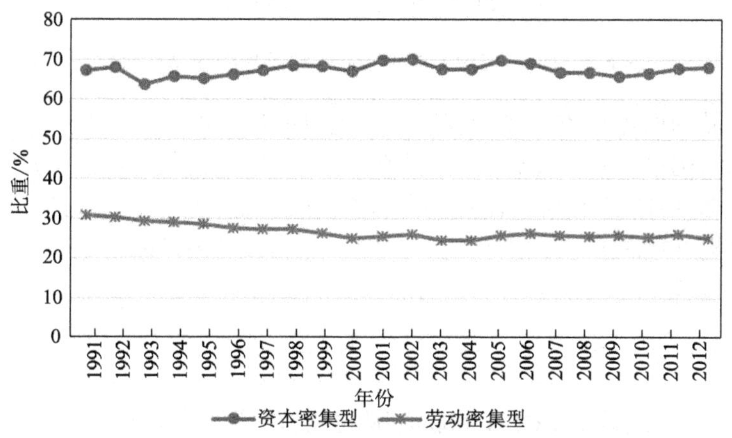


图 6.7　1991～2012 年德国工业制成品内部结构变化

作为世界工业强国，自 20 世纪 50 年代的联邦德国时期起，德国就已成长为位居世界前列的出口大国。发展至 1991 年，德国的出口产品结构已经相对固定，优化空间并不明显。由图 6.10 可知，1991～2012 年德国的工业制成品内部结构并无明显变化，资本技术密集型产品和劳动密集型产品之间的比重变动均不明显，其中资本密集型产品占比围绕 68%左右小幅波动，而劳动密集型产品占比则呈缓慢的下降趋势，自 1991 年的 30.75%下降至 2012 年的 25.13%。

#### 2. 中德比较

图 6.8 为 1991～2012 年中德工业制成品内部结构变化趋势比较图。

由图 6.8 可知，1991～2012 年中德两国工业制成品内部结构变化趋势有较大差异。1991～2012 年德国工业制成品内部劳动密集型产品和资本技术密集型产品所占比重较为平稳，而中国的工业制成品内部结构则持续优化，资本密集型产品所占比重持续上升，由 1991 年的 19.69%持续增加，并于 2003 年首次超过本国劳

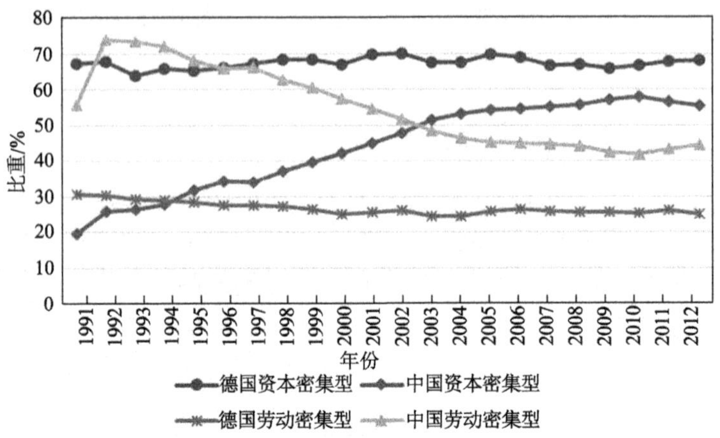


图 6.8　1991～2012 年中德工业制成品内部结构变化

动密集型产品的所占比重，成为我国工业制成品出口的主导产品，其后我国工业制成品内部结构进一步优化升级，虽然在 2010 年资本密集型产品所占比重出现小幅回落，但至 2012 年其所占比重仍保持在 55.33%的较高水平。然而与德国资本密集型产品近 70%的所占比重相比，我国工业制成品内部结构还存在一定差距，仍需进一步改善。

### (四)按 HS 编码分类的前十出口产品

HS 编码协调涵盖了 CCCN 和联合国的 SITC 两大分类编码体系，是世界海关组织现行的国际贸易商品分类体系。为对德国出口产品结构演化进行更深入分析，本书进一步对 1991～2012 年德国按 HS 编码分类的出口总额排名前十的出口产品进行分析。表 6.10 为德国 1991～2012 年按 HS 编码分类的前十大出口产品。

**表 6.10　德国 1991～2012 年前十出口产品**　　(单位：百万美元)

| 1991 年 | 出口额 | 1992 年 | 出口额 | 1993 年 | 出口额 |
|---|---|---|---|---|---|
| 核反应堆、锅炉、机械器具及零件 | 80 831.9 | 核反应堆、锅炉、机械器具及零件 | 84 392.6 | 核反应堆、锅炉、机械器具及零件 | 73 524.9 |
| 车辆及其零附件，但铁道车辆除外 | 54 730.9 | 车辆及其零附件，但铁道车辆除外 | 62 778.9 | 车辆及其零附件，但铁道车辆除外 | 51 190.9 |
| 电机、电气、音像设备及其零附件 | 38 706.2 | 电机、电气、音像设备及其零附件 | 40 770.9 | 电机、电气、音像设备及其零附件 | 37 581.2 |
| 塑料及其制品 | 18 153.1 | 塑料及其制品 | 19 238.3 | 塑料及其制品 | 16 454.9 |

续表

| 1991 年 | 出口额 | 1992 年 | 出口额 | 1993 年 | 出口额 |
|---|---|---|---|---|---|
| 光学、照相、医疗等设备及零附件 | 14 436.1 | 光学、照相、医疗等设备及零附件 | 16 357.5 | 光学、照相、医疗等设备及零附件 | 14 724.9 |
| 有机化学品 | 11 790.7 | 有机化学品 | 12 238.1 | 有机化学品 | 10 826.6 |
| 钢铁 | 11 561.4 | 钢铁 | 11 551.6 | 钢铁 | 10 244.2 |
| 钢铁制品 | 9 889.4 | 钢铁制品 | 9 826.2 | 纸及纸板；纸浆、纸或纸板制品 | 7 980.7 |
| 航空器、航天器及其零件 | 9 682.8 | 航空器、航天器及其零件 | 9 723.8 | 钢铁制品 | 7 820.5 |
| 纸及纸板；纸浆、纸或纸板制品 | 8 751.4 | 纸及纸板；纸浆、纸或纸板制品 | 9 207.9 | 航空器、航天器及其零件 | 7 303.0 |
| 1994 年 | 出口额 | 1995 年 | 出口额 | 1996 年 | 出口额 |
| 核反应堆、锅炉、机械器具及零件 | 81 506.1 | 核反应堆、锅炉、机械器具及零件 | 100 839.4 | 核反应堆、锅炉、机械器具及零件 | 103 670.2 |
| 车辆及其零附件，但铁道车辆除外 | 62 029.8 | 车辆及其零附件，但铁道车辆除外 | 75 434.9 | 车辆及其零附件，但铁道车辆除外 | 80 431.6 |
| 电机、电气、音像设备及其零附件 | 45 079.8 | 电机、电气、音像设备及其零附件 | 56 799.2 | 电机、电气、音像设备及其零附件 | 57 061.0 |
| 塑料及其制品 | 19 496.2 | 塑料及其制品 | 24 228.1 | 塑料及其制品 | 23 545.6 |
| 光学、照相、医疗等设备及零附件 | 15 893.9 | 光学、照相、医疗等设备及零附件 | 18 995.2 | 光学、照相、医疗等设备及零附件 | 19 398.5 |
| 有机化学品 | 12 862.8 | 有机化学品 | 15 691.0 | 有机化学品 | 14 837.1 |
| 钢铁 | 11 812.9 | 钢铁 | 15 340.6 | 钢铁 | 12 836.4 |
| 纸及纸板；纸浆、纸或纸板制品 | 9 543.1 | 纸及纸板；纸浆、纸或纸板制品 | 12 864.4 | 纸及纸板；纸浆、纸或纸板制品 | 11 701.1 |
| 钢铁制品 | 9 015.9 | 钢铁制品 | 11 328.7 | 钢铁制品 | 11 080.6 |
| 航空器、航天器及其零件 | 7 531.5 | 药品 | 8 513.5 | 药品 | 9 010.6 |
| 1997 年 | 出口额 | 1998 年 | 出口额 | 1999 年 | 出口额 |
| 核反应堆、锅炉、机械器具及零件 | 99 696.7 | 核反应堆、锅炉、机械器具及零件 | 107 664.1 | 核反应堆、锅炉、机械器具及零件 | 107 664.1 |
| 车辆及其零附件，但铁道车辆除外 | 80 958.1 | 车辆及其零附件，但铁道车辆除外 | 91 405.4 | 车辆及其零附件，但铁道车辆除外 | 91 405.4 |
| 电机、电气、音像设备及其零附件 | 56 996.7 | 电机、电气、音像设备及其零附件 | 59 557.8 | 电机、电气、音像设备及其零附件 | 59 557.8 |

续表

| 1997 年 | 出口额 | 1998 年 | 出口额 | 1999 年 | 出口额 |
|---|---|---|---|---|---|
| 塑料及其制品 | 23 498.9 | 塑料及其制品 | 24 027.3 | 塑料及其制品 | 24 027.3 |
| 光学、照相、医疗等设备及零附件 | 18 815.7 | 光学、照相、医疗等设备及零附件 | 20 326.2 | 光学、照相、医疗等设备及零附件 | 20 326.2 |
| 有机化学品 | 14 408.6 | 有机化学品 | 13 473.2 | 航空器、航天器及其零件 | 13 473.2 |
| 钢铁 | 13 104.8 | 药品 | 12 717.4 | 药品 | 12 717.4 |
| 纸及纸板；纸浆、纸或纸板制品 | 10 969.0 | 钢铁 | 12 705.3 | 纸及纸板；纸浆、纸或纸板制品 | 12 705.3 |
| 钢铁制品 | 10 845.2 | 航空器、航天器及其零件 | 12 247.9 | 有机化学品 | 12 247.9 |
| 药品 | 10 045.2 | 钢铁制品 | 11 849.0 | 钢铁 | 11 849.0 |
| 2000 年 | 出口额 | 2001 年 | 出口额 | 2002 年 | 出口额 |
| 核反应堆、锅炉、机械器具及零件 | 100 217.6 | 核反应堆、锅炉、机械器具及零件 | 105 862.5 | 核反应堆、锅炉、机械器具及零件 | 114 000.7 |
| 车辆及其零附件，但铁道车辆除外 | 90 422.5 | 车辆及其零附件，但铁道车辆除外 | 99 602.3 | 车辆及其零附件，但铁道车辆除外 | 113 754.2 |
| 电机、电气、音像设备及其零附件 | 64 092.1 | 电机、电气、音像设备及其零附件 | 66 896.4 | 电机、电气、音像设备及其零附件 | 69 640.2 |
| 塑料及其制品 | 24 234.9 | 塑料及其制品 | 24 737.1 | 塑料及其制品 | 26 898.5 |
| 光学、照相、医疗等设备及零附件 | 20 400.6 | 光学、照相、医疗等设备及零附件 | 22 481.7 | 光学、照相、医疗等设备及零附件 | 24 875.4 |
| 航空器、航天器及其零件 | 14 784.5 | 航空器、航天器及其零件 | 17 161.6 | 航空器、航天器及其零件 | 16 843.3 |
| 有机化学品 | 13 916.0 | 药品 | 16 675.5 | 药品 | 16 125.7 |
| 纸及纸板；纸浆、纸或纸板制品 | 11 755.2 | 有机化学品 | 13 977.1 | 有机化学品 | 14 682.2 |
| 药品 | 11 665.2 | 纸及纸板；纸浆、纸或纸板制品 | 12 159.0 | 纸及纸板；纸浆、纸或纸板制品 | 13 438.2 |
| 钢铁 | 11 562.5 | 钢铁 | 11 023.4 | 钢铁制品 | 12 131.1 |
| 2003 年 | 出口额 | 2004 年 | 出口额 | 2005 年 | 出口额 |
| 核反应堆、锅炉、机械器具及零件 | 136 907.7 | 核反应堆、锅炉、机械器具及零件 | 166 927.7 | 核反应堆、锅炉、机械器具及零件 | 187 928.3 |
| 车辆及其零附件，但铁道车辆除外 | 133 526.4 | 车辆及其零附件，但铁道车辆除外 | 156 100.8 | 车辆及其零附件，但铁道车辆除外 | 180 043.9 |

续表

| 2003 年 | 出口额 | 2004 年 | 出口额 | 2005 年 | 出口额 |
|---|---|---|---|---|---|
| 电机、电气、音像设备及其零附件 | 79 953.2 | 电机、电气、音像设备及其零附件 | 100 960.1 | 电机、电气、音像设备及其零附件 | 112 144.6 |
| 塑料及其制品 | 32 092.1 | 塑料及其制品 | 39 530.9 | 塑料及其制品 | 45 484.2 |
| 光学、照相、医疗等设备及零附件 | 28 863.8 | 光学、照相、医疗等设备及零附件 | 35 859.9 | 光学、照相、医疗等设备及零附件 | 40 335.8 |
| 药品 | 21 581.9 | 药品 | 32 139.3 | 药品 | 36 930.1 |
| 有机化学品 | 17 302.2 | 有机化学品 | 21 371.3 | 钢铁 | 24 012.7 |
| 航空器、航天器及其零件 | 16 430.4 | 钢铁 | 20 452.8 | 有机化学品 | 23 507.1 |
| 纸及纸板；纸浆、纸或纸板制品 | 15 605.4 | 航空器、航天器及其零件 | 17 910.9 | 钢铁制品 | 22 182.6 |
| 钢铁 | 14 413.5 | 纸及纸板；纸浆、纸或纸板制品 | 17 664.1 | 矿物燃料、矿物油及其产品；沥青等 | 21 512.5 |
| 2006 年 | 出口额 | 2007 年 | 出口额 | 2008 年 | 出口额 |
| 核反应堆、锅炉、机械器具及零件 | 1 113 035.8 | 核反应堆、锅炉、机械器具及零件 | 254 844 | 核反应堆、锅炉、机械器具及零件 | 263 783 |
| 车辆及其零附件，但铁道车辆除外 | 210 863.8 | 车辆及其零附件，但铁道车辆除外 | 241 464 | 车辆及其零附件，但铁道车辆除外 | 232 377 |
| 电机、电气、音像设备及其零附件 | 202 247.1 | 电机、电气、音像设备及其零附件 | 140 336 | 电机、电气、音像设备及其零附件 | 140 796 |
| 塑料及其制品 | 122 255.6 | 塑料及其制品 | 61 459 | 塑料及其制品 | 63 634 |
| 光学、照相、医疗等设备及零附件 | 51 514.0 | 药品 | 56 181 | 药品 | 62 850 |
| 药品 | 46 058.4 | 光学、照相、医疗等设备及零附件 | 53 389 | 光学、照相、医疗等设备及零附件 | 55 396 |
| 钢铁 | 44 076.7 | 钢铁 | 37 867 | 钢铁 | 39 327 |
| 矿物燃料、矿物油及其产品；沥青等 | 29 470.8 | 钢铁制品 | 33 178 | 矿物燃料、矿物油及其产品；沥青等 | 37 524 |
| 有机化学品 | 29 446.3 | 矿物燃料、矿物油及其产品；沥青等 | 32 107 | 有机化学品 | 35 783 |
| 钢铁制品 | 28 473.2 | 有机化学品 | 31 046 | 钢铁制品 | 35 627 |
| 2009 年 | 出口额 | 2010 年 | 出口额 | 2011 年 | 出口额 |
| 核反应堆、锅炉、机械器具及零件 | 204 888 | 核反应堆、锅炉、机械器具及零件 | 225 387 | 核反应堆、锅炉、机械器具及零件 | 264 432 |

续表

| 2009 年 | 出口额 | 2010 年 | 出口额 | 2011 年 | 出口额 |
|---|---|---|---|---|---|
| 车辆及其零附件，但铁道车辆除外 | 163 006 | 车辆及其零附件，但铁道车辆除外 | 209 048 | 车辆及其零附件，但铁道车辆除外 | 252 472 |
| 电机、电气、音像设备及其零附件 | 111 406 | 电机、电气、音像设备及其零附件 | 135 029 | 电机、电气、音像设备及其零附件 | 147 906 |
| 药品 | 62 390 | 药品 | 64 724 | 塑料及其制品 | 69 146 |
| 塑料及其制品 | 50 581 | 塑料及其制品 | 60 615 | 药品 | 68 422 |
| 光学、照相、医疗等设备及零附件 | 49 064 | 光学、照相、医疗等设备及零附件 | 55 993 | 光学、照相、医疗等设备及零附件 | 65 136 |
| 航空器、航天器及其零件 | 32 411 | 航空器、航天器及其零件 | 32 395 | 航空器、航天器及其零件 | 39 412 |
| 钢铁制品 | 28 385 | 钢铁制品 | 29 803 | 矿物燃料、矿物油及其产品；沥青等 | 37 727 |
| 矿物燃料、矿物油及其产品；沥青等 | 25 574 | 钢铁 | 29 348 | 钢铁 | 35 699 |
| 有机化学品 | 23 801 | 有机化学品 | 28 755 | 钢铁制品 | 35 423 |
| 2012 年 | 出口额 | | | | |
| 核反应堆、锅炉、机械器具及零件 | 250 695 | | | | |
| 车辆及其零附件，但铁道车辆除外 | 240 599 | | | | |
| 电机、电气、音像设备及其零附件 | 137 875 | | | | |
| 药品 | 67 336 | | | | |
| 塑料及其制品 | 64 725 | | | | |
| 光学、照相、医疗等设备及零附件 | 63 247 | | | | |
| 航空器、航天器及其零件 | 45 900 | | | | |
| 矿物燃料、矿物油及其产品；沥青等 | 43 077 | | | | |
| 钢铁制品 | 33 118 | | | | |
| 有机化学品 | 31 829 | | | | |

资料来源：CN Comtrade 数据库及国别报告网(http://countryreport.mofcom.gov.cn)

由表 6.10 可知，1991～2012 年德国出口额前十的商品中，前三名始终依次为核反应堆、锅炉、机械器具及零件；车辆及其零附件，但铁道车辆除外；电机、电气、音像设备及其零附件。药品、有机化学品、钢铁、钢铁制品四类产品也是德国较为重要的出口产品。航空器、航天器及其零件在 1991～1994 年、1998～2004 年、2009～2012 年位居前十大出口商品之列，其余年份内则未能进入前十大出口产品。纸及纸板，纸浆、纸或纸板制品在 1991～1997 年、1999～2004 年始终保持在前十大出口产品之中，然而 1998 年、2005～2012 年该产品被航空器、航天器及其零件，矿物燃料、矿物油及其产品，沥青等替代，退出前十。

由此可见，德国出口总额排名前十的出口产品中，仅矿物燃料、矿物油及其产品，沥青等为初级产品外，其余均为工业制成品。工业制成品中，核反应堆、锅炉、机械器具及零件；车辆及其零附件，但铁道车辆除外；电机、电气、音像设备及其零附件等产品在出口中占据主导地位，这与德国的产业结构紧密相关。汽车、电气工程、机器装备制造和信息产业是德国经济的支柱产业，产值占 GDP 的 25%以上，其产品也在国际市场上具有较高的竞争力，并且具有较高的集聚度。而制药业、医疗器械、物流管理、研发和航空航天业发展迅速，现已成为德国经济新的增长点。因此，德国前十大出口产品中，光学、照相、医疗等设备及零附件，药品，航空器、航天器及其零件等产品也占据了重要位置。

### （五）RCA

出口产品 RCA 是分析产品国际竞争力的一个较好指标。该指标通过计算一个国家或地区某产品出口额在该国或地区出口总额中所占份额与该产品的出口额在世界出口总额中所占份额的比率，显示该国该种产品的比较优势状况。一般情况下将 RCA 分为>2.5、1.25～2.5、0.8～1.25 和<0.8 四个区间，以此作为该产品国际竞争力水平的测度标准，分别表示一国具有极强、强、较强和较弱的显示性比较优势。其具体计算公式为

$$\mathrm{RCA}_i = \frac{x_i/X}{\sum x_i/\sum X} \tag{6.1}$$

其中，$x_i$ 为一国第 $i$ 种产品的出口额；$X$ 为该国全部产品的出口总额，$\sum x_i$ 为世界第 $i$ 种产品的出口额；$\sum X$ 为世界所有商品的出口总额；$\mathrm{RCA}_i$ 则为该国第 $i$ 种产品的 RCA。

为直观观察德国出口商品结构的比较优势演进过程，表 6.11 显示的是德国部分年份的 RCA。

**表 6.11 德国部分年份的 RCA**

| 年份 | SITC0 | SITC1 | SITC2 | SITC3 | SITC4 | SITC5 | SITC6 | SITC7 | SITC8 | SITC9 |
|---|---|---|---|---|---|---|---|---|---|---|
| 1993 | 0.59 | 0.59 | 0.46 | 0.17 | 0.67 | 1.42 | 1.01 | 1.19 | 0.75 | 2.34 |
| 1998 | 0.61 | 0.57 | 0.48 | 0.18 | 1.29 | 1.32 | 0.99 | 1.20 | 0.73 | 1.65 |
| 2003 | 0.61 | 0.71 | 0.47 | 0.16 | 0.47 | 1.20 | 0.95 | 1.26 | 0.73 | 1.95 |
| 2008 | 0.72 | 0.95 | 0.52 | 0.16 | 0.37 | 1.38 | 1.00 | 1.34 | 0.88 | 1.60 |
| 2012 | 0.72 | 0.99 | 0.45 | 0.18 | 0.43 | 1.29 | 0.98 | 1.37 | 0.85 | 1.87 |

由表 6.11 可知，德国出口产品的比较优势结构较为稳定，且各出口商品中，工业制成品(SITC5～SITC9)的 RCA 整体高于初级产品(SITC0～SITC4)的 RCA。初级产品中，SITC0 的 RCA1993 年为 0.59，2012 年上升至 0.72；SITC1 的 RCA 由 1993 年的 0.59 上升至 2012 年的 0.99；SITC2 和 SITC3 则保持较为平稳的水平；SITC4 的 RCA 波动较大，近年来保持在 0.45 左右的较稳定水平。工业制成品中，SITC5 的 RCA 由 1993 年的 1.42 下降至 2012 年的 1.29；SITC6 的 RCA 由 1993 年的 1.01 略微下降至 2012 年的 0.98；SITC7 和 SITC8 的 RCA 均小幅上升，分别由 1993 年的 1.19 和 0.75 上升至 2012 年的 1.37 和 0.85；SITC9 的 RCA 波动幅度较大，由 1993 年的 2.34 调整至 2012 年的 1.87。由此可见，在出口产品结构保持稳定的同时，德国出口产品的比较优势结构也保持较稳定水平，且整体略有提高。德国出口产品结构中，工业制成品的比较优势强于初级产品；初级产品的比较优势逐渐增强，而工业制成品的比较优势较为稳定；在工业制成品构成中，资本密集型产品和技术密集型产品(SITC5 和 SITC7)的比较优势较强于劳动密集型产品(SITC6 和 SITC8)。

## 三、优化出口产品结构的成功措施和经验

本书分别从微观经营机制——企业层面、中观产业机制——产业层面和宏观管理机制——政府层面三个方面分析德国的成功经验。

### (一)微观经营机制——企业层面

德国对外贸易经营机制的一个主要特点就是企业拥有自主对外贸易经营权。由于德国自然资源贫乏，原材料等对进口的依赖很大，国内市场相对狭小，企业不得不寻找其海外市场。所以，德国政府放开对外贸经营权的管理，将经营权交给企业，支持其自由发展对外贸易。一般情况下，政府并不直接对经营外贸业务的企业进行干预或下达指令。因此，德国的私人企业是其对外贸易的经营主体，

而德国企业自产生起便是外向型、进出口型的外贸企业。

1. 大、中、小企业在对外贸易中的作用和特点

在德国，年产值低于 100 万欧元、员工人数少于 9 人的企业属于小企业，年产值低于 5000 万欧元、员工人数为 10～499 人的企业属于中型企业，超过 499 人的企业则为大型企业。

德国的重工业较为发达，其中汽车制造、化工、机械制造、电子电气、钢铁是德国五大重要的工业部门，产值占重工业生产总值的 50%以上。由于生产的集中化，这些部门中企业的兼并趋势不断增强，形成一些闻名世界的工业巨头。如汽车制造业中的奔驰、大众、宝马等，化工业中的巴斯夫、拜耳、赫希斯特等，电子电气工业中的西门子、通用电器等。这些大型企业的生产量占各部门比重超过 50%，其出口额则占德国工业产品出口的 80%，是德国对外贸易的支柱。此外，这些企业还通过对外投资，在国外设厂，并直接进行跨国经营和销售。这些集生产、贸易、投资于一体的跨国公司，具有很高的国际声誉和国际竞争力，其产品在世界市场上也因此占有很高的份额。

除大型企业外，德国还有数量众多的中、小企业，它们占企业总数的 99%，在对外贸易中发挥着重要的作用，被称为德国的“隐形出口冠军”，如全球最大的隧道掘进机制造商海瑞克股份公司、全球大型玻璃展柜的主要生产商汉恩展柜公司、以其钢化玻璃自动门和玻璃系统技术领先世界的多玛公司、生产微系统与纳米技术产品的 Nascatec 公司等。这些中、小企业经营规模小，经营方式灵活，专业化水平高，且十分重视产品质量和技术创新，有些中、小企业甚至拥有比大企业更先进的技术装备。此外，德国的中、小企业对产品的售后服务也十分重视，因而具有很强的国际竞争力。据统计，德国中小企业所创造的销售额约占企业销售总额的 50%，也是德国发展对外贸易的重要力量。

2. 增强产品竞争力的途径

德国企业增强企业竞争力的途径主要有两种：一种是优化企业经营结构；另一种是注重提高产品质量。

在优化企业经营结构方面，主要手段包括：对出口能力较强的企业重点扶持发展；根据市场需求指导企业产品的生产和选择；在税收等方面对出口企业进行减免等财政鼓励等。在提高产品质量方面，主要是重视科研开发和职业培训。特别是在汽车制造、电子电气、化学工业、航空航天等重要部门，为促进企业技术进步和产品更新，确保其产品的科技领先地位，企业每年都要投入大量的财力用于基础科学研究和新技术、新产品的开发。因此，德国产品始终以其高质量、高技术而闻名全球。据世界银行统计，日本、美国、法国和英国高技术产品在其贸易总额中所占比重分别为 17%、15%、9%和 6%，而德国这一比重则高达 20%。

此外，德国独特的双轨制教育[①]也说明了德国企业对职业培训的重视程度。在德国，由政府出资设立职业学校以培养技术工人和专业人员，而大部分的职业培训经费则由企业承担。职业培训不仅能为企业提供大量高素质劳动力，而且能促进企业的技术开发水平，同时还能提高员工对企业的忠诚度，这些都使德国企业的竞争力得到有力增强。

### （二）中观产业机制——产业层面

德国出口贸易的繁荣发展与德国优秀的制造业发展水平紧密相关，作为德国的几大支柱产业，德国的机械设备制造业、电子电气工业、汽车及零配件制造业、化学工业等行业在第二次世界大战之前就已经形成了一定规模，第二次世界大战后，德国出口贸易的比较优势正式建立在这些产业之上。

#### 1. 机械设备制造业

机械设备制造业是德国最大的产业之一，该行业在德国具有悠久历史，是传统的工业部门，凭借其近 6000 家企业数量和超过 98 万名员工，机械设备制造业已成为德国第一大产业[②]。

德国的机械制造产品包括机床、起重机械、农业机械、矿山设备、建筑机械、精密仪器、光学仪器等。在机械设备制造业中，除了蒂森克虏伯、林德等少数国际知名大公司外，主要由众多中、小型家族式企业构成，近 6000 家中、小企业平均雇佣员工 140 人，年均销售额 2000 万欧元。德国机械设备联合会调查显示，其中 20%的中、小企业是世界市场的引领者，如控制世界印刷机器市场、位居世界前三名的海德堡印刷机器及曼·罗兰德和柯尼希鲍尔公司都是德国企业。这些中、小企业机制灵活，能够根据市场变化快速调整技术和设备，利用技术出口带动产品出口。

由于国际市场对于德国制造的机器设备需求旺盛，所以德国的机器设备制造业产品主要用于出口，出口额占行业总产值的 77%。德国机械设备出口在世界市场上居领先地位，其出口额达到世界出口总额的 15.9%。在机械设备领域的 32 个子部门中，德国在其中 16 个部门中居于世界领先地位[②]。

#### 2. 电子电气工业

电子电气业是德国制造业中最活跃的部门之一，是推动德国经济发展的关键产业之一。其国内员工超过 84 万人，而海外工厂则雇佣了超过 63 万员工，从雇佣员工数来看，电子电气工业已成为德国第二大行业。

---

① 双轨制教育是指接受培训的青年人需要同时在企业学习实际操作和在职业学校里学习理论知识

② 资料来源：德国机械设备联合会网站（http://www.vdma.org）

德国是电子技术研究和开发起步较早的国家之一。随着步入电子和信息时代，德国加快了电子技术和产品在各领域的普及和应用。不仅在民用产品方面，在基础设施和工业自动化也得到了广泛应用，在发展高科技产业方面电子技术已成为不可缺少的必要技术手段。在这个行业内居支配地位的是一些大型企业，包括西门子、阿尔斯通、博世、菲利浦和 ABB 等国际公司。还有许多德国电气企业不是市场的最终供应商，而是为其他大型机器设备提供中间产品，它们的客户既可以是机器装备制造企业，也可以是其他电气制造企业抑或是汽车生产企业。

2012 年，德国电子电气业出口同比增长 2%，出口额高达创纪录的 1610 亿欧元，占德国对外出口总额比重高达 14.7%。对外贸易顺差则同比增长 3%，增长近 200 亿欧元①。

3. 汽车及零配件制造业

汽车及零配件制造业是德国最重要的工业部门之一，也是国民经济的关键产业之一。德国是继美国和日本之后的世界第三大汽车生产国，汇集了奔驰、宝马、大众、奥迪、保时捷、戴姆勒等众多品牌。德国汽车产量的 50%以上出口到世界各地，而且以中、高端车辆的生产为主。

德国经济的发展很大程度依赖于汽车业的好坏。如果按销售额计算，汽车业是德国的头号产业：2012 年德国汽车业实现销售额 3569.73 亿欧元，占德国工业总产值的 1/6。就业人数超过 74 万人，是继机械设备制造业和电子电气工业之后的第三大行业；此外还有大约 140 万人在与汽车有关的配件供应业工作，另有约 300 万人从事汽车销售、修理保养和其他与汽车有关的服务。汽车及相关产业总就业人数达到 500 万人，即德国每 7 个从业人员中就有 1 个与汽车业有直接或间接关系。此外，在创新发面汽车业也十分显著，每年用于研究和开发的经费达到 140 亿欧元，新产品占到汽车总销售额的 49%，这一比重超过其他任何经济部门。每年汽车工业提交的专利申请超过 3000 项，居全球前列。

德国国内生产的汽车 70%以上出口，汽车出口额约占德国出口总额的 20%。汽车出口对德国贸易出口具有决定性作用，对德国经济的表现也因此具有至关重要的作用。2012 年德国汽车出口再创新高，出口总值达 1900 亿欧元，比上年增长 2.4%，占德出口总额的 17.3%。扣除德汽车进口额 842 亿欧元，德国汽车出口顺差接近 1100 亿欧元，约占德国贸易顺差总额的 75%②。

4. 化学工业

化学工业是德国第四大工业部门，营业额占整个加工工业的 10%，仅次于汽

① 资料来源：德国电气与电子工业总会网站（http://www.zvei.de）
② 资料来源：德国汽车工业协会网站（http://www.vda.de）

车及零配件制造业（20%）、机械设备制造业（13%）和电子电气工业（12%）在德国工业中的地位。

化学工业是德国重要的支柱产业，在世界处于领先位置，是世界化学工业的发源地，以煤化工闻名于世。第二次世界大战前，主要以煤焦油、焦炉气为原料，生产医药、燃料、合成氨、制碱、制酸；第二次世界大战后，煤化工转向石油化工，生产合成橡胶、合成塑料、纤维等。欧洲前三大化工企业都在德国，即巴斯夫、拜耳、赫斯特。德国的化工业以中、小企业为主，它们的出口额能够占到化工品出口额的 87%。而且，德国的化工业积极进行科研投资，这也是德国化学工业领先世界的原因之一。

2012 年德国化工行业总销售额为 1842 亿欧元，仅次于汽车业、电机工程业和机械制造业，位居第四。2012 年化工行业出口额为 1609 亿欧元，比上年增长 5%。该行业的产品范围很广，涉及生活的方方面面，但主要集中于为其他行业所提供的加工部件，如无机基本化学制品、石油化工品、高分子材料、特殊产品及性能产品等。德国化工业不仅包括大牌家用公司，也拥有大量中、小企业。整个行业共拥有约 1900 家企业，其中约 92%为员工不超过 500 人的中、小企业。在这些中、小企业中，员工数量在 50 人以上的企业占比 51%，50～499 人的企业占比 41%。中、小企业所雇佣的劳动力大约占整个化工行业的 2/3，其销售量占整个行业的 25%①。

### （三）宏观管理机制——政府层面

虽然德国政府主张企业自由竞争，充分发挥市场机制的作用，但政府在对外贸易的管理上并非放任自流、无所作为。

1. 财政金融措施

(1) 财政补贴

第二次世界大战以后，德国通过财政补贴措施，不断发展壮大汽车、机械制造、化工、电子工业等主导产业，使其成为德国工业的支撑体系。具体来看，第二次世界大战结束初期，仅限于对基础工矿业、交通运输业给予财政支持，同时也对农业进行价格控制和财政补贴。从 20 世纪 60 年代起，为了与其他发达国家相关产业竞争，德国对造船业进行生产成本补贴和银行贷款利息补贴，对航天航空企业在技术研究开发上给予资助，同时对机械制造业、石油化工业、汽车工业和电气电子产业实行税收优惠。20 世纪 80 年代，为了促进产业科技进步进而促进贸易发展，联邦德国政府制定了科技研究发展政策：一方面通过补贴和税收优

① 资料来源：Statistisehes Bundesamt，VCI

惠等手段间接地促进研究发展计划和新技术的应用；另一方面则通过财政拨款等手段对研究发展活动做直接的选择性促进。20 世纪 90 年代起，随着经济全球化的快速发展，发达国家的资本和技术开始向发展中国家转移。德国政府给予中、小企业方向指引、低息贷款、担保融资、技术倾斜等支持，鼓励德国中、小企业对外的产品和技术输出。

(2) 出口退税、出口信用担保、出口信贷及出口汇率保险

出口退税方面，德国《增值税法》规定，根据目的国征税原则，德国对欧盟境内的货物出口及从欧盟出口至第三国给予免税。出口信用担保方面，德国政府为鼓励出口，对出口企业和商业银行提供官方担保(俗称赫尔梅斯担保)。出口信贷方面，德政府利用《欧洲复兴计划——特殊基金》制订欧洲复兴计划——出口信贷计划，为企业出口耐用投资物(如机械设备、车辆、电信器材、飞机、陆上交通系统、船只、海港、机场等)提供长期信贷。出口汇率保险方面，自 20 世纪 70 年代以来，德国政府委托裕利安宜(原赫尔梅斯)信贷保险公司和 C&L 德国经济鉴定股份公司为两年以上以美元、英镑或瑞郎为支付货币的出口合同承办汇率保险。

2. 建立外贸服务机构，提供贸易咨询服务

(1) 主要贸易服务机构

在德国，主要是由联邦经济部负责对外贸易管理工作。技术部主要负责德国驻外使馆商务代表处的工作，从而促进在世界范围内建立一个为德国企业提供广泛服务的海外商会网，隶属的联邦信息局则主要负责为企业提供重要的国外市场信息。驻外使馆商务代表处、海外商会及联邦外贸信息服务局被称为德国外贸促进三大支柱机构。其中，驻外使馆商务代表处负责对所在国的经济贸易情况进行了解，为有意在所在国开展业务的德国企业提供咨询服务。只有在最重要的外贸伙伴国家和地区，这三大支柱机构才同时存在，而在其他国家和地区，则由驻外使馆商务代表处独立承担一切对外贸易相关业务。

(2) 信息咨询服务

德国政府为企业提供的对外贸易信息咨询服务可以分为三个层级：主管部门；商会或协会等中介部门；咨询部门。政府主管部门负责政策信息的发布。商会或协会等中介部门则起到中介作用：一方面负责将政策信息传递给企业；另一方面也负责把企业的运营状况向政府主管部门汇报。信息咨询服务是德国贸易促进机构最重要的日常工作之一，德国三大贸易促进支柱机构的主要工作正是为企业提供信息咨询服务。其中最重要的是联邦外贸信息服务局。联邦外贸信息服务局为企业提供信息服务的主要方式有以下三种：一是刊登在各类媒体上；二是储存到数据库中，供企业或协会商会查询；三是由专为海外业务设立的主管部门为企业提供咨询服务。

3. 其他出口促进措施

(1) 参展促进措施

德国展览业协会是德国展览业的权威组织，于1907年成立，现有会员78家，主要是德国的展览公司和展会组织者、制造业、批发零售业、贸易等各大行业领导协会等[①]。作为德国展览业唯一的行业组织，德国展览业协会主要负责维护本国展览业在国际、国内的共同利益；协调与议会、政府各部门和其他行业组织等进行沟通；协调在德国举办的展览及德国在海外组织的展览；吸引外国企业来德参展及举办展览会；积极支持会员开展国外展览业务；平衡参展商、参观者和展会组织者的不同利益；对展览会进行调查评估；出版和发布展览指南，提供与展览有关的咨询服务和培训等。

(2) 其他出口促进措施

除举办展览会外，德国政府还通过其他一系列措施促进本国出口贸易发展。例如，建立并扶持以出口为主的企业集团和大财团；积极参与国际经济组织的活动，并通过国家间签订双边和多边互惠协定；成立部际协调委员会，协调对外经济活动；等等。

## 第三节 韩国经验

本节将从资源和出口规模、出口产品结构演化的基本特征及优化出口产品结构的成功经验角度，就韩国节能目标约束下出口产品结构调整进行研究。

### 一、资源和出口规模

韩国位于朝鲜半岛南部，北部为朝鲜民主主义人民共和国。1945年，获得解放的朝鲜半岛产业荒废、自然资源匮乏。1948 年大韩民国宣告成立，经历了1950～1953 年的朝鲜战争后，韩国面临着恢复国民经济的严峻任务。直到 20 世纪 60 年代初，韩国经济还处于贫困与混乱的状态，人均 GDP 不足 100 美元。然而，自 1962 年起韩国开始实行实质性经济改革，仅用 30 年左右的时间就基本完成了其工业化和产业化进程，由贫困落后的农业小国成长为新兴工业化国家，继而向发达国家挺进，创造了举世瞩目的“汉江奇迹”。2012 年韩国 GDP 为 1.13 万亿美元，位居世界第 15 位，人均国民收入 22 670 万美元，位居世界第 49 位。贸易总额为 1.07 万亿美元，位居世界第 8 位；外汇储备增加至 3269.7 亿美元，环比增加 8.8 亿美元，成为世界第七大外汇储备国。

---

① 资料来源：德国展览业协会网站(www.auma.de)

韩国的自然资源十分贫乏，资本积累也存在不足。韩国现有人口约 4800 万人，国土面积为 993.7 万公顷，其中农地(耕地)面积 195 万公顷，约占总面积的 22%，人均耕地面积不足 0.04 公顷。工业用原材料大量依靠进口，如石油、铝、原棉、原糖等资源 100%依赖进口，化学原浆和原木的海外供应率则分别为 98%和 85%。在矿产资源方面，韩国已探明矿物种类为 287 种，然而其中有经济价值的仅有 52 种，且储量很低。主要矿物储量占世界同类矿物储量的比重中，铜矿仅为 0.26%，铁矿仅为 0.05%，煤炭仅为 0.02%。动力资源方面，韩国约 70%的动力资源需要依靠进口解决。20 世纪 60 年代经济进入大规模发展后，对各种自然资源的需求快速、大量增加，使得经济增长与资源约束之间的矛盾愈发突出。

由于韩国从 1962 年开始第一个五年计划，所以本书分析的时间段为 1962～2012 年。图 6.9 显示了 1962～2012 年韩国出口贸易的增长。由图 6.9 可知，51 年间韩国出口贸易总额由 1962 年的 0.56 亿美元增长至 2012 年的 5447.6 亿美元，年均增长率为 20.16%。

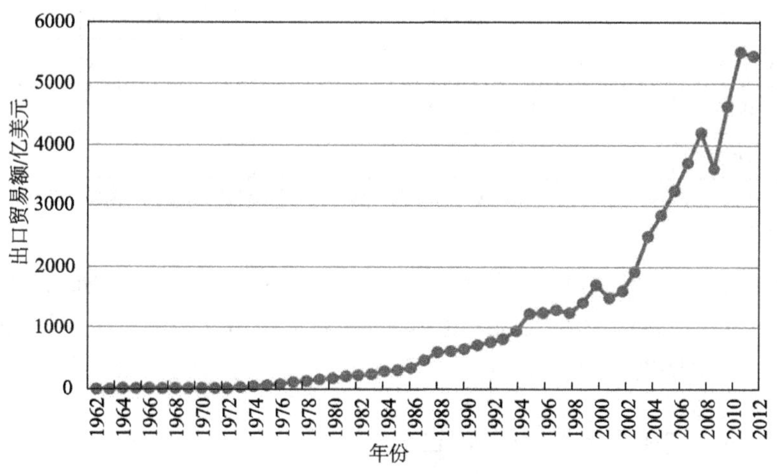


图 6.9　韩国出口贸易额

资料来源：UN Comtrade 数据库

具体来看，可以将韩国出口变化大致分为两个阶段：1962～2000 年的平稳增长阶段；2001～2012 年的高速增长阶段。韩国出口贸易额发生变化，可能原因在于，自 2000 年起，韩国贸易和投资政策重点向自由化转变，其国内经济进一步向外资和外贸伙伴开放。此外，中国于 2001 年加入 WTO，其对外贸易的快速增长也有力地带动了韩国出口经济。至 2008 年金融危机爆发前，韩国出口贸易呈高速增长态势，出口总额由 2001 年的 1493.71 亿美元增加至 2008 年的 4206.75 亿美元。2009 年受到金融危机的不利冲击，韩国出口呈短暂下滑，于 2010 年起迅速恢复，并保持较好的高速增长态势。

表 6.12 显示的是 1962～2012 年韩国贸易依存度变化，为方便观察其整体发展趋势，选择韩国五年计划节点为时间点(1962 年为第一个五年计划起始年)。由表 6.12 可知，在出口贸易快速发展的同时，韩国的贸易依存度也逐渐增加，贸易依存度由 1962 年的 15.94%快速增加到 2012 年的 94.09%。

**表 6.12　1962～2012 年韩国贸易依存度**

| 年份 | GDP/亿美元 | 出口/亿美元 | 进口/亿美元 | 贸易额/亿美元 | 贸易依存度/% | 出口贡献率/% |
|---|---|---|---|---|---|---|
| 1962 | 27.46 | 3.81 | 0.56 | 4.38 | 15.94 | 2.06 |
| 1967 | 47.03 | 9.96 | 3.20 | 13.16 | 27.99 | 6.81 |
| 1972 | 107.95 | 25.22 | 16.24 | 41.46 | 38.41 | 15.05 |
| 1977 | 382.27 | 108.03 | 100.16 | 208.19 | 54.46 | 26.20 |
| 1982 | 775.24 | 242.36 | 218.50 | 460.86 | 59.45 | 28.18 |
| 1987 | 1 433.78 | 409.25 | 471.72 | 880.97 | 61.44 | 32.90 |
| 1992 | 3 381.71 | 813.96 | 763.94 | 1 577.90 | 46.66 | 22.59 |
| 1997 | 5 322.39 | 1 380.97 | 1 299.91 | 2 680.88 | 50.37 | 24.42 |
| 2002 | 5 759.30 | 1 503.55 | 1 615.26 | 3 118.82 | 54.15 | 28.05 |
| 2007 | 10 492.39 | 3 551.52 | 3 707.72 | 7 259.24 | 69.19 | 35.34 |
| 2012 | 11 295.98 | 5 180.66 | 5 447.60 | 10 628.26 | 94.09 | 48.23 |

资料来源：出口、进口数据来自 UNSD 数据库，GDP 数据来自 IMF-IFS 数据库，贸易额、贸易依存度、出口贡献率由笔者计算得出

本书计算出韩国出口对经济增长的贡献率如表 6.12 最后一列所示，呈十分明显的上升趋势，由 1962 年的 2.06%迅速增加至 2012 年的 48.23%，即 2012 年出口贡献了 GDP 中将近 50%的份额。

## 二、出口产品结构演化的基本特征

下面将按照 SITC Rev.3 对韩国出口产品进行分类统计，进而从初级产品出口和工业制成品出口结构变化、初级产品内部变化、工业制成品内部变化、按 HS 编码分类的前十出口产品四个层面对韩国出口产品结构演化的基本特征进行分析。

根据 SITC Rev.3(表 6.8)所示，SITC0～SITC4 为初级产品，SITC5～SITC9 为工业制成品，而在工业制成品中，一般认为，SITC6 和 SITC8 为劳动密集型产品，SITC5 和 SITC7 为资本技术密集型产品。

### (一)初级产品和工业制成品

表 6.13 为 1962～2012 年韩国初级产品、工业制成品的出口产品结构，为

直观显示，选取五年计划节点及中期节点为时间点。图 6.10 是根据表 6.13 所绘的。

**表 6.13　1962～2012 年韩国出口商品结构变动趋势**

| 年份 | 总额/亿美元 | 初级产品/亿美元 | 占比/% | 工业制成品/亿美元 | 占比/% |
|---|---|---|---|---|---|
| 1962 | 0.57 | 0.46 | 81.14 | 0.11 | 18.86 |
| 1965 | 1.75 | 0.68 | 38.89 | 1.07 | 61.11 |
| 1967 | 3.20 | 1.05 | 32.74 | 2.15 | 67.26 |
| 1970 | 8.35 | 1.89 | 22.58 | 6.47 | 77.42 |
| 1972 | 16.30 | 2.59 | 15.86 | 13.72 | 84.14 |
| 1975 | 50.93 | 9.26 | 18.18 | 41.67 | 81.82 |
| 1977 | 100.19 | 14.75 | 14.72 | 85.45 | 85.28 |
| 1980 | 175.28 | 16.56 | 9.45 | 158.72 | 90.55 |
| 1982 | 218.39 | 17.77 | 8.14 | 200.62 | 91.86 |
| 1985 | 303.00 | 24.81 | 8.19 | 278.19 | 91.81 |
| 1987 | 471.82 | 33.50 | 7.10 | 438.32 | 92.90 |
| 1990 | 648.59 | 37.86 | 5.84 | 610.74 | 94.16 |
| 1992 | 764.00 | 49.42 | 6.47 | 714.58 | 93.53 |
| 1995 | 1226.19 | 70.34 | 5.74 | 1155.85 | 94.26 |
| 1997 | 1299.87 | 100.25 | 7.71 | 1199.62 | 92.29 |
| 2000 | 1707.68 | 137.86 | 8.07 | 1569.83 | 91.93 |
| 2002 | 1615.79 | 106.16 | 6.57 | 1509.63 | 93.43 |
| 2005 | 2841.85 | 213.56 | 7.51 | 2628.29 | 92.49 |
| 2007 | 3708.17 | 317.13 | 8.55 | 3391.04 | 91.45 |
| 2010 | 4634.26 | 424.27 | 9.16 | 4210.00 | 90.84 |
| 2012 | 5448.89 | 703.86 | 12.92 | 4745.03 | 87.08 |

资料来源：根据 UN Comtrade 数据库 1962～2012 年数据整理计算

从表 6.13、图 6.10 中可以看出，1962～2012 年，韩国的出口产品结构变化十分显著，大致可以分为两个阶段：1962～1979 年的快速改善阶段；1980 年之后的平稳调整阶段。韩国的出口产品结构发生改变，可能原因在于，自 1962 年实行经济改革起，韩国的出口贸易演变可以分为两个政治时期：1962～1979 年的出口导向发展战略时期；1980 年之后的自由化发展战略时期。

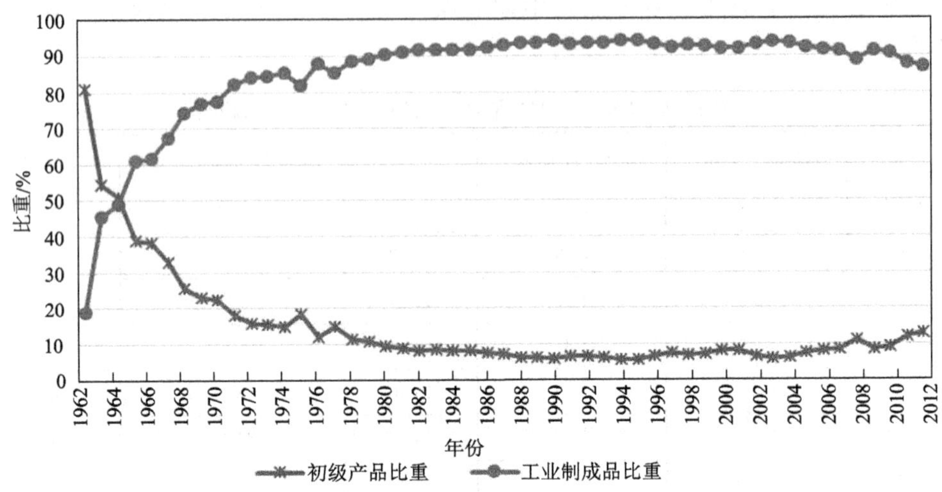


图 6.10　1962～2012 年韩国初级产品、工业制成品出口比重

资料来源：根据 UN Comtrade 数据库 1962～2012 年数据整理计算

1. 1962～1979 年的出口导向发展战略时期

1961 年朴正熙掌权后，效仿联邦德国的“莱茵奇迹”，朴正熙提出了凭借国民精神和有力领导创造属于韩国的“汉江奇迹”这一构思。韩国于 1962 年开始实施国民经济发展第一个五年计划，这一计划改变了韩国经济发展的基本目标和经济发展战略，奉行“出口第一主义”，经济发展的重点由“进口替代”转向“出口导向”，经济活动的重心也随之从本土市场转向国际市场，集中力量发展出口，以此带动国民经济整体发展。

20 世纪 70 年代，韩国政府以出口产业为中心的重化工业政策，直接引起韩国大企业集团实力的迅速膨胀和结构的迅速转变。可能原因主要有三点：第一，优先发展重化工业这一发展战略除了吸引本国民间资本外，也吸引了大量外国借款，凭借大量外资的投入，大企业集团实力得以迅速增强；第二，由于政府发展战略方向由过去的以轻工业出口为主转向以重化工业为主，这一战略调整促使大企业向重化工业部门投资，大企业集团内部结构得以迅速调整；第三，以出口和劳务输出为主的对外贸易的发展也同样对大企业集团的内部结构变化产生重要影响，尤其是对中东地区的建筑业输出，使得大企业集团得以迅速朝大型化和国际化方向转变。

然而，这一阶段内韩国在取得重大经济成就的同时也出现了许多问题。例如，对重工业投资过多导致轻工业发展不足，从而使得国民经济各部门发展不平衡进一步加剧；大量举债导致国家外债负担过重，从而使其对美国、日本等发达国家的依赖性不断加深；等等。

### 2. 1980 年之后的自由化发展战略时期

进入 20 世纪 80 年代后，随着经济全球化的不断发展，世界经济一体化和区域化趋势日益明显，金融自由化和国际化趋势也不断加强。在这一大背景下，韩国对其经济发展战略进行了调整，由上一时期的出口导向型转变为这一时期的自由化、国际化和科技化发展，以适应世界经济发展的潮流。具体来看，主要包括以下三方面措施：第一，实施“科技立国”政策，加大其科研投资和教育投资力度，重视科研人员和技术人员的培养；第二，经济发展重心从重化工业逐步转移出来，并调整国民经济各部门之间的比重关系；第三，降低和消除针对大部分产品的关税及非关税壁垒，逐步实现产品进出口的规范化和自由化。这些措施都有效地促进了韩国对外贸易的迅速发展。

为提高产品的技术层次和防止债务危机的发生，韩国对外资政策做了一定的调整，并把引资方式向 FDI 倾斜。从 20 世纪 80 年代初到 20 世纪 90 年代初这一段时期，韩国引进 FDI 逐年大幅增加，来自国外的借款大幅度减少。20 世纪 90 年代以来，韩国对外资政策做出进一步调整，在放宽引进 FDI 政策的同时，加速推进了金融自由化，扩大了证券市场的开放步伐，加大了引进证券投资的力度，并且把它作为推动国有企业民营化的重要措施。

在对外贸易投资方面，韩国通过建立先进贸易基础设施，战略性地开拓海外市场，实现交易结构稳定。除 2008 年受金融危机冲击出现逆差外，韩国自 1998 年以来对外贸易持续保持顺差，至 2013 年其贸易顺差达历史最高值 440.91 亿美元。

综上所述，在 1962～1979 年的出口导向发展战略时期内，凭借国家重工业化政策引导，韩国的出口产品结构得以快速调整，1962 年其初级产品和工业制成品占比分别为 81.14%和 18.86%，到 1979 年这一比重分配调整至 10.64%和 89.36%。自 1980 年起韩国出口产品结构进入稳定调整时期，至 2012 年，其初级产品和工业制成品占比分别为 12.92%和 87.08%。

## （二）初级产品内部

图 6.11 为 1962～2012 年韩国初级产品内部结构变化趋势图。

由图 6.11 可知，1962～2012 年的韩国初级产品内部结构中，SITC1 和 SITC4 两类产品所占比重变化较为平稳，51 年间均分别在 5%和 0.15%左右的区间内上下波动。以 SITC0 为代表的食品所占比重 51 年间波动幅度较大，具体来看，1962～1979 年总体呈上升趋势，而 1980 年起则呈下降趋势。SITC2 则总体呈先下降后趋于稳定的态势，具体来看，1962～1975 年下降速度较快，自 1976 年起则呈波动型调整态势。以 SITC3 为代表的资源密集型产品所占比重则呈明显波动型上升趋势，1962 年其所占比重为 5.97%，到 2012 年上升至 80.42%，增长了近 75 百分点。

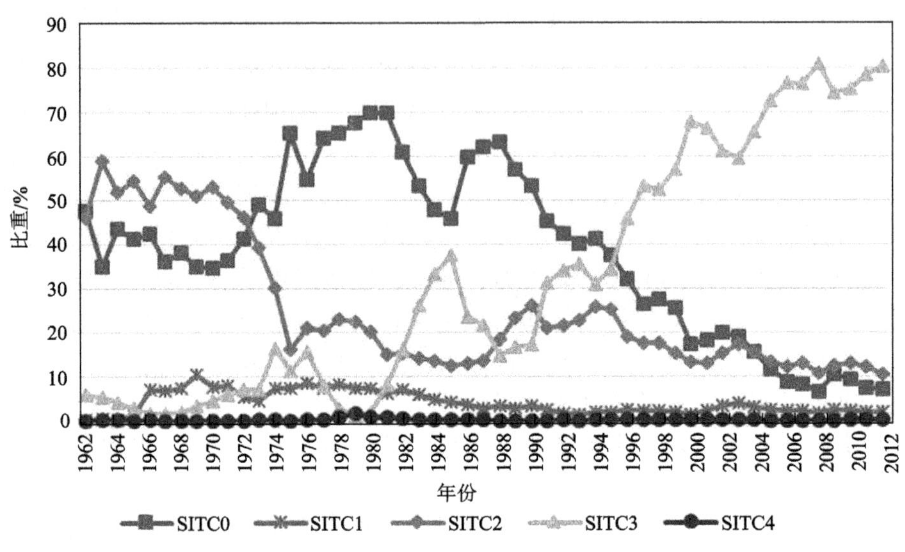


图 6.11　1962～2012 年韩国初级产品内部结构变化

（三）工业制成品内部

由于一般在工业制成品中，认为 SITC6 和 SITC8 为劳动密集型产品，SITC5 和 SITC7 为资本技术密集型产品，所以本书将工业制成品内部结构分为劳动密集型产品和资源密集型产品两大类，以对韩国工业制成品内部结构变化有更清晰的认识。

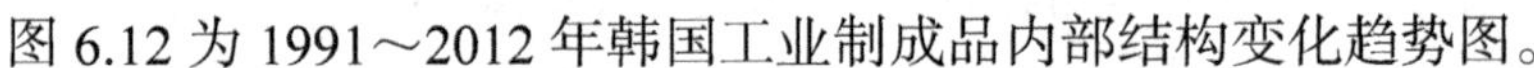

图 6.12 为 1991～2012 年韩国工业制成品内部结构变化趋势图。

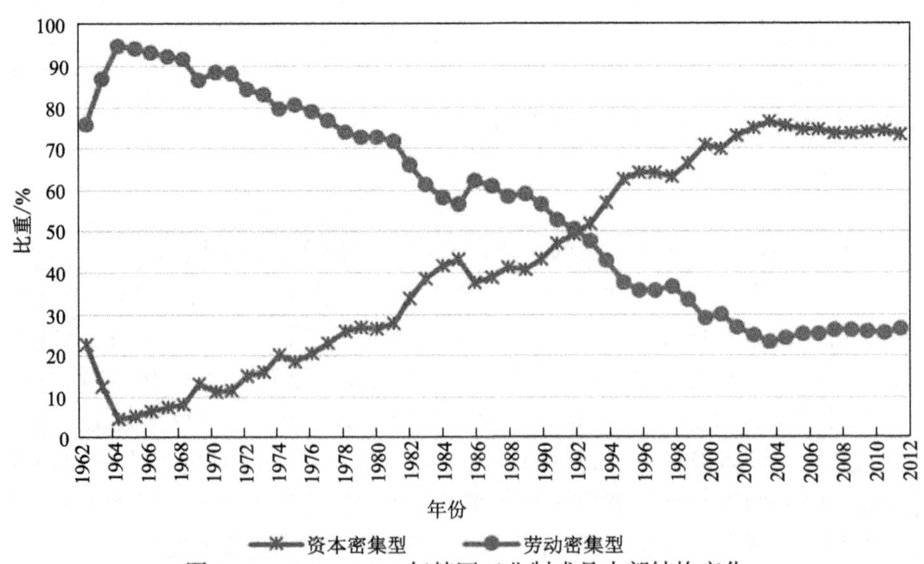


图 6.12　1962～2012 年韩国工业制成品内部结构变化

由图 6.12 可知，1962～2012 年的韩国工业制成品内部结构变化大致可以分为三个阶段：第一阶段为 1962～1964 年，该阶段内资本密集型产品所占份额快速下降，劳动密集型产品份额上升；第二阶段为 1965～2004 年，该阶段内资本密集型产品份额持续上升，劳动密集型产品份额则相应下降；第三阶段为 2005～2012 年，该阶段内资本密集型和劳动密集型产品所占份额均保持稳定，二者分别为 75%左右和 25%左右。可能原因在于，经济改革初期，劳动在生产要素中占主导地位，韩国优先发展其劳动密集型产品；其后随着一系列鼓励重化工业和高新技术行业的产业政策陆续发布，发展重心由劳动密集型产品逐渐向资本密集型和技术密集型产品转移；2005 年韩国贸易总额首次超过 5000 亿美元，并与多个国家进行自由贸易协定(Free Trade Agreement，FTA)谈判，韩国外交通商部于当年起将政策目标制定为“成为先进通商国家的经济外交”，同年起韩国工业制成品内部出口结构也逐渐趋于稳定，形成了以资本技术密集型产品为主、劳动密集型产品为辅的内部结构。

### (四)按 HS 编码分类的前十出口产品

由于联合国以 HS 编码统计的韩国海关数据最早始于 1988 年，所以为对韩国出口产品结构演化进行更深入分析，本书进一步对 1988～2012 年韩国按 HS 编码分类的出口总额排名前十的出口产品进行分析。表 6.14 为韩国 1988～2012 年按 HS 编码分类的前十大出口产品。

**表 6.14　韩国 1988～2012 年前十位出口产品**　(单位：百万美元)

| 1988 年 | 出口额 | 1989 年 | 出口额 | 1990 年 | 出口额 |
|---|---|---|---|---|---|
| 电机、电气、音像设备及其零附件 | 13 153.9 | 电机、电气、音像设备及其零附件 | 13 994.6 | 电机、电气、音像设备及其零附件 | 14 772.5 |
| 核反应堆、锅炉、机械器具及零件 | 4 484.5 | 核反应堆、锅炉、机械器具及零件 | 4 864.1 | 核反应堆、锅炉、机械器具及零件 | 5 217.0 |
| 非针织或非钩编的服装及衣着附件 | 3 891.1 | 非针织或非钩编的服装及衣着附件 | 3 910.6 | 鞋靴、护腿和类似品及其零件 | 4 307.1 |
| 车辆及其零附件，但铁道车辆除外 | 3 806.6 | 鞋靴、护腿和类似品及其零件 | 3 587.5 | 非针织或非钩编的服装及衣着附件 | 3 305.0 |
| 鞋靴、护腿和类似品及其零件 | 3 800.7 | 皮革制品；鞍具及挽具；旅行用品、手提包及类似容器；动物肠线(蚕胶丝除外)制品 | 3 155.1 | 钢铁 | 3 039.9 |
| 针织或钩编的服装及衣着附件 | 2 970.4 | 针织或钩编的服装及衣着附件 | 2 981.8 | 皮革制品；鞍具及挽具；旅行用品、手提包及类似容器；动物肠线(蚕胶丝除外)制品 | 3 016.7 |

续表

| 1988 年 | 出口额 | 1989 年 | 出口额 | 1990 年 | 出口额 |
|---|---|---|---|---|---|
| 皮革制品；鞍具及挽具；旅行用品、手提包及类似容器；动物肠线（蚕胶丝除外）制品 | 2 725.9 | 钢铁 | 2 969.3 | 船舶及浮动结构体 | 2 800.6 |
| 钢铁 | 2 525.8 | 车辆及其零附件，但铁道车辆除外 | 2 462.9 | 化学纤维长丝 | 2 631.5 |
| 化学纤维长丝 | 1 925.3 | 化学纤维长丝 | 2 229.7 | 针织或钩编的服装及衣着附件 | 2 498.4 |
| 钢铁制品 | 1 922.2 | 钢铁制品 | 1 835.2 | 车辆及其零附件，但铁道车辆除外 | 2 324.1 |
| 1991 年 | 出口额 | 1992 年 | 出口额 | 1993 年 | 出口额 |
| 电机、电气、音像设备及其零附件 | 16 750.3 | 电机、电气、音像设备及其零附件 | 17 878.9 | 电机、电气、音像设备及其零附件 | 20 007.9 |
| 核反应堆、锅炉、机械器具及零件 | 6 065.0 | 核反应堆、锅炉、机械器具及零件 | 6 601.3 | 核反应堆、锅炉、机械器具及零件 | 7 581.5 |
| 船舶及浮动结构体 | 4 129.2 | 船舶及浮动结构体 | 4 112.8 | 车辆及其零附件，但铁道车辆除外 | 5 080.6 |
| 鞋靴、护腿和类似品及其零件 | 3 835.9 | 钢铁 | 4 023.6 | 钢铁 | 4 306.5 |
| 钢铁 | 3 287.0 | 化学纤维长丝 | 3 829.2 | 化学纤维长丝 | 4 275.8 |
| 化学纤维长丝 | 3 198.4 | 车辆及其零附件，但铁道车辆除外 | 3 264.3 | 船舶及浮动结构体 | 4 060.6 |
| 非针织或非钩编的服装及衣着附件 | 3 092.2 | 鞋靴、护腿和类似品及其零件 | 3 183.8 | 塑料及其制品 | 2 784.5 |
| 皮革制品；鞍具及挽具；旅行用品、手提包及类似容器；动物肠线（蚕胶丝除外）制品 | 2 713.2 | 非针织或非钩编的服装及衣着附件 | 2 845.6 | 非针织或非钩编的服装及衣着附件 | 2 665.1 |
| 车辆及其零附件，但铁道车辆除外 | 2 686.3 | 塑料及其制品 | 2 548.3 | 钢铁制品 | 2 637.8 |
| 针织或钩编的服装及衣着附件 | 2 486.6 | 皮革制品；鞍具及挽具；旅行用品、手提包及类似容器；动物肠线（蚕胶丝除外）制品 | 2 337.9 | 针织或钩编的服装及衣着附件 | 2 332.1 |

续表

| 1994 年 | 出口额 | 1995 年 | 出口额 | 1996 年 | 出口额 |
|---|---|---|---|---|---|
| 电机、电气、音像设备及其零附件 | 26 928.3 | 电机、电气、音像设备及其零附件 | 38 074.9 | 电机、电气、音像设备及其零附件 | 35 084.8 |
| 核反应堆、锅炉、机械器具及零件 | 9 033.5 | 核反应堆、锅炉、机械器具及零件 | 12 323.0 | 核反应堆、锅炉、机械器具及零件 | 13 431.9 |
| 车辆及其零附件，但铁道车辆除外 | 6 009.9 | 车辆及其零附件，但铁道车辆除外 | 9 358.5 | 车辆及其零附件，但铁道车辆除外 | 11 727.1 |
| 化学纤维长丝 | 5 129.1 | 化学纤维长丝 | 6 159.1 | 船舶及浮动结构体 | 7 127.3 |
| 船舶及浮动结构体 | 4 944.8 | 船舶及浮动结构体 | 5 532.8 | 化学纤维长丝 | 6 230.9 |
| 钢铁 | 4 100.1 | 塑料及其制品 | 5 163.5 | 珠宝、贵金属及制品；仿首饰；硬币 | 5 805.8 |
| 塑料及其制品 | 3 545.0 | 钢铁 | 4 719.4 | 塑料及其制品 | 5 035.6 |
| 非针织或非钩编的服装及衣着附件 | 2 491.5 | 钢铁制品 | 3 313.5 | 钢铁 | 4 565.3 |
| 针织或钩编的服装及衣着附件 | 2 396.8 | 珠宝、贵金属及制品；仿首饰；硬币 | 2 841.2 | 矿物燃料、矿物油及其产品；沥青等 | 3 866.4 |
| 钢铁制品 | 2 205.6 | 有机化学品 | 2 820.5 | 有机化学品 | 2 809.9 |
| 1997 年 | 出口额 | 1998 年 | 出口额 | 1999 年 | 出口额 |
| 电机、电气、音像设备及其零附件 | 34 047.8 | 电机、电气、音像设备及其零附件 | 31 820.4 | 电机、电气、音像设备及其零附件 | 38 373.6 |
| 核反应堆、锅炉、机械器具及零件 | 14 553.0 | 核反应堆、锅炉、机械器具及零件 | 12 884.8 | 核反应堆、锅炉、机械器具及零件 | 18 583.2 |
| 车辆及其零附件，但铁道车辆除外 | 12 328.4 | 车辆及其零附件，但铁道车辆除外 | 11 433.9 | 车辆及其零附件，但铁道车辆除外 | 13 144.9 |
| 珠宝、贵金属及制品；仿首饰；硬币 | 6 821.0 | 船舶及浮动结构体 | 8 014.1 | 船舶及浮动结构体 | 7 490.3 |
| 船舶及浮动结构体 | 6 519.7 | 珠宝、贵金属及制品；仿首饰；硬币 | 7 906.2 | 塑料及其制品 | 5 977.2 |
| 化学纤维长丝 | 6 272.5 | 钢铁 | 6 411.3 | 矿物燃料、矿物油及其产品；沥青等 | 5 810.9 |
| 塑料及其制品 | 5 760.0 | 塑料及其制品 | 5 642.3 | 钢铁 | 5 253.0 |

续表

| 1997 年 | 出口额 | 1998 年 | 出口额 | 1999 年 | 出口额 |
|---|---|---|---|---|---|
| 矿物燃料、矿物油及其产品；沥青等 | 5 349.1 | 化学纤维长丝 | 5 029.1 | 化学纤维长丝 | 4 610.0 |
| 钢铁 | 4 973.2 | 矿物燃料、矿物油及其产品；沥青等 | 4 595.4 | 光学、照相、医疗等设备及零附件 | 3 631.3 |
| 有机化学品 | 3 568.6 | 有机化学品 | 3 321.2 | 珠宝、贵金属及制品；仿首饰；硬币 | 3 605.6 |
| 2000 年 | 出口额 | 2001 年 | 出口额 | 2002 年 | 出口额 |
| 电机、电气、音像设备及其零附件 | 46 365.8 | 电机、电气、音像设备及其零附件 | 37 826.2 | 电机、电气、音像设备及其零附件 | 43 945.3 |
| 核反应堆、锅炉、机械器具及零件 | 29 732.2 | 核反应堆、锅炉、机械器具及零件 | 23 556.0 | 核反应堆、锅炉、机械器具及零件 | 27 712.0 |
| 车辆及其零附件，但铁道车辆除外 | 15 265.5 | 车辆及其零附件，但铁道车辆除外 | 15 400.6 | 车辆及其零附件，但铁道车辆除外 | 17 266.3 |
| 矿物燃料、矿物油及其产品；沥青等 | 9 375.5 | 船舶及浮动结构体 | 9 699.2 | 船舶及浮动结构体 | 10 672.2 |
| 船舶及浮动结构体 | 8 229.4 | 矿物燃料、矿物油及其产品；沥青等 | 8 009.7 | 塑料及其制品 | 7 315.2 |
| 塑料及其制品 | 7 279.7 | 塑料及其制品 | 6 640.3 | 矿物燃料、矿物油及其产品；沥青等 | 6 551.6 |
| 钢铁 | 5 954.7 | 钢铁 | 5 101.6 | 钢铁 | 5 068.1 |
| 有机化学品 | 4 969.5 | 有机化学品 | 4 162.9 | 有机化学品 | 4 577.3 |
| 化学纤维长丝 | 4 804.2 | 化学纤维长丝 | 3 836.6 | 化学纤维长丝 | 3 663.8 |
| 针织物及钩编织物 | 2 522.1 | 针织物及钩编织物 | 2 478.1 | 针织物及钩编织物 | 2 700.3 |
| 2003 年 | 出口额 | 2004 年 | 出口额 | 2005 年 | 出口额 |
| 电机、电气、音像设备及其零附件 | 55 073.3 | 电机、电气、音像设备及其零附件 | 73 169.8 | 电机、电气、音像设备及其零附件 | 80 488.0 |
| 核反应堆、锅炉、机械器具及零件 | 31 731.7 | 核反应堆、锅炉、机械器具及零件 | 39 403.0 | 核反应堆、锅炉、机械器具及零件 | 38 563.2 |
| 车辆及其零附件，但铁道车辆除外 | 23 024.6 | 车辆及其零附件，但铁道车辆除外 | 32 106.2 | 车辆及其零附件，但铁道车辆除外 | 37 491.2 |

续表

| 2003 年 | 出口额 | 2004 年 | 出口额 | 2005 年 | 出口额 |
|---|---|---|---|---|---|
| 船舶及浮动结构体 | 11 103.9 | 船舶及浮动结构体 | 15 321.3 | 船舶及浮动结构体 | 17 231.5 |
| 塑料及其制品 | 8 968.4 | 塑料及其制品 | 11 899.7 | 矿物燃料、矿物油及其产品；沥青等 | 15 709.4 |
| 钢铁 | 7 136.0 | 钢铁 | 10 578.5 | 塑料及其制品 | 14 262.5 |
| 矿物燃料、矿物油及其产品；沥青等 | 6 902.0 | 矿物燃料、矿物油及其产品；沥青等 | 10 531.7 | 钢铁 | 12 804.7 |
| 有机化学品 | 5 847.7 | 有机化学品 | 8 748.8 | 光学、照相、医疗等设备及零附件 | 11 911.0 |
| 化学纤维长丝 | 3 508.9 | 光学、照相、医疗等设备及零附件 | 5 767.2 | 有机化学品 | 10 539.3 |
| 珠宝、贵金属及制品；仿首饰；硬币 | 3 365.2 | 珠宝、贵金属及制品；仿首饰；硬币 | 4 128.6 | 钢铁制品 | 4 425.9 |
| 2006 年 | 出口额 | 2007 年 | 出口额 | 2008 年 | 出口额 |
| 电机、电气、音像设备及其零附件 | 85 576.8 | 电机、电气、音像设备及其零附件 | 97 409 | 电机、电气、音像设备及其零附件 | 98 318 |
| 车辆及其零附件，但铁道车辆除外 | 42 605.3 | 车辆及其零附件，但铁道车辆除外 | 49 162 | 车辆及其零附件，但铁道车辆除外 | 48 334 |
| 核反应堆、锅炉、机械器具及零件 | 42 313.4 | 核反应堆、锅炉、机械器具及零件 | 43 421 | 核反应堆、锅炉、机械器具及零件 | 45 501 |
| 船舶及浮动结构体 | 21 492.9 | 船舶及浮动结构体 | 26 632 | 船舶及浮动结构体 | 40 968 |
| 矿物燃料、矿物油及其产品；沥青等 | 20 920.4 | 矿物燃料、矿物油及其产品；沥青等 | 24 631 | 矿物燃料、矿物油及其产品；沥青等 | 38 455 |
| 光学、照相、医疗等设备及零附件 | 18 535.5 | 光学、照相、医疗等设备及零附件 | 24 134 | 光学、照相、医疗等设备及零附件 | 28 557 |
| 塑料及其制品 | 15 391.3 | 塑料及其制品 | 17 731 | 钢铁 | 21 334 |
| 钢铁 | 13 985.4 | 钢铁 | 16 446 | 塑料及其制品 | 20 216 |
| 有机化学品 | 12 730.4 | 有机化学品 | 15 166 | 有机化学品 | 15 786 |
| 钢铁制品 | 5 876.0 | 钢铁制品 | 7 018 | 钢铁制品 | 9 063 |

续表

| 2009 年 | 出口额 | 2010 年 | 出口额 | 2011 年 | 出口额 |
|---|---|---|---|---|---|
| 电机、电气、音像设备及其零附件 | 88 787 | 电机、电气、音像设备及其零附件 | 108 830.5 | 电机、电气、音像设备及其零附件 | 118 565 |
| 船舶及浮动结构体 | 42 483 | 核反应堆、锅炉、机械器具及零件 | 53 981.4 | 车辆及其零附件，但铁道车辆除外 | 67 117 |
| 核反应堆、锅炉、机械器具及零件 | 38 206 | 车辆及其零附件，但铁道车辆除外 | 53 445.4 | 核反应堆、锅炉、机械器具及零件 | 59 782 |
| 车辆及其零附件，但铁道车辆除外 | 36 531 | 船舶及浮动结构体 | 46 735.3 | 船舶及浮动结构体 | 54 069 |
| 光学、照相、医疗等设备及零附件 | 29 252 | 光学、照相、医疗等设备及零附件 | 37 829.1 | 矿物燃料、矿物油及其产品；沥青等 | 53 089 |
| 矿物燃料、矿物油及其产品；沥青等 | 23 786 | 矿物燃料、矿物油及其产品；沥青等 | 32 579.6 | 光学、照相、医疗等设备及零附件 | 36 502 |
| 塑料及其制品 | 18 356 | 塑料及其制品 | 23 961.1 | 塑料及其制品 | 28 269 |
| 钢铁 | 15 464 | 钢铁 | 21 751.2 | 钢铁 | 28 158 |
| 有机化学品 | 13 096 | 有机化学品 | 16 827.2 | 有机化学品 | 22 475 |
| 钢铁制品 | 8 022 | 钢铁制品 | 7 685.5 | 钢铁制品 | 11 708 |
| 2012 年 | 出口额 | | | | |
| 电机、电气、音像设备及其零附件 | 118 565 | | | | |
| 车辆及其零附件，但铁道车辆除外 | 67 117 | | | | |
| 核反应堆、锅炉、机械器具及零件 | 59 782 | | | | |
| 船舶及浮动结构体 | 54 069 | | | | |
| 矿物燃料、矿物油及其产品；沥青等 | 53 089 | | | | |
| 光学、照相、医疗等设备及零附件 | 36 502 | | | | |
| 塑料及其制品 | 28 269 | | | | |
| 钢铁 | 28 158 | | | | |
| 有机化学品 | 22 475 | | | | |
| 钢铁制品 | 11 708 | | | | |

资料来源：CN Comtrade 数据库及国别报告网（http://countryreport.mofcom.gov.cn）

由表 6.14 可知，样本期内排名前十的出口产品中，电机、电气、音像设备及其零附件；车辆及其零附件，但铁道车辆除外；核反应堆、锅炉、机械器具及零件；钢铁；钢铁制品等重化工业产品始终保持重要地位。船舶及浮动结构体；有机化学品；矿物燃料、矿物油及其产品；沥青等；珠宝、贵金属及制品；仿首饰；硬币；光学、照相、医疗等设备及零附件等产品则前期表现一般，但重要性呈上升趋势。而非针织或非钩编的服装及衣着附件；针织或钩编的服装及衣着附件；鞋靴、护腿和类似品及其零件；皮革制品；鞍具及挽具；旅行用品、手提包及类似容器；动物肠线(蚕胶丝除外)制品；化学纤维长丝等轻工业制品虽然前期表现突出，但其重要性明显呈下降趋势。这与韩国 20 世纪 60 年代以来的偏向重化工业、忽视轻工业、重视科技水平发展、提高员工素质等产业政策紧密相关。

以造船业为例，对韩国排名前十的出口产品结构优化进行进一步说明。在 20 世纪 70 年代以前，世界造船市场主要被日本和欧洲所占领，其共占市场份额达 80%以上，其中日本造船产量占 50%以上。直至 1965 年韩国造船业在世界市场所占份额仍为 0。然而在 20 世纪 60 年代的出口导向政策下，韩国政府将造船业作为其出口支柱产业重点发展，于 1962 年和 1967 年陆续颁布了《造船工业奖励法》和《造船工业振兴法》。1972 年起，政府制订了其重化工业发展计划，将船舶工业列为重点发展战略产业，并于 1976 年颁布《海运造船综合发展法》。伴随韩国本土廉价劳动力的生产优势、相关产业的发展及产业内部一系列的创新，韩国造船业迅速发展，国际市场份额也不断增加。至 20 世纪 80 年代，虽然政府已不再把造船业列为战略产业，但造船业因其具有较强的国际竞争力和较高的创汇能力，继续受到政府税收、汇率等方面的扶持。至 1990 年，船舶产品首次进入韩国前十大出口产品并位列第七，且其后始终保持在前十大出口产品之中。其国际市场份额也于 2000 年首次超过日本，达到 35%，成为世界第一造船大国。

### （五）RCA

为直观观察韩国出口商品结构的比较优势演进过程，表 6.15 显示的是韩国部分年份的 RCA。

**表 6.15　韩国部分年份的 RCA**

| 年份 | SITC0 | SITC1 | SITC2 | SITC3 | SITC4 | SITC5 | SITC6 | SITC7 | SITC8 | SITC9 |
|---|---|---|---|---|---|---|---|---|---|---|
| 1978 | 0.70 | 0.80 | 0.40 | 0.02 | 0.13 | 0.34 | 1.65 | 0.66 | 4.10 | 0.09 |
| 1983 | 0.47 | 0.46 | 0.21 | 0.15 | 0.03 | 0.35 | 1.75 | 1.03 | 2.95 | 0.05 |
| 1988 | 0.49 | 0.20 | 0.21 | 0.15 | 0.01 | 0.33 | 1.23 | 0.96 | 2.72 | 0.02 |
| 1993 | 0.33 | 0.07 | 0.39 | 0.33 | 0.02 | 0.67 | 1.60 | 1.11 | 1.34 | 0.03 |
| 1998 | 0.30 | 0.14 | 0.38 | 0.64 | 0.10 | 0.83 | 1.49 | 1.21 | 0.80 | 0.02 |

续表

| 年份 | SITC0 | SITC1 | SITC2 | SITC3 | SITC4 | SITC5 | SITC6 | SITC7 | SITC8 | SITC9 |
|---|---|---|---|---|---|---|---|---|---|---|
| 2003 | 0.20 | 0.25 | 0.35 | 0.39 | 0.03 | 0.82 | 1.15 | 1.56 | 0.58 | 0.02 |
| 2008 | 0.14 | 0.25 | 0.35 | 0.56 | 0.02 | 0.97 | 1.03 | 1.60 | 0.85 | 0.01 |
| 2012 | 0.15 | 0.31 | 0.33 | 0.69 | 0.03 | 1.01 | 1.08 | 1.53 | 0.77 | 0.03 |

由表 6.15 可知韩国出口产品比较优势的演进过程。韩国的比较优势演进与其出口导向经济政策密切相关：20 世纪 60 年代，劳动占主导地位，韩国具有比较优势的出口产品主要为劳动密集型产品；20 世纪七八十年代，资本占主导地位，韩国具有比较优势的出口产品主要为重化工业产品；自 20 世纪 90 年代起，科学技术占主导地位，出口产品结构中技术密集型产品所占份额越来越大。由表 6.16 中 RCA 的变化可知：初级产品中，SITC0 的 RCA 在 1978 年为 0.70，2012 年下降至 0.15；SITC1 的 RCA 由 1978 年的 0.80 下降至 2012 年的 0.31；SITC2 则保持较为平稳的水平，始终围绕 0.35 左右的较稳定水平小幅波动；SITC3 是初级产品中唯一 RCA 最终上升的产品，由 1978 年的 0.02 波动上升至 2012 年的 0.69；SITC4 的 RCA 呈下降趋势，然而其下降幅度略小于 SITC0 和 SITC1，由 1978 年的 0.13 下降至 2012 年的 0.03。工业制成品中，SITC5 的 RCA 由 1978 年的 0.34 波动上升至 2012 年的 1.01；SITC6 的 RCA 则由 1978 年的 1.65 波动下降至 2012 年的 1.08;SITC7 的 RCA 增幅较大,由 1978 年的 0.66 波动增加至 2012 年的 1.53；SITC8 的 RCA 则大幅下降，由 1978 年的 4.10 波动下降至 2012 年的 0.77；SITC9 的 RCA 同样整体呈下降趋势，然而其波动幅度较小，由 1978 年的 0.09 波动下降至 2012 年的 0.03。由此可见，韩国出口产品的比较优势变化的演进过程具体体现为：初级产品 RCA 整体下降，工业制成品 RCA 整体上升；在韩国工业制成品构成中，资本密集型产品和技术密集型产品(SITC5 和 SITC7)的比较优势呈明显上升趋势，而劳动密集型产品(SITC6 和 SITC8)的比较优势则大幅下降。综上所述，在比较优势不断演进的同时，韩国的出口产品结构不断向深层次优化。

## 三、优化出口产品结构的成功经验

本书分别从微观经营机制——企业层面、中观产业机制——产业层面和宏观管理机制——政府层面三个方面分析韩国的成功经验。

### (一)微观经营机制——企业层面

#### 1. 大企业起到主力军作用

韩国出口的主力军是大企业集团。在出口导向型经济时期，大企业集团通过其内部结构调整，促进了韩国的产业结构调整，从而促进了韩国出口产品结构的升级。例如，三星、大宇、现代等都是韩国知名的大企业集团，这些企业的经营战略各自不同，但都以提高产品质量、加强产品竞争力为核心目标：三星集团的经营战略方针为"质量为主"，优先培育其电子、工程、化工和金融这四大产业，尤其是在电子产业，打造出了自主拳头产品。1994年，三星集团的显示屏、存储芯片等电子产品销售量高居世界第一，其后始终保持其行业领先地位。大宇集团的经营战略放在"技术大宇"上，注重企业产业结构调整和产品技术含量的提升。大宇集团将企业拳头产品选定为工程建设、造船、重工业、贸易等，将造船业与重工业进行合并以扩大经营规模，提高技术能力，从而保持其行业领先地位。现代集团通过其企业内部的结构调整，将汽车、机械、化工、钢铁、电子等作为其专业化的拳头产品，注重产品科技水平的提高，在海外大量设厂设点并建立研发基地，从而进一步提高其产品的国际竞争力。

2. 中、小企业大举走向海外市场

在韩国的大企业集团大力发展其电子产品、重化工业产品等出口的同时，中、小企业也在同步占领世界小商品出口市场。根据大韩贸易投资振兴公社调查显示，韩国中、小企业产品在世界市场，尤其是欧美市场同样具有较高的占有率。如不锈钢洗碗布占法国进口市场份额的20%以上；安全帽以其高质量走俏英国市场，占其进口份额的30%；钓鱼竿占法国进口市场份额的50%；特别是韩国生产的眼镜架，在英国市场的占有率高达40%，在哥斯达黎加市场的占有率甚至为70%以上。同时，随着中、韩两国中、小企业经贸热度的不断提升，2012年韩国中、小企业对中国的投资已占其全球投资总额的22%左右，其产品对中国的出口额占其全球出口总额的24%。随着中国内需的不断激活，中国市场对韩国中、小企业产品的出口拉动作用也愈发明显。韩国中、小企业十分注重其产品的设计水平和质量保证，在价格上也具有明显优势，因此，其在海外市场具有很强的国际竞争力。

3. 注重技术创新

自20世纪80年代起，韩国企业开始调整其竞争战略，由以成本优势为主的传统战略转向以技术优势为主的新型战略。对技术研发的投入主体也由政府主导向企业主导转变。现阶段韩国研发投资中私营部门占比达 73.7%，而企业研发投入占国家总研发投入的比重自20世纪90年代来持续超过80%，超过了美国、韩国、日本等工业发达国家。具体来看，韩国企业实行技术创新的主要措施包括以下三点：第一，设立研发机构，培育独立自主创新的研发能力。从20世纪80年代初，韩国企业开始纷纷设立自营研发机构，以提高其独立自主研发创新技术的能力。据韩国产业技术振兴协会统计， 2012 年韩国企业设立的研究所总数已达1.8万个。研发机构的大量建立，有力地促进了韩国企业技术创新能力的提高。第二，注重人才培养，优化技术型人才结构。为提高技术创新能力，韩国企业通过自主培养、出国研修和人才引进这三种主要途径，以优化企业内部技术研发人才整体结构。第三，强化合作研究，促进产、学、研协同技术开发。韩国企业十分注重产、学、研协同创新体系的建设，设立了大量以大学为中心的校企合作园区以促进产、学、研合作研究的开展，建设了大量科学研究、工程研究和地区合作研究等研究中心以促进跨学科、跨区域合作研究等。

### （二）中观产业机制——产业层面

韩国出口产品结构的优化升级与其选择的产业结构升级路径密不可分。韩国采取了“先轻后重”的出口产业发展战略，优先发展轻工业，待积累了资本再转向发展重化工业。20 世纪 60 年代初经济改革前，韩国的综合国力十分薄弱，人均 GDP 不足 100 美元。因此，“先轻后重”是一条符合当时基本国情的发展方针。随着经济改革的逐步推进，韩国涌现了大量的纺织品、服装鞋类、胶合板、杂货、假发、食品等轻工业企业，轻工业成为国民经济和出口的支柱产业。至 20 世纪 70 年代初，朴正熙总统发表《重化学工业化宣言》，这标志着韩国经济发展的重点由轻工业转向重化工业。在《重化学工业化宣言》推动下，韩国重化工业部门得以迅速发展，钢铁、造船、机械、汽车、电子、石油化学等工业部门相继发展成为国民经济和对外出口新的支柱产业。自 20 世纪 80 年代起，韩国经济发展重点产业由资本密集型重化工业向技术密集型产业转变，韩国在短期内迅速推进了生产产品结构的调整升级。这一阶段内韩国的重化工业产品出口占总出口比重超过 50%，钢铁、机械等产业的自给率达到 80%。至 20 世纪 90 年代，在世界新科技革命浪潮推动下，韩国进一步加快其科技开发步伐，全力发展传统重化工业部门竞争力的同时，进一步发展高新技术产业，这一阶段内韩国重化工业出口占总出口比重超过 70%，并于 20 世纪 90 年代末达到 80%，于 2006 年起持续超过 90%。

纵观韩国 20 世纪 60 年代以来各阶段的产业结构发展战略，可以发现，韩国利用发达国家产业结构转移、贸易自由化等有利环境扩大生产规模，同时通过资源的有效配置，在不同时期根据国内外经济环境变化而确立不同的主导产业实现产业的持续增长，克服了国内市场狭小、自然资源匮乏、资金短缺、工业基础薄弱等不利局面，以出口贸易带动国内经济发展，促进产业结构的不断升级、转换和发展的同时，充分发挥产业结构与出口贸易的互动作用，以出口贸易带动产业结构的高级化，以产业结构调整促使出口贸易得以保持和增长。通过观察韩国出口结构演变的轨迹可知，正是这一出口导向战略下形成的产业结构与出口贸易一体化的互动机制，使得韩国出口结构和产业结构得以不断高级化和国际化，从而既保证了出口竞争力，又保证了经济的良性循环发展。

### （三）宏观管理机制——政府层面

#### 1. 推动产业升级的财税优惠政策

1967 年韩国政府颁布《科学技术振兴法》，强调了税收手段在科技振兴和经济发展中的重要作用。1973 年政府颁布《技术研究开发促进法》，对企业技术开发予以税收优惠。1974 年，为扶持重点产业，韩国政府颁布了《新技术产业化投资税金扣除制度》这一直接税收鼓励法。1977 年和 1979 年，政府又陆续制定了《科研设备投资税金扣除制度》和《技术转让减免所得税制度》。

1974 年，为简化税制，韩国对其关键部门实行了“特别税收待遇”，规定关键部门可以选择免税期、特别折旧或投资税收抵免中任何一项优惠措施。可以享受这一优惠的关键产业部门包括钢铁、电子、石化、造船等行业。至 1982 年，投资税收抵免这一优惠政策仅限于机械、电子行业，其他行业则不再享受。至 1986 年，战略性关键产业不再享受特别税收优惠政策，特别折旧制度则纳入税法，投资税收抵免这一优惠政策继续沿用，然而其使用对象由重化工业行业转变为能源节约、污染控制、交通安全改进等行业及中、小企业的相关机器设备。

#### 2. 调整社会收入分配差距

改革初期，由于韩国的出口导向型产业政策导致社会主要产业由劳动密集型产业向资本密集型产业转移，社会收入分配状况迅速恶化。为调整社会收入分配差距，韩国政府采取了一系列措施以改善低收入人群福利。其中主要措施包括：1967 年，调整了个人所得税税率档次，由原来的 5 档增加为 7 档以调整不同收入者的税负，同时提高了工薪收入者的免税额；1971 年，进一步降低了工薪收入者的个人所得税税率，进一步增加其免税额，同时银行存款利息则由原先的免税调整为 5%的税率；1975 年，原来部分实行的个人所得税制得到较为彻底的大范围施行，但对其中储蓄和投资的相关税率重新进行了单独设计。

#### 3. 保护本土市场

20 世纪 60 年代，在出口导向型经济政策的指引下，韩国政府有意将社会资源向大企业集团倾斜，从而迅速提高本土企业的国际竞争力。以装备制造业为例，韩国政府对本土装备制造业企业的保护和培育措施主要为促进其国产化。韩国于 1987 年制订了“机械零件和材料国产化”的第一个五年计划，明确提出了 4542 种机械国产化产品目录，如造船、汽车、电子等产业产品，并制定了相应的扶持政策。1992 年，又在第一个五年计划的基础上制订了第二个五年计划，要求进一步提高机械零件和材料的国产化程度，提高本土装备制造业的国际竞争能力，降低相关产品的贸易逆差和进口依赖，并制定了相应的扶持政策。在第二个五年计划完成后，韩国装备制造业的进口依赖程度由原来的 42%降低至 26%。此外，政府采购政策也是韩国保护其本土市场的一项重要政策。例如，高速列车等公用事业装备全部由政府购买完成；对汽车、计算机等产品，政府也规定优先采用国产产品。

4. 重视资源环境管理

20 世纪 60 年代，韩国政府主要着眼于经济发展，对自然资源、环境等的重视程度较为不足。至 20 世纪 70 年代，随着经济的高速增长，加速了韩国自然资源环境的破坏，韩国政府的注意力由经济发展转向资源的可持续利用和对环境的有效保护。国家在宏观政策方面也制定了与之相配套的一系列资源环境保护措施。进入 20 世纪 80 年代后，韩国将资金和技术引进的重心转移向高新技术产业，国际竞争力得以增强的同时，也进一步突破了本国自然资源贫乏这一约束。至 20 世纪 90 年代，韩国在进一步加强其科技水平的同时，开始注重其环保领域重点行业的技术开发，并于 1999 年制订了《21 世纪前沿技术研究开发计划》，选择了重点开发的 20 个高新技术课题，以突破其自然资源环境约束。金融危机后，为寻求新的经济发展模式，韩国政府于 2008 年提出了“低碳素绿色增长国家发展”计划，并于 2010 年颁布了《绿色增长基本法》，制定了相关具体政策。近年来，韩国在环境技术、能源技术、新材料工程技术等领域都加大了其科研创新投入力度，并制定了一系列相应政策措施，从而在突破资源环境约束的同时，维持资源的可持续利用及对环境的持续保护。

## 第四节　日 本 经 验

本节将从资源和出口规模、出口产品结构演化的基本特征及优化出口产品结构的成功措施和经验角度，就日本节能目标约束下出口产品结构调整进行研究。

### 一、资源和出口规模

日本位于亚洲东部，太平洋西北部，领土由本州、四国、九州、北海道四大岛及 7200 多个小岛组成。日本国土面积为 37.8 万平方千米。日本人口数量逾 1.2 亿，是世界第十人口大国。日本森林资源丰富，国土森林覆盖率达到 66.7%。然而，日本矿产资源贫乏，其主要资源依赖进口的程度依次为：石油 99.7%，天然气 96.4%，煤 95.2%，铁矿石 100%，铜 99.8%，铝矾土 100%，铅矿石 94.9%，镍矿石 100%，磷矿石 100%，锌矿石 85.2%。尽管如此，由于日本长期以来致力于通过技术创新突破资源环境约束，尤其是轻薄短小家电产品、低油耗经济型小汽车等资本技术密集型产品的生产和出口，推动了日本经济社会长期可持续发展。

与此同时，日本的出口贸易也得到迅速发展，图 6.13 显示了 1978～2012 年，日本出口贸易额及其出口增长率。由图 6.13 可以看出，日本出口额从 1978 年的 975.014 亿美元上升至 2012 年的 7915.434 亿美元，整体增长了 7 倍左右。然而，日本出口增长率波动很大，1978～1981 年，日本出口增长率一直为正，1980 年、1981 年更是达到 25.813%、17.267%的高增长阶段，主要原因在于，1973 年第一次石油危机后，日本政府采取一系列短期、长期的经济调整政策，如加大政府公共投资，使得日本经济于 1978 年完成了从石油危机到稳定增长的转变。因此，这一阶段日本经济和出口贸易具有较高的增长率。然而，1982 年，日本出口增长率降至负值，为–8.772%。可能原因在于，1981 年左右日本经济“结构性不景气”，导致其生产严重衰退和企业大量倒闭，使得 1982 年日本出口贸易大幅下降。1983～1995 年，日本出口增长率整体维持在 10%左右。而由于 1997 年亚洲金融危机、2000 年互联网金融泡沫破灭、2008 年美国次贷危机及 2011 年日本地震，其出口增长率于 1998 年、2001 年、2009 年及 2012 年多次降至负值，依次为–7.861%、–15.852%、–25.763%和–2.653%。其余年份日本出口增长率多在 10%左右波动。

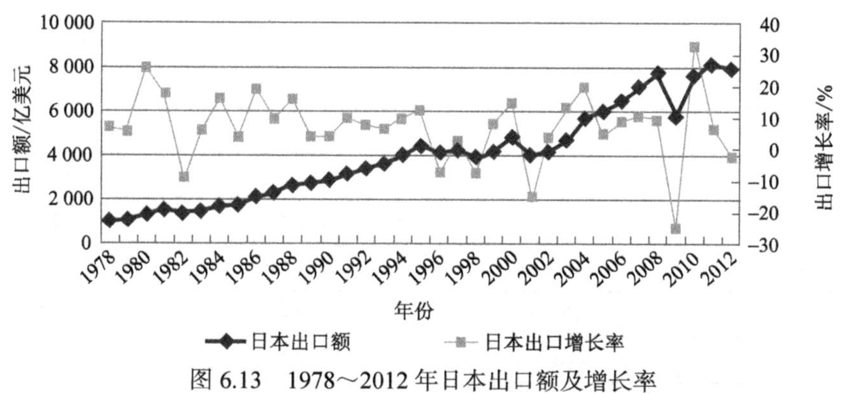


图 6.13　1978～2012 年日本出口额及增长率

日本出口贸易迅速发展和出口产品结构逐渐变化的同时，其出口贸易依存度也逐渐增加。表 6.16 给出了 1978～2012 年日本出口贸易依存度。

**表 6.16　1978～2012 年日本出口贸易依存度**

| 年份 | GDP/亿美元 | 出口额/亿美元 | 出口贸易依存度/% |
| --- | --- | --- | --- |
| 1978 | 9 807.31 | 975.01 | 9.94 |
| 1979 | 10 115.3 | 1 029.64 | 10.18 |
| 1980 | 10 593.8 | 1 295.42 | 12.23 |
| 1981 | 11 708.4 | 1 519.10 | 12.97 |
| 1982 | 10 881.2 | 1 385.84 | 12.74 |

续表

| 年份 | GDP/亿美元 | 出口额/亿美元 | 出口贸易依存度/% |
| --- | --- | --- | --- |
| 1983 | 11 869.1 | 1 468.04 | 12.37 |
| 1984 | 12 629.8 | 1 700.37 | 13.46 |
| 1985 | 13 520.6 | 1 758.58 | 13.01 |
| 1986 | 20 033.2 | 2 090.81 | 10.44 |
| 1987 | 24 296 | 2 290.54 | 9.43 |
| 1988 | 29 500 | 2 647.72 | 8.98 |
| 1989 | 29 517.7 | 2 750.38 | 9.32 |
| 1990 | 30 300.5 | 2 867.62 | 9.46 |
| 1991 | 34 649.3 | 3 143.95 | 9.07 |
| 1992 | 37 817.8 | 3 395.00 | 8.98 |
| 1993 | 43 408.9 | 3 607.05 | 8.31 |
| 1994 | 47 789.9 | 3 953.26 | 8.27 |
| 1995 | 52 643.8 | 4 425.71 | 8.41 |
| 1996 | 46 425.5 | 4 104.81 | 8.84 |
| 1997 | 42 618.4 | 4 204.92 | 9.87 |
| 1998 | 38 570.3 | 3 874.35 | 10.04 |
| 1999 | 43 687.3 | 4 170.33 | 9.55 |
| 2000 | 46 674.5 | 4 786.18 | 10.25 |
| 2001 | 40 954.8 | 4 027.47 | 9.83 |
| 2002 | 39 183.3 | 4 159.76 | 10.62 |
| 2003 | 42 291 | 4 707.93 | 11.13 |
| 2004 | 46 059.4 | 5 645.55 | 12.26 |
| 2005 | 45 521.9 | 5 935.20 | 13.04 |
| 2006 | 43 625.8 | 6 437.17 | 14.76 |
| 2007 | 43 779.6 | 7 107.09 | 16.23 |
| 2008 | 48 869.5 | 7 762.06 | 15.88 |
| 2009 | 50 688.9 | 5 762.34 | 11.37 |
| 2010 | 54 742 | 7 633.56 | 13.94 |
| 2011 | 58 729.31 | 8 131.19 | 13.85 |
| 2012 | 60 937.8 | 7 915.43 | 12.99 |

由表 6.16 可以看出，1978～2012 年，日本的出口贸易依存度的变化大致可以

分为两个阶段：第一阶段，日本的出口贸易依存度由 1978 年的 9.94%从整体上增加至 2007 年的 16.23%。也就是说，1978 年日本 9807.31 亿美元生产值中，出口贡献 975.01 亿美元，而到 2007 年日本 43 779.6 亿美元的生产值中，出口贡献 7107.09 亿美元，即 1978 年，日本 1 美元的国内生产值中约有 0.099 美元来源于出口，至 2007 年，1 美元的国内生产值中约有 0.162 美元来源于出口。第二阶段，美国次贷危机之后，日本的出口贸易依存度由 2008 年的 15.88%从整体上下降至 2012 年的 12.99%。也就是说，2008 年日本 48 869.5 亿美元的生产值中，出口贡献 7762.06 亿美元，而到 2012 年日本 60 937.8 亿美元的生产值中，出口贡献了 7915.43 亿美元，即 2008 年，日本 1 美元的国内生产值中约有 0.159 美元来源于出口，至 2012 年，1 美元的国内生产值中约有 0.130 美元来源于出口。可以看出，日本出口对经济的贡献经历了先增加后降低的过程，但整体来看，其经济发展却没有过度依赖出口增长。

## 二、出口产品结构演化的基本特征

日本出口规模整体增长、出口增长率大幅波动的同时，其出口产品结构的变动也发生了一定的变化。为进一步分析 1978 年以来日本出口产品结构，表 6.18 给出了 1978～2012 年日本初级产品、工业制成品及工业制成品内部的劳动密集型、资本密集型产品的出口额及其比重。由表 6.17 可以看出，1978～2012 年的 35 年间，日本初级产品、工业制成品及工业制成品内部的劳动密集型、资本密集型产品的出口额及其比重变化很小，主要特征如下。

**表 6.17　1978～2012 年日本初级产品、工业制成品及工业制成品内部劳动密集型、资本技术密集型产品出口额及其占出口总额的比重**

| 年份 | 初级产品 | | 工业制成品 | | 劳动密集型 | | 资本技术密集型 | |
|---|---|---|---|---|---|---|---|---|
| | 出口额/亿美元 | 比重/% | 出口额/亿美元 | 比重/% | 出口额/亿美元 | 比重/% | 出口额/亿美元 | 比重/% |
| 1978 | 25.120 | 2.576 | 949.894 | 97.424 | 231.422 | 23.735 | 710.388 | 72.859 |
| 1983 | 31.652 | 2.156 | 1436.385 | 97.844 | 289.357 | 19.710 | 1132.626 | 77.152 |
| 1988 | 42.762 | 1.615 | 2604.957 | 98.385 | 335.517 | 12.672 | 2234.736 | 84.402 |
| 1993 | 63.545 | 1.762 | 3543.510 | 98.238 | 389.256 | 10.792 | 3094.755 | 85.797 |
| 1998 | 63.527 | 1.640 | 3810.826 | 98.360 | 409.930 | 10.581 | 3283.236 | 84.743 |
| 2003 | 83.182 | 1.767 | 4624.750 | 98.233 | 482.704 | 10.253 | 3949.198 | 83.884 |
| 2008 | 325.293 | 4.191 | 7436.763 | 95.809 | 956.178 | 12.319 | 6111.300 | 78.733 |
| 2012 | 313.108 | 3.956 | 7602.325 | 96.044 | 1032.184 | 13.040 | 6214.490 | 78.511 |

第一，就 1978～2012 年日本初级产品、工业制成品出口及其所占比重而言，日本初级产品出口额从 1978 年的 25.120 亿美元从整体上上升至 2012 年的 313.108 亿美元，其初级产品所占比重一直很小，在 1.615%～4.191%范围波动。日本工业制成品出口额从 1978 年的 949.894 亿美元逐年上升至 2012 年的 7602.325 亿美元，其工业制成品所占比重一直很大，在 95.809%～98.385%范围波动。主要原因在于，第二次世界大战后日本经济高速增长的同时，技术的迅速革新使日本产业结构发生了很大变化，20 世纪 70 年代以后日本重工业和化学工业的发展速度超过轻工业，尤其是钢铁、石油化学等“材料型”制造业的迅速发展更是促进了日本汽车、电机等“加工型组装型”工业制成品制造业的生产和出口。因此，20 世纪 70 年代以后，日本工业制成品出口的所占比重一直维持在 95.809%～98.385%。

第二，就 1978～2012 年日本工业制成品内部的劳动密集型产品、资本技术密集型产品出口及其所占比重而言，日本劳动密集型产品出口额从 1978 年的 231.422 亿美元逐年上升至 2012 年的 1032.184 亿美元，而其劳动密集型产品所占比重从整体上却由 23.735%下降至 2012 年的 13.040%。日本资本技术密集型产品出口额从 1978 年的 710.388 亿美元逐年上升至 2012 年的 6214.490 亿美元，其资本技术密集型产品所占比重从整体上由 1978 年的 72.859%上升至 78.511%。这体现出日本出口结构已逐步从以劳动密集型产品出口为主转变为以技术和资金密集型产品出口为主。

为进一步分析日本初级产品内部 SITC0～SITC4 产品和工业制成品内部 SITC5～SITC9 产品的出口，表 6.18 给出了 1978～2012 年日本 SITC0～SITC9 十类产品出口额及其占出口总额的比重。由表 6.18 可知，出口额及比重最大的是 SITC7 机械及运输设备，其出口额从 1978 年的 555.107 亿美元从整体上上升至 2012 年的 4718.952 亿美元，比重也一直维持在 60%左右。可能原因在于，20 世纪 70 年代以来日本办公机械、仪器、汽车等机械及运输设备获得了迅猛发展，并长期在日本出口产品中占绝对优势，致使 35 年间 SITC7 机械及运输设备的出口额及比重在所有 SITC 分类产品中最大。出口额及其出口比重较小的是初级产品中的 SITC0～SITC4，1978～2012 年 SITC2、SITC3 的出口比重均在 1%左右，SITC0、SITC1、SITC4 的出口比重均在 1%以下。SITC5 的出口额从 1978 年的 50.667 亿美元逐年上升至 2012 年的 765.642 亿美元，比重也从 1978 年的 5.197%从整体上上升至 2012 年的 9.673%。而 SITC6、SITC8 的出口额分别从 1978 年的 231.422 亿美元、104.614 亿美元逐年上升至 2012 年的 1032.184 亿美元、729.896 亿美元，比重从 1978 年的 23.735%、10.730%从整体上下降至 2012 年的 13.040%、9.221%。

表 6.18 1978～2012 年日本 SITC0～SITC9 十类产品出口额及其占出口总额的比重

| 年份 | SITC0 | | SITC1 | | SITC2 | | SITC3 | | SITC4 | |
|---|---|---|---|---|---|---|---|---|---|---|
| | 出口额/亿美元 | 比重/% | 出口额/亿美元 | 比重/% | 出口额/亿美元 | 比重/% | 出口额/亿美元 | 比重/% | 出口额/亿美元 | 比重/% |
| 1978 | 9.509 | 0.975 | 0.965 | 0.099 | 10.847 | 1.113 | 2.608 | 0.267 | 1.191 | 0.122 |
| 1983 | 12.471 | 0.850 | 1.436 | 0.098 | 12.239 | 0.834 | 4.323 | 0.294 | 1.182 | 0.081 |
| 1988 | 15.232 | 0.575 | 1.284 | 0.048 | 18.308 | 0.691 | 6.409 | 0.242 | 1.529 | 0.058 |
| 1993 | 16.435 | 0.456 | 3.309 | 0.092 | 21.904 | 0.607 | 21.258 | 0.589 | 0.639 | 0.018 |
| 1998 | 16.244 | 0.419 | 3.581 | 0.092 | 28.290 | 0.730 | 14.753 | 0.381 | 0.659 | 0.017 |
| 2003 | 19.289 | 0.410 | 3.592 | 0.076 | 41.877 | 0.889 | 17.615 | 0.374 | 0.809 | 0.017 |
| 2008 | 33.207 | 0.428 | 5.383 | 0.069 | 100.562 | 1.296 | 185.041 | 2.384 | 1.101 | 0.014 |
| 2012 | 36.957 | 0.467 | 7.281 | 0.092 | 131.349 | 1.659 | 135.973 | 1.718 | 1.548 | 0.020 |

| 年份 | SITC5 | | SITC6 | | SITC7 | | SITC8 | | SITC9 | |
|---|---|---|---|---|---|---|---|---|---|---|
| | 出口额/亿美元 | 比重/% | 出口额/亿美元 | 比重/% | 出口额/亿美元 | 比重/% | 出口额/亿美元 | 比重/% | 出口额/亿美元 | 比重/% |
| 1978 | 50.667 | 5.197 | 231.422 | 23.735 | 555.107 | 56.933 | 104.614 | 10.730 | 8.083 | 0.829 |
| 1983 | 69.497 | 4.734 | 289.357 | 19.710 | 851.056 | 57.972 | 212.072 | 14.446 | 14.402 | 0.981 |
| 1988 | 137.789 | 5.204 | 335.517 | 12.672 | 1727.473 | 65.244 | 369.474 | 13.954 | 34.705 | 1.311 |
| 1993 | 198.447 | 5.502 | 389.256 | 10.792 | 2468.599 | 68.438 | 427.709 | 11.858 | 59.498 | 1.649 |
| 1998 | 267.380 | 6.901 | 409.930 | 10.581 | 2564.142 | 66.182 | 451.714 | 11.659 | 117.661 | 3.037 |
| 2003 | 382.725 | 8.129 | 482.704 | 10.253 | 3041.246 | 64.598 | 525.227 | 11.156 | 192.848 | 4.096 |
| 2008 | 678.780 | 8.745 | 956.178 | 12.319 | 4748.692 | 61.178 | 683.828 | 8.810 | 369.284 | 4.758 |
| 2012 | 765.642 | 9.673 | 1032.184 | 13.040 | 4718.952 | 59.617 | 729.896 | 9.221 | 355.651 | 4.493 |

为了更深入地分析日本出口产品结构，表 6.20 给出了 1978～2012 年日本前十出口商品的出口额及其占出口总额的比重。

由表 6.19 可以看出，1978～2012 年，日本前十出口商品较为集中，且变化不大。首先，SITC7 机械及运输设备下面的 711、714、718、719、722、729、732、735 进入了日本前十出口商品，且出现频率最高。其中，732 道路机动车辆每年均位列日本前十出口商品第一位，其出口额占日本出口总额的比重为 20%左右。其次，SITC8 杂项制品下面的 861、891 进入了日本前十出口商品。再次，SITC6 轻纺产品、橡胶制品、矿冶产品及其制品下面的 674、678，SITC5 下面的 512、581 也进入了日本前十出口商品，整体来看，相应各产品出口额所占比重均维持在 3%

左右。最后，SITC9 其他产品下面的 931 也进入了日本前十出口商品。

**表 6.19　1978～2012 年日本按照 SITC 三位码编码的前十出口商品的商品名称、出口额及其占出口总额的比重**

| 年份 | 排名 | 1 | 2 | 3 | 4 | 5 | 6 | 7 | 8 | 9 | 10 |
|---|---|---|---|---|---|---|---|---|---|---|---|
| 1978 | SITC 编码 | 732 | 735 | 724 | 719 | 674 | 861 | 678 | 729 | 891 | 722 |
| | 商品名称 | 道路机动车辆 | 船舶 | 电信设备 | 机械，器具，电器 | 钢铁，钢板 | 医学及光学仪器 | 钢管，铁管 | 电力机械，电力仪器 | 乐器，录音机 | 电力机械，接电装置 |
| | 出口额/亿美元 | 190.340 | 71.725 | 66.035 | 59.458 | 46.085 | 34.639 | 34.147 | 32.056 | 29.040 | 25.200 |
| | 出口比重/% | 19.522 | 7.356 | 6.773 | 6.098 | 4.727 | 3.553 | 3.502 | 3.288 | 2.978 | 2.585 |
| 年份 | 排名 | 1 | 2 | 3 | 4 | 5 | 6 | 7 | 8 | 9 | 10 |
| 1983 | SITC 编码 | 732 | 891 | 724 | 719 | 729 | 735 | 861 | 674 | 714 | 722 |
| | 商品名称 | 道路机动车辆 | 乐器，录音机 | 电信设备 | 机械，器具，电器 | 电力机械，电力仪器 | 船舶 | 医学及光学仪器 | 钢铁，钢板 | 办公机器 | 电力机械，接电装置 |
| | 出口额/亿美元 | 316.285 | 93.774 | 88.668 | 87.609 | 74.024 | 59.958 | 54.664 | 53.388 | 51.390 | 38.168 |
| | 出口比重/% | 21.545 | 6.388 | 6.040 | 5.968 | 5.042 | 4.084 | 3.724 | 3.637 | 3.501 | 2.600 |
| 年份 | 排名 | 1 | 2 | 3 | 4 | 5 | 6 | 7 | 8 | 9 | 10 |
| 1988 | SITC 编码 | 732 | 729 | 719 | 714 | 724 | 891 | 861 | 722 | 674 | 711 |
| | 商品名称 | 道路机动车辆 | 电力机械，电力仪器 | 机械，器具，电器 | 办公机器 | 电信设备 | 乐器，录音机 | 医学及光学仪器 | 电力机械，接电装置 | 钢铁，钢板 | 发电设备 |
| | 出口额/亿美元 | 598.661 | 200.006 | 184.407 | 184.190 | 173.739 | 142.907 | 125.175 | 83.839 | 74.898 | 67.394 |
| | 出口比重/% | 22.610 | 7.554 | 6.965 | 6.957 | 6.562 | 5.397 | 4.728 | 3.166 | 2.829 | 2.545 |
| 年份 | 排名 | 1 | 2 | 3 | 4 | 5 | 6 | 7 | 8 | 9 | 10 |
| 1993 | SITC 编码 | 732 | 729 | 719 | 714 | 724 | 861 | 722 | 891 | 711 | 735 |
| | 商品名称 | 道路机动车辆 | 电力机械，电力仪器 | 机械，器具，电器 | 办公机器 | 电信设备 | 医学及光学仪器 | 电力机械，接电装置 | 乐器，录音机 | 发电设备 | 船舶 |
| | 出口额/亿美元 | 778.977 | 340.928 | 280.294 | 275.627 | 204.788 | 170.913 | 129.635 | 126.597 | 114.280 | 101.877 |
| | 出口比重/% | 21.596 | 9.452 | 7.771 | 7.641 | 5.677 | 4.738 | 3.594 | 3.510 | 3.168 | 2.824 |

续表

| 年份 | 排名 | 1 | 2 | 3 | 4 | 5 | 6 | 7 | 8 | 9 | 10 |
|---|---|---|---|---|---|---|---|---|---|---|---|
| 1998 | SITC 编码 | 732 | 729 | 719 | 714 | 861 | 724 | 722 | 711 | 891 | 931 |
| | 商品名称 | 道路机动车辆 | 电力机械，电力仪器 | 机械，器具，电器 | 办公机器 | 医学及光学仪器 | 电信设备 | 电力机械，接电装置 | 发电设备 | 乐器，录音机 | 未分类特殊机械 |
| | 出口额/亿美元 | 767.829 | 441.130 | 303.037 | 279.867 | 201.249 | 148.231 | 147.911 | 127.862 | 121.260 | 117.081 |
| | 出口比重/% | 19.818 | 11.386 | 7.822 | 7.224 | 5.194 | 3.826 | 3.818 | 3.300 | 3.130 | 3.022 |
| 年份 | 排名 | 1 | 2 | 3 | 4 | 5 | 6 | 7 | 8 | 9 | 10 |
| 2003 | SITC 编码 | 732 | 729 | 719 | 861 | 714 | 931 | 724 | 722 | 891 | 711 |
| | 商品名称 | 道路机动车辆 | 电力机械，电力仪器 | 机械，器具，电器 | 医学及光学仪器 | 办公机器 | 未分类特殊机械 | 电信设备 | 电力机械，接电装置 | 乐器，录音机 | 发电设备 |
| | 出口额/亿美元 | 1014.774 | 540.465 | 388.772 | 232.490 | 226.630 | 192.452 | 183.405 | 163.743 | 162.977 | 149.656 |
| | 出口比重/% | 21.555 | 11.480 | 8.258 | 4.938 | 4.814 | 4.088 | 3.896 | 3.478 | 3.462 | 3.179 |
| 年份 | 排名 | 1 | 2 | 3 | 4 | 5 | 6 | 7 | 8 | 9 | 10 |
| 2008 | SITC 编码 | 732 | 729 | 931 | 861 | 722 | 711 | 718 | 714 | 724 | 674 |
| | 商品名称 | 道路机动车辆 | 电力机械，电力仪器 | 未分类特殊机械 | 医学及光学仪器 | 电力机械，接电装置 | 发电设备 | 特殊行业机器 | 办公机器 | 电信设备 | 钢铁，钢板 |
| | 出口额/亿美元 | 1678.028 | 712.778 | 368.733 | 283.036 | 265.553 | 241.998 | 232.228 | 221.340 | 203.128 | 200.615 |
| | 出口比重/% | 21.618 | 9.183 | 4.750 | 3.646 | 3.421 | 3.118 | 2.992 | 2.852 | 2.617 | 2.585 |
| 年份 | 排名 | 1 | 2 | 3 | 4 | 5 | 6 | 7 | 8 | 9 | 10 |
| 2012 | SITC 编码 | 732 | 729 | 861 | 931 | 722 | 711 | 581 | 512 | 735 | 718 |
| | 商品名称 | 道路机动车辆 | 电力机械，电力仪器 | 医学及光学仪器 | 未分类特殊机械 | 电力机械，接电装置 | 发电设备 | 塑料材料，纤维素，树脂 | 有机化学品 | 船舶 | 特殊行业机器 |
| | 出口额/亿美元 | 1587.439 | 704.069 | 383.397 | 355.102 | 303.611 | 283.168 | 231.476 | 230.793 | 222.294 | 207.885 |
| | 出口比重/% | 20.055 | 8.895 | 4.844 | 4.486 | 3.836 | 3.577 | 2.924 | 2.916 | 2.808 | 2.626 |

日本出口产品结构的变化显示了其各出口产品的比较优势变化过程，为此，我们根据 $RCA=[Export(SITC\ i)_{JAP}/Export_{JAP}]/[Export(SITC\ i)_{World}/Export_{World}]$

计算出日本 SITC0～SITC9 十大类出口产品的 RCA，计算结果见表 6.20。

**表 6.20 1978～2012 年日本 SITC0～SITC9 十类产品 RCA**

| 年份 | SITC0 | SITC1 | SITC2 | SITC3 | SITC4 | SITC5 | SITC6 | SITC7 | SITC8 | SITC9 |
|---|---|---|---|---|---|---|---|---|---|---|
| 1978 | 0.093 | 0.083 | 0.172 | 0.019 | 0.171 | 0.655 | 1.311 | 1.855 | 1.230 | 0.549 |
| 1983 | 0.089 | 0.091 | 0.146 | 0.020 | 0.128 | 0.545 | 1.211 | 1.855 | 1.532 | 0.417 |
| 1988 | 0.072 | 0.044 | 0.129 | 0.039 | 0.120 | 0.528 | 0.738 | 1.760 | 1.120 | 0.593 |
| 1993 | 0.061 | 0.076 | 0.166 | 0.087 | 0.043 | 0.610 | 0.679 | 1.787 | 0.812 | 0.612 |
| 1998 | 0.064 | 0.086 | 0.225 | 0.067 | 0.075 | 0.698 | 0.685 | 1.582 | 0.849 | 1.303 |
| 2003 | 0.073 | 0.082 | 0.304 | 0.041 | 0.042 | 0.758 | 0.739 | 1.639 | 0.847 | 1.105 |
| 2008 | 0.081 | 0.093 | 0.379 | 0.147 | 0.025 | 0.827 | 0.890 | 1.779 | 0.819 | 1.114 |
| 2012 | 0.077 | 0.115 | 0.402 | 0.115 | 0.031 | 0.865 | 1.008 | 1.736 | 0.785 | 1.394 |

由表 6.20 可以看出，整体而言，1978～2012 年，SITC7 的 RCA 一直大于 1，即这类产品的出口显性比较优势较大，但这类产品的比较优势呈减弱态势。而 SITC0、SITC1、SITC2、SITC3、SITC4、SITC5 的 RCA 一直小于 1，即这六类产品的出口显性比较优势较小，SITC0、SITC4 的比较优势呈下降趋势，而 SITC1、SITC2、SITC3、SITC5 的比较优势呈上升趋势。SITC6、SITC8、SITC9 的 RCA 在 1 左右波动，其中，SITC6、SITC8 的 RCA 从整体上减弱，而 SITC9 的 RCA 从整体上增强。也就是说，日本 SITC6、SITC8 产品的出口显性比较优势大致呈逐年下降趋势，而 SITC9 产品的出口显性比较优势却从整体上呈逐年上升趋势。因此，可以看出日本出口产品的比较优势主要集中在 SITC7 机械及运输设备的工业制成品上面，而 SITC0～SITC5 出口产品是日本的劣势。

日本出口各出口产品比较优势影响着它各出口产品的贸易竞争力，根据贸易竞争力指数=(出口额–进口额)/(出口额+进口额)，我们计算出了日本 SITC0～SITC9 十类出口产品的贸易竞争力指数，计算结果见表 6.21。

**表 6.21 1978～2012 年日本 SITC0～SITC9 十类产品贸易竞争力指数**

| 年份 | SITC0 | SITC1 | SITC2 | SITC3 | SITC4 | SITC5 | SITC6 | SITC7 | SITC8 | SITC9 |
|---|---|---|---|---|---|---|---|---|---|---|
| 1978 | –0.838 | –0.729 | –0.866 | –0.983 | –0.395 | 0.148 | 0.554 | 0.814 | 0.459 | 0.131 |
| 1983 | –0.837 | –0.709 | –0.872 | –0.985 | –0.388 | –0.018 | 0.480 | 0.801 | 0.607 | 0.153 |
| 1988 | –0.893 | –0.888 | –0.876 | –0.967 | –0.406 | –0.035 | 0.097 | 0.763 | 0.296 | 0.239 |
| 1993 | –0.911 | –0.844 | –0.849 | –0.917 | –0.783 | 0.052 | 0.156 | 0.719 | 0.122 | 0.309 |
| 1998 | –0.915 | –0.863 | –0.765 | –0.934 | –0.840 | 0.126 | 0.154 | 0.555 | 0.004 | 0.452 |
| 2003 | –0.906 | –0.858 | –0.683 | –0.957 | –0.802 | 0.126 | 0.151 | 0.495 | –0.076 | 0.530 |

续表

| 年份 | SITC0 | SITC1 | SITC2 | SITC3 | SITC4 | SITC5 | SITC6 | SITC7 | SITC8 | SITC9 |
|---|---|---|---|---|---|---|---|---|---|---|
| 2008 | −0.883 | −0.841 | −0.674 | −0.870 | −0.880 | 0.103 | 0.147 | 0.507 | −0.119 | 0.494 |
| 2012 | −0.891 | −0.850 | −0.630 | −0.914 | −0.843 | 0.017 | 0.194 | 0.431 | −0.187 | 0.484 |

由表6.21可以看出，整体而言，日本初级产品的SITC0～SITC4产品的贸易竞争力指数小于0，贸易竞争力较弱，致使日本各初级产品的出口额远远小于其进口额。其中，SITC3非食用原料、矿物燃料、润滑油及有关原料和动、植物油脂及蜡的贸易竞争力指数最小，一直在–0.9左右波动。其余初级产品的贸易竞争力指数也很小，一直在–0.8左右波动。与之相反的是，日本工业制成品的SITC5～SITC9产品的贸易竞争力指数绝大部分大于0，具有较强的贸易竞争力，这五类产品的出口额大于其进口额。其中，SITC7机械及运输设备的贸易竞争力指数最大，一直在0.4以上，但是却从整体上呈减弱趋势。

## 三、优化出口产品结构的成功措施和经验

20世纪70年代以来，日本出口贸易的增长一直是其经济发展的重要组成部分。据《2012世界贸易报告》，日本是世界第四大出口国。长期以来，日本出口整体维持增长态势，出口产品结构一直以工业制成品出口为主，同时依靠科技创新有效促进了其资本技术密集型产品的出口。总体来说，日本出口产品结构在较优良水平的基础上得到了进一步的优化，主要原因在于，日本一直十分注重科技创新和政策供给对出口发展的推动作用。

### （一）强化企业主体

企业作为一个国家面对市场的主体，只有适应了市场，才能保证一国的出口比较优势。政府支持固然很重要，但从长期来看，一国企业、商品国际竞争力的持续提升才是其出口产品结构优化的关键。而一国企业、商品国际竞争力的提高主要取决于该国企业的技术进步。日本企业普遍重视技术创新和研发投入，从早期的技术引进和改良，到后来的自主创新，企业一直是其研发投入的主体。20世纪70年代至今，日本研究费用中企业支出占比一直维持在70%左右的水平。日本企业特别是大企业研发能力都非常强，日本研发机构的80%，研发经费的66.67%，研究人员的50%以上，以及几乎所有的技术人才都集中在企业，企业不论在研究设备，还是研究人员的水平和能力方面都堪称一流，企业是自主创新的主体。同时，对于与出口关系比较大的制造业的研究经费，日本企业的研发投入也很大，尤其是加工组装工业研究经费的大量增加，使得日本劳动生产率迅速提高。总的

来说，第二次世界大战后日本通过重视技术进步、增加投资，大大提高了其劳动生产率。日本企业生产技术的改善不仅节约了资源，提高了产品质量，同时推动了日本国内产业结构和出口商品结构不断升级和附加价值的提高。

与此同时，日本各大、中、小型企业均拥有一支过硬的科研队伍，20 世纪 70 年代至今，日本企业科研人员数量很大，总数超过全国科研人员总量的 50%。从日本企业内部人员构成来看，研发人员的比重也很高。在技术开发主导型产业中，研发人员的比重高达 25%以上。日本企业每年从高校招录毕业生的研究人员增长幅度经常超过其整体从业人员的增长幅度。从日本企业研究人员分布来看，其研究人员大部分集中在生产一线，以生产一线为中心，从内到外分布在相关生产部门，直接参与具体生产过程，解决生产中的实际问题，并通过生产实践的锻炼，培养和提高研发人员解决实际生产问题的能力。例如，日本日立公司的 8000 名科研人员，只有 3000 多人在研究中心工作，其余人员都分布在各个工厂和生产部门，日本电气 90%的研发人员工作在生产一线。日本企业研发人员的这种分布方式，有利于研究开发与生产紧密衔接，使研究开发直接服务于生产，缩短产品开发周期。这样的结构分布产生的效果是：许多在欧美国家和地区发明或研制的新技术，却首先在日本实现了商品化。

### （二）优化产业结构

20 世纪 70 年代中期，日本工业化进程基本已经完成，此后日本第二、第三产业，尤其是第二产业内部存在明显产业结构升级，突出表现为日本制造业内部产业结构的变迁：由最初纺织业、食品加工业逐渐转变为一般机械制造业、电子产品制造业及运输设备制造业。总的来说，日本产业结构逐步向“知识密集型”转变，实现了以电子机械为代表的知识密集型产品替代资本密集型产品的转变。产业结构的优化带动了出口结构的优化，通过产业结构转变，日本经历了从 20 世纪 70 年代以前主要出口纺织品，20 世纪 80 年代主要出口机械制品，到 20 世纪 90 年代主要出口电子、汽车等产品的转变，日本出口商品结构实现了高度化。如今，日本现在已经是世界上电子产品，尤其是高科技产品最重要的出口国，处于世界制造业价值链的核心位置，发挥着独特的作用。

日本产业结构的升级很大程度上得益于日本政府的政策扶持，20 世纪 70 年代，日本政府提出“产业结构长期设想”，确定日本的产业结构应转向以建立消耗资源或能源较少的知识、技术密集型产业结构为基本方向，即以知识、技术密集程度较高的产业为中心，同时对它赖以支撑的其他产业也相应提高其知识、技术密集程度，提高各产业部门的附加价值。日本政府也把重点扶植的产业转向计算机、电子、新材料、新能源等尖端技术产业，而对一些重化学工业部门则实行转产，或推进其产品生产工艺等方面的知识技术密集化。加之，美国对日本的经济援助，使日本发展重化学工业的资本劣势大为改善，要素禀赋结构远高于其他后发国家。因此，日本重化工业迅速发展，例如，本田、铃木等多家公司抵制日本政府通产省的压力，在没有政府支持的情况下进入汽车产业并发展得非常成功，就证明这些企业所在的产业符合该时段日本的要素结构所决定的比较优势。在经过经济高速增长阶段后，日本的要素禀赋结构再次提升，劳动力、资本存量和技术都得到很大提高，在这一比较优势下，日本知识、技术密集度较高的产业迅速发展。

20 世纪 80 年代中期，日本政府在国内外双重压力下对其经济发展战略做出全面调整，具体内容包括三个方面：第一，大力调整产业结构，克服资源小国的制约，实现“技术立国”，进一步推进产业结构高级化；第二，主动放弃一些传统产业，积极输出资本，扩大对外投资，加速产业转移，变“贸易立国”为“投资立国”，建立与国际经济相协调的经济结构；第三，扩大国内需求，促进产业结构由“出口主导型”向“内需主导型”转变，同时放宽进口限制。这次调整实现了向更高层次的集约型经济结构的转换，产业结构也进一步向高级化发展，以微电子技术为中心的信息产业迅速崛起，带动整个产业结构不断向高技术化、信息化和服务化方向发展，并且已经或正在取代传统产业的地位，成为日本经济新的支柱产业。因此，20 世纪 80 年代以来，日本的出口商品结构再次出现重大变化，非机械制品的出口比重持续下降，而机械工业制品出口则持续大幅上升，在机械工业产品中，高技术产品显示出强大的竞争力，成为日本出口产品的主力。然而，20 世纪 80 年代日本产业结构调整结果使土地、股票价格飞速上涨，导致泡沫经济形成，这主要是源自日本在产业结构调整上的失败。尽管 20 世纪 80 年代后期日本确立了“内需主导型”经济结构目标，但并没有在改善劳动生产条件、提高大众消费购买力等方面来进行，而是像以往那样采取了“支持生产者”的政策，内需没有从根本上发生改变。

20 世纪 90 年代，随着泡沫经济的破灭，日本经济进入了漫长的调整时期。2000 年日本政府提出了面向 21 世纪的“经济结构变革与创新计划”，其内容是 21 世纪的日本产业结构要体现其国际协调性、内需主导性和高效性三个方面，日本面向 21 世纪的产业结构调整的核心思想是：由“贸易立国”转向“科技立国”；以第三产业为中心扩大内需；建立与国际相适应的产业结构。

21 世纪，日本政府内阁通产省发表《21 世纪经济产业政策的课题与展望》，指出支撑日本半个世纪发展的“自给自足式”经济模式已经不适应新时代的要求，而应当建立一个更开放的相互联系的模式，将未来的可持续发展产业重点放在技术创新信息化方向上。因此，21 世纪以来，日本产业结构表现出在信息化发展的特征：一是信息产业在整个产业结构中占据越来越大的比重；二是信息投入发挥的作用越来越大，日本新时期可持续发展产业重点也将放在技术创新信息化上。

### （三）政府制度保障

日本地小物稀，长期倡导“贸易立国”的出口发展战略。首先，在财政扶持方面，日本政府允许企业对其用于生产经营的生产设备等固定资产进行加速折旧，在加强企业自我积累能力的同时，降低了企业生产设备更新换代的成本，进而改善和提高了作为市场主体的企业的生产技术水平和创新能力。其次，在金融扶持方面，日本政府通过金融政策性优惠和倾斜，引导国家开发银行及金融企业为日本工业企业提供长、中、短期优惠贷款，帮助企业提高自我研发能力。最后，日本政府通过一系列政策、组织、制度促进了企业的研发能力，提高了企业产品的竞争能力，保证了企业出口产品质量。例如，通过组织协调政策，保证了企业和科研机构对重大项目的联合研究开发；通过技术教育政策为技术的引进、消化吸收和创新，培养了大批人才；通过政府牵头，广泛收集各种经济和贸易信息，引导企业进行产品的更新换代；通过成立日本贸易振兴会等对外贸易促进组织，扩大了高附加价值商品的出口，提升了本国出口商品的技术含量和提高了本国企业的国际竞争力；通过制定出口商品必须经过国家的特定机构或检验合格后，方可进入国际市场的法律规定，保证了出口产品质量，提高了日本企业国际市场形象。这一系列措施促进了日本企业的技术进步，提高了日本企业出口产品的质量，提高了企业的国际竞争能力，进而进一步促进了出口商品结构的优化。

与此同时，日本政府也非常重视“技术立国”，通过制定合理的产业政策，推动出口产品结构的升级和优化。日本政府通过一定的补贴与优惠，人为地降低成本，大力扶持有发展潜力的高附加价值的出口产业。例如，日本先后确立了三个主导产业部门作为技术扶持重点，即以电力工业为代表的能源工业部门，以钢铁、机械、造船工业为代表的基础工业部门和以汽车、石油化学、电子工业为代表的新兴工业部门。日本政府对这三个主导产业部门实行了大规模技术引进、消化吸收和技术创新。另外，通过加强政府、企业合作，日本积极开发节能技术，推动产业结构由过去的耗能型的“重厚长大”型产业向节能型的“轻薄短小”的知识、技术密集型产业转变，促使其出口产品结构由过去高耗能型的重化学工业品转向低能耗、低资源投入和市场需求弹性大的产品，如一般机械、电气机械和精密机械在内的装配机械，使得日本产业结构和出口产品的结构也得到调整、优化和升级。

在通过技术进步、优化产业结构以促进出口产品结构升级的同时，日本政府也一直在努力解决其资源贫乏、战争及经济增长等问题带来的日益严峻的资源约束困境。例如，20 世纪 50 年代，第二次世界大战致使会造成资源浩劫、环境污染的产业在日本发展迅速；20 世纪 70 年代，伴随着因资源消耗型经济增长而出现的资源环境问题的日益严重，日本掀起了突破资源环境约束的技术创新的高潮。20世纪70年代后期至20世纪80年代，日本经济受房地产和股市泡沫的影响，一直处于缓慢增长阶段，日本的产业结构也由钢铁化学等重工业转变为汽车、电子等产业；20世纪80年代以后，随着日本经济的发展、人民生活水平的提高和生活方式的多样化，日本城市生活型污染迅速增多。例如，机动车引起大量大气、噪声污染，生活污水排放引起的水质污染和恶臭，废弃物处理中产生环境质量恶化。针对日益严峻的环境污染问题，日本政府自1974年起，在大气、水质、水域环境等方面循序渐进地对引起环境污染的项目实行总量控制，实行地区排放总量和大型点源排放总量控制，并在东京、大阪等高污染区实行更严格的总量标准，在按总量进行排污削减的优化分配基础上，选择治理较佳的削减排污方案。与此同时，1981年大阪国际机场的噪声诉讼案最终以该机场被判为“缺陷机场”落下帷幕，日本政府吸取教训，建立环境影响评价制度，确保在开发大规模项目时对环境保护做适当的考虑。1993年日本政府制定了《环境基本法》，同时废止了《公害对策基本法》，对工业废物、产品废料及土地利用的限制，对节能的改善，对促进循环，对环境污染控制计划安排，以及对受害者的安抚和对相关处罚进行了规定。进入21世纪，面对资源、环境和生态问题，日本政府不仅加大了科技投入的力度，还加快了科技体制改革，创设了综合科学技术会议，制订和实施了新的国家科技基本计划，确定了优先发展的重点领域，如生命科学、信息通信、环境、纳米技术及材料等。日本文部科学省下属的科技政策研究所已开始制订第三期科学技术基本计划(2006～2010年)，日本政府对科技的投入预计会达到28万亿日元，日本突破资源环境约束的能力将进一步得到加强。

# 第七章　典型企业案例

本章将对实地走访的东、中、西部地区的海尔集团、武钢和四川北方硝化棉股份有限公司的能源消耗及主要污染物排放情况、出口规模和出口产品结构状况、节能目标约束下其出口产品结构调整的措施进行案例分析，以期对前文的理论和实证分析做有效补充。

## 第一节　海 尔 案 例

本节将从海尔的能源消耗及主要污染物排放、出口规模和出口产品结构、节能目标约束下海尔出口产品结构调整的措施对海尔进行案例分析。

### 一、海尔能源消耗及主要污染物排放

海尔作为全球第一大白色家电制造商，通过 4G 发展战略(绿色设计、绿色制造、绿色经营、绿色服务)，将产品的设计、制造、销售、回收结合成为完整的循环产业链，使近年来海尔单位产值能源消耗逐年下降，图 7.1 给出了 2005～2013 年海尔单位产值能耗及其同比降低率。

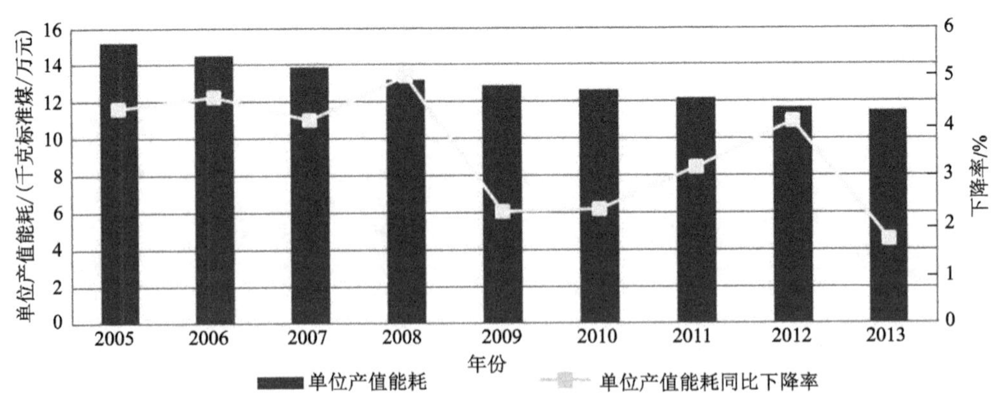


图 7.1　2005～2013 年海尔单位产值能耗及其同比降低率

由图 7.1 可知，海尔单位产值能源消耗从 2005 年的 15.2 千克标准煤/万元逐年下降至 2013 年的 11.5 千克标准煤/万元。2005～2008 年及 2012 年，海尔单位

产值能耗同比下降较快，同比下降率维持在 5%左右，其余年份也均维持在 2%左右。可能原因在于，近年来海尔推行清洁生产项目，改善了海尔工艺设备，减少了能耗、物耗。例如，针对不同照明区域的照明特点，海尔制订相应的节能方案，随时关闭冗余照明，实现“人来灯亮、人走灯灭”的人工控制与智能控制模式相结合的方式进行，从而实现节能降耗。同时，海尔集团中心大楼展厅照明设施每天开启时间从 10 小时降低为 2.5 小时，每年可减少用电 27 万度，相当于节约 108 吨标准煤。2013 年，海尔集团为落实国家新能源产业“十二五”发展规划，积极发展光伏产业，主动完成了四台 20 吨/时燃煤锅炉的淘汰工作，实施集中供热，全面落实节能减排的任务指标。

海尔单位产值能源消耗降低的同时，其主要污染物的排放量也得到了有效控制。表 7.1 给出了 2005～2013 年海尔主要污染物[废水、化学需氧量（chemical oxygen demand，COD）、$CO_2$、$SO_2$]的单位产值排放量及其同比下降率。

**表 7.1　2005～2013 年海尔主要污染物的单位产值排放量及其同比下降率**

| 年份 | 2005 | 2006 | 2007 | 2008 | 2009 | 2010 | 2011 | 2012 | 2013 |
|---|---|---|---|---|---|---|---|---|---|
| 单位产值废水排放量/（米 $^3$/万元） | 0.53 | 0.41 | 0.38 | 0.36 | 0.34 | 0.33 | 0.32 | 0.28 | 0.22 |
| 单位产值废水排放量同比下降率/% | 15.0 | 22.6 | 7.3 | 5.3 | 5.6 | 2.9 | 3.0 | 12.5 | 21.4 |
| 单位产值 COD 排放量/（克/万元） | 19.3 | 18.1 | 17.4 | 17.2 | 16.9 | 15.0 | 13.9 | 13.7 | 12.5 |
| 单位产值 COD 排放量同比下降率/% | 5.0 | 6.2 | 3.9 | 1.1 | 1.7 | 11.2 | 7.3 | 1.4 | 8.8 |
| 单位产值 $CO_2$ 排放量/（千克/万元） | 20.4 | 19.1 | 18.2 | 17.2 | 16.8 | 15.3 | 14.9 | 14.2 | 13.7 |
| 单位产值 $CO_2$ 排放量同比下降率/% | 5.5 | 6.4 | 4.7 | 5.5 | 2.3 | 8.9 | 2.6 | 4.7 | 3.5 |
| 单位产值 $SO_2$ 排放量/（克/万元） | 26.3 | 24.9 | 17.6 | 17.5 | 16.1 | 15 | 14.9 | 14.7 | 13.6 |
| 单位产值 $SO_2$ 排放量同比下降率/% | 17.3 | 5.3 | 29.3 | 0.6 | 8.0 | 6.8 | 0.7 | 1.3 | 7.5 |

从表7.1中可以看出，2005～2013年海尔主要污染物的单位产值排放量均出现了较大幅度下降。就废水而言，海尔单位产值废水排放量从2005年的0.53米$^3$/万元逐年下降至2013年的0.22米$^3$/万元，同比下降率在2005年、2006年、2012年、2013年达到17.87%左右，其余年份也在4.82%左右。主要原因在于，近年来海尔每年投入520万元对污水站进行改造，为新建园区加装污水处理设施等措施，这使海尔单位产值废水排放量大大降低。就 COD 而言，海尔单位产值 COD 排放量从2005年的19.3克/万元逐年下降至2013年的12.5克/万元，同比下降率也一直在5.18%左右。就 $CO_2$而言，海尔单位产值 $CO_2$排放量从2005年的20.4千克/万元逐年下降至2013年的13.7千克/万元，同比下降率一直维持在4.90%左右。可能原因在于，海尔进行了天然气替代液化气项目，由于天然气主要成分为甲烷，自身

不含一氧化碳，其燃烧时产生 $CO_2$少于液化气等其他化石燃料。另外，2013年海尔对冷柜生产线实施“电改气”项目，以天然气加热代替电加热，每燃烧1立方米天然气的热值大约相当于10度电的热值，每节约1度电可以减排 $CO_2$约1千克，则每使用1立方米天然气能减少约8千克 $CO_2$的排放量。同时，海尔每年开展植树活动种植的树木可吸收270吨 $CO_2$。就 $SO_2$而言，海尔单位产值 $SO_2$排放量从2005年的26.3克/万元逐年下降至2013年的13.6克/万元，同比下降率在2005年、2007年达到23.3%左右，而2008年、2011年的下降率较低，分别为0.6%和0.7%。可能原因在于，近年来海尔通过安装废弃处理设备、积极维护脱硫设施、拆除烟囱等措施，以及通过使用天然气替代各类产品生产过程中使用的液化石油气等，使园区每年可为企业减少500千克 $SO_2$排放量。

## 二、海尔出口规模及出口产品结构

海尔能源消耗、污染物排放量下降的同时，其以境外主营业务收入为代表的出口规模却在逐年扩大，图 7.2 给出了 2005～2013 年海尔境外主营业务收入、总主营业务收入及出口比重。

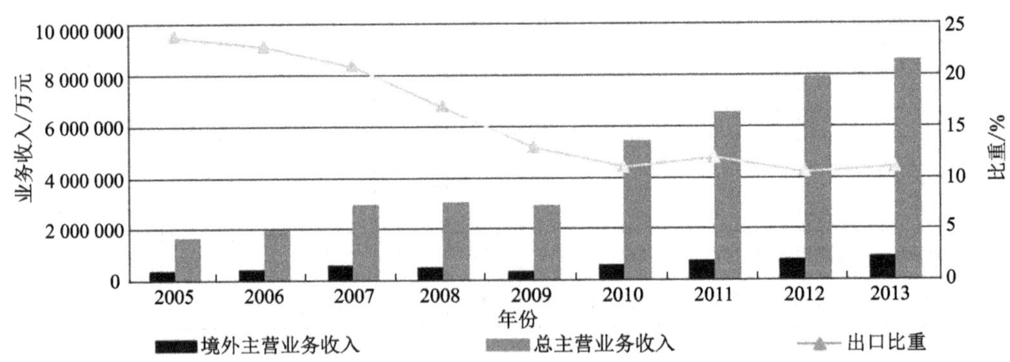


图 7.2　2005～2013 年海尔境外主营业务收入、总主营业务收入及出口比重

从图 7.2 中可以看出，海尔境外主营业务收入从 2005 年的 391 585 万元从整体上上升至 2013 年的 940 615 万元，总主营业务收入从 2005 年的 1 650 946 万元从整体上上升至 2013 年的 8 559 049 万元，而同期海尔出口比重却由 2005 年的 23.7%从整体上下降至 2013 年的 11.0%，尤其是 2008 年金融危机以后，海尔出口比重下降至 15%以下水平。可能原因在于，2005～2007 年，海尔通过产品“差异化创新”，使海尔品牌在国际市场竞争力进一步提升，其中海尔冰箱能耗之星系列产品更是成功打入美国最大家电连锁店；海尔在欧洲 A++系列节能冰箱一度获得荷兰等国政府能耗补贴；海尔冰箱在尼日利亚占据 45%的第一市场份额，海尔产品低能耗、高附加值的特征促使这一时期海尔出口比重一直维持在 20%以上。

而2008年金融危机使得海外经济放缓，对海尔产品出口形成较大压力，致使2009年海尔境外主营业务收入首次出现下滑，也使海尔出口比重下降至15%以下水平。

为了进一步分析海尔出口产品结构，鉴于主营产品境外收入数据无法获取，故使用海尔主营产品收入替代，表7.2给出了2005～2013年海尔主营产品收入及其所占比重。

**表7.2　2005～2013年海尔主营产品收入及其所占比重**

| 年份 | 2005 | 2006 | 2007 | 2008 | 2009 | 2010 | 2011 | 2012 | 2013 |
|---|---|---|---|---|---|---|---|---|---|
| 电冰箱/万元 | 554 072 | 730 878 | 1 161 482 | 1 322 859 | 1 618 669 | 2 281 111 | 2 504 835 | 2 517 046 | 2 532 962 |
| 电冰箱比重/% | 33.6 | 37.2 | 40.4 | 44.3 | 50.0 | 38.1 | 34.3 | 31.8 | 29.6 |
| 空调/万元 | 766 747 | 717 389 | 1 039 105 | 964 802 | 868 523 | 1 139 573 | 1 210 136 | 1 476 870 | 1 792 539 |
| 空调比重/% | 46.5 | 36.6 | 36.2 | 32.3 | 26.8 | 19.0 | 16.6 | 18.7 | 20.9 |
| 洗衣机/万元 | — | — | — | — | — | 1 153 500 | 1 221 487 | 1 327 269 | 1 417 085 |
| 洗衣机比重/% | — | — | — | — | — | 19.3 | 16.7 | 16.8 | 16.6 |
| 小家电/万元 | 74 160 | 72 777 | 95 916 | 98 261 | 87 288 | 129 340 | 174 039 | 168 603 | 167 303 |
| 小家电比重/% | 4.5 | 3.7 | 3.3 | 3.3 | 2.7 | 2.2 | 2.4 | 2.1 | 2.0 |
| 电冰柜/万元 | 126 020 | 171 812 | 211 364 | 230 918 | 271 485 | — | — | — | — |
| 电冰柜比重/% | 7.6 | 8.8 | 7.4 | 7.7 | 8.4 | — | — | — | — |
| 热水器/万元 | — |  | — | — | — | 312 463 | 382 830 | 448 623 | 435 323 |
| 热水器比重/% | — |  | — | — | — | 5.2 | 5.2 | 5.7 | 5.1 |
| 装备部品/万元 | — |  | — | — | — | — | 830 724 | 717 176 | 582 431 |
| 装备部品比重/% | — |  | — | — | — | — | 11.4 | 9.1 | 6.8 |
| 物流及其他/万元 | 127 947 | 269 427 | 365 912 | 370 619 | 391 216 | 967 556 | 974 196 | 1 259 616 | 1 630 685 |
| 物流及其他比重/% | 7.8 | 13.7 | 12.7 | 12.4 | 12.1 | 16.2 | 13.3 | 15.9 | 19.1 |

从表7.2中可以看出，根据海尔主营产品的变化，其产品结构大致可以分为两个阶段。

第一阶段，2005～2009年，海尔主营产品主要是电冰箱、空调、电冰柜、小家电、物流及其他。这一阶段海尔电冰箱收入从2005年的554 072万元逐年上升至2009年的1 618 669万元，占总主营业务收入的比重由2005年的33.6%逐年上升至2013年的50.0%。可能原因在于，这一阶段，国内冰箱行业景气度的持续提升为海尔冰箱业务持续的快速发展创造了良好的市场环境。大、中型城市的一、二级市场冰箱更新换代需求造成中高端产品销量稳步增加；国家惠农政策的持续出台，提升了农村市场的购买能力，农村市场庞大的购买需求持续释放，加速了县级城市及以下的三、四级市场冰箱需求的增长，致使这一阶段海尔冰箱收入大幅上升，电冰箱收入所占比重也逐年接近海尔主营产品的 50%。海尔空调收入从 2005 年的 766 747 万元从整体上缓慢上升至 2009 年的 868 523 万元，所占比重由 2005 年的 46.5%逐年下降至 2013 年的 26.8%。海尔小家电收入从 2005 年的 74 160 万元从整体上上升至 2009 年的 87 288 万元，所占比重却由 2005 年的 4.5%逐年下降至 2009 年的 2.7%。海尔电冰柜收入由 2005 年的 126 020 万元逐年上升至 2009 年的 271 485 万元，所占比重一直维持在 7.98%左右。物流及其他收入从 2005 年的 127 947 万元逐年上升至 2009 年的 391 216 万元，所占比重也由 7.8%上升至 12.1%。

第二阶段，2010～2013 年，电冰柜不再是海尔主营产品，而洗衣机、热水器、装备部品新增为海尔主营产品。这一阶段海尔电冰箱收入从 2010 年的 2 281 111 万元逐年上升至 2013 年的 2 532 962 万元，所占比重却从 2010 年的 38.1%逐年下降至 2013 年的 29.6%。海尔空调收入从 2010 年的 1 139 573 万元上升至 2013 年的 1 792 539 万元，所占比重一直在 18.8%左右波动。海尔洗衣机、热水器自 2010 年成为海尔主营产品以来，其收入分别从 2010 年的 1 153 500 万元、312 463 万元逐年上升至 2013 年的 1 417 085 万元、435 323 万元，所占比重一直分别在 17.35%、5.3%左右波动。装备部品自 2011 年成为海尔主营产品以来，其收入从 2011 年的 830 724 万元逐年下降至 2013 年的 582 431 万元，所占比重也从 2011 年的 11.4%逐年下降至 2013 年的 6.8%。总的来看，从 2005～2009 年的第一阶段到 2010～2013 年的第二阶段，海尔主营产品呈现出多样化、精细化的特征和趋势。

## 三、节能目标约束下海尔出口产品结构调整的措施

近年来，海尔一直坚持低碳节能原则，实施“转方式、调结构”的倒逼机制，优化绿色产业结构和出口结构，着力推进白色家电产业的绿色发展、循环发展、低碳发展。总的来说，节能目标约束下海尔出口产品结构调整的措施主要有以下两个方面。

### （一）加大清洁生产、节能减排力度，打造绿色海尔

海尔将绿色发展战略置于其发展的重要地位，将产品的绿色设计、绿色制造、绿色经营、绿色服务结合成为完整的循环产业链。首先，海尔对其产品进行全生命周期分析，重点开展产品的模块化、可拆解，材料的可循环利用及节能、降噪

等绿色设计中关键技术的研发，使其产品生命周期的绿色管理达到国际先进水平，实现了产品的绿色设计；其次，海尔严格遵守国际相关法规，有效控制铅、汞、镉、六价铬、聚溴二丙醚、聚溴联苯等有毒原料的使用，并着力减少污染物排放，不断提高产品生产过程的绿色化，实现了产品的绿色制造；再次，海尔严格按照国家相关环保法律法规的要求开展生产、经营活动，坚持绿色和环保的经营理念，并将其融入产品的市场调研、设计、制造、消费、回收及资源化利用过程的每一个环节，实现了白色家电领域的绿色经营；最后，海尔致力于提供有利于保护生态环境，节约资源和能源，无污、无害、无毒、有益于人类健康的绿色服务，以加大其节能减排力度，打造绿色海尔。

### （二）海尔大力推进技术革新、技术升级，持续优化出口产品结构

海尔大力开发和应用节能技术、环保与资源再利用技术、新材料技术和信息技术，推进技术革新和技术升级，提高设计和生产过程中的信息化、自动化程度。在冰箱、洗衣机、空调等白色家电主营业务方面，海尔重点发展电冰箱节能、风冷型、智能型、大容量、多间室的高档次产品；重点发展空调器环保型、舒适型的变频产品及高能效等级的定频产品；重点发展洗衣机洗净度高、节能节水效果好、低噪声的全自动产品。与此同时，海尔积极完善技术创新机制和研发体系，引导企业加大研发费用的投入；加强行业内部合作，通过设立产业技术联盟等方式，开展对行业核心技术和共性技术的开发和研究；支持企业与科研院所、高等院校联合，完善产、学、研结合的创新模式；支持企业采取多种方式，建立人才激励机制，吸收和引进技术、管理人才，重视人才培训，提高员工素质和技术水平。例如，海尔彩电与清华大学强强联手，在青岛建成全国首个数字电视产、学、研生产基地。2013 年以来，海尔更是联合阿里巴巴、苹果等高科技企业，打造硬件—平台—云端生态链，把重心放在技术创新和服务平台搭建上面，以实现从云社区、智慧家庭的智能家居制造商向服务商的转型升级。

## 四、节能目标约束下海尔出口产品结构调整——以海尔电冰箱为例

能效等级表示家用电器产品能效高低差别的一种分级方法，按照国家标准相关规定，目前我国的能效标识将能效分为五个等级(表 7.3)：等级 1 表示产品节电已达到国际先进水平，能耗最低；等级 2 表示产品比较节电；等级 3 表示产品能源效率为我国市场的平均水平；等级 4 表示产品能源效率低于市场平均水平；等级 5 是产品市场准入指标，低于该等级要求的产品不允许生产和销售。

**表 7.3 我国家用电器能效分级标准**

| 能效等级 | 能效比 | 特征 |
|---|---|---|
| 1 级 | 3.40 以上 | 产品达到国际先进水平，最节电，即耗能最低 |
| 2 级 | 3.20～3.39 | 产品比较节电 |
| 3 级 | 3.00～3.19 | 产品能源效率为我国市场的平均水平 |
| 4 级 | 2.80～2.99 | 产品能源效率低于市场平均水平 |
| 5 级 | 2.50～2.79 | 产品市场准入指标，低于该等级要求的产品不允许生产和销售 |

近年来，海尔电冰箱能耗等级多为 1 级，少数产品的能耗等级为 2 级，没有能耗 2 级以下的产品。具体产品能耗情况见表 7.4、表 7.5。

**表 7.4 近年来海尔能耗等级 1 级热销电冰箱的型号、耗电量和上市时间**

| 型号 | 能效等级 | 耗电量(千瓦时/天) | 上市时间 | 型号 | 能效等级 | 耗电量(千瓦时/天) | 上市时间 |
|---|---|---|---|---|---|---|---|
| BCD-186KB | 1 级 | 0.49 | 2009 年 | BCD-251WBCY | 1 级 | 0.67 | 2012 年 12 月 |
| BCD-216SDN | 1 级 | 0.56 | 2011 年 2 月 | BCD-215SECR | 1 级 | 0.49 | 2013 年 7 月 |
| BCD-225SCZM | 1 级 | 0.38 | 2011 年 4 月 | BCD-231WDBB | 1 级 | 0.69 | 2013 年 8 月 |
| BCD-626WADS | 1 级 | 0.95 | 2011 年 11 月 | BCD-196TMPI | 1 级 | 0.49 | 2013 年 9 月 |
| BCD-215SFES | 1 级 | 0.49 | 2012 年 | BCD-215SEBB | 1 级 | 0.49 | 2013 年 11 月 |
| BCD-225SFM | 1 级 | 0.38 | 2012 年 | BCD-221TMBA | 1 级 | 0.48 | 2013 年 12 月 |
| BCD-225SLDA | 1 级 | 0.39 | 2012 年 | BCD-316WDCN | 1 级 | 0.69 | 2013 年 12 月 |
| BC-50ES | 1 级 | 0.28 | 2012 年 | BCD-316WDCM | 1 级 | 0.69 | 2013 年 12 月 |
| BC-117ES | 1 级 | 0.31 | 2012 年 | BCD-235STBA | 1 级 | 0.49 | 2014 年 1 月 |
| BC-130A | 1 级 | 0.29 | 2012 年 | BC-50TMPS | 1 级 | 0.28 | 2014 年 3 月 |
| BCD-251WBCS | 1 级 | 0.29 | 2012 年 | BC-50TMPS | 1 级 | 0.28 | 2014 年 3 月 |
| BCD-225SEVF-ES | 1 级 | 0.49 | 2012 年 8 月 | BC-93TMPF | 1 级 | 0.35 | 2014 年 4 月 |
| BCD-649WADV | 1 级 | 0.98 | 2012 年 8 月 | — | — | — | — |

**表 7.5 近年来海尔能耗等级 2 级热销电冰箱的型号、耗电量和上市时间**

| 型号 | 能效等级 | 耗电量(千瓦时/天) | 上市时间 | 型号 | 能效等级 | 耗电量(千瓦时/天) | 上市时间 |
|---|---|---|---|---|---|---|---|
| BCD-539WT | 2 级 | 1.38 | 2010 年 | BCD-206STPA | 2 级 | 0.58 | 2011 年 8 月 |
| BCD-206SM | 2 级 | 1.38 | 2010 年 | BCD-339WBA | 2 级 | 0.98 | 2012 年 8 月 |

续表

| 型号 | 能效等级 | 耗电量(千瓦时/天) | 上市时间 | 型号 | 能效等级 | 耗电量(千瓦时/天) | 上市时间 |
|---|---|---|---|---|---|---|---|
| BCD-133ES | 2 级 | 0.55 | 2013 年 | BCD-133TMPR | 2 级 | 0.55 | 2014 年 2 月 |
| BCD-118TMPA | 2 级 | 0.46 | 2014 年 | BCD-133TMPS | 2 级 | 0.55 | 2014 年 2 月 |

由表 7.4、表 7.5 可以看出，近年来海尔上市的热销电冰箱中，能耗等级为 1 级的电冰箱有 25 款，这 25 款能耗 1 级的电冰箱的平均耗电量约为 0.52 千瓦时/天；然而，海尔能耗等级为 2 级的电冰箱却只有 8 款，这 8 款能耗 2 级电冰箱的平均耗电量约为 0.80 千瓦时/天。就能耗 1 级电冰箱来看，2009～2014 年五年上市电冰箱的平均耗电量依次为 0.49 千瓦时/时、0.63 千瓦时/时、0.457 千瓦时/时、0.57 千瓦时/时、0.35 千瓦时/时，从整体上呈现波动式下降趋势。就能耗 2 级电冰箱来看，2010～2014 年五年上市电冰箱的平均耗电量依次为 1.38 千瓦时/时、0.58 千瓦时/时、0.98 千瓦时/时、0.55 千瓦时/时、0.52 千瓦时/时，从整体上也呈现波动式下降趋势。总的来说，海尔电冰箱的能效等级很高，并且耗电量也逐年下降。这主要得益于海尔领先的节能产品研发实力，如行业领先的全风冷技术、无级变频技术、内螺旋蒸发器节能技术和变频技术等领先技术等，最大限度地降低产品电量消耗，达到了高效节能效果。据“2011 中国节能产品企业领袖榜”，在高能效电冰箱中，海尔冰箱有七种型号的产品位列第一名。加之，近年来国家对海尔能效达标产品实行 70～400 元/台的节能补贴，也在很大程度上支持了海尔终端用能领域的节能减排。

## 第二节　武 钢 案 例

本节将从武钢的能源消耗及主要污染物排放、出口规模和出口产品结构、节能目标约束下武钢出口产品结构调整的措施对武钢进行案例分析。

### 一、武钢能源消耗及主要污染物排放

武钢作为特大型钢铁联合企业，居世界钢铁行业第四位，并已连续四年入选世界 500 强企业，2013 年排名第 328 位。随着“绿色武钢”建设的推进，近年来武钢综合能耗逐年下降，由此被国务院国有资产监督管理委员会评为“节能减排优秀企业”，也被武汉市发展和改革委员会、环境保护局评为“武汉市清洁生产先进单位”。图 7.3 给出了 2005～2013 年武钢青山本部综合能耗及其同比下降率。

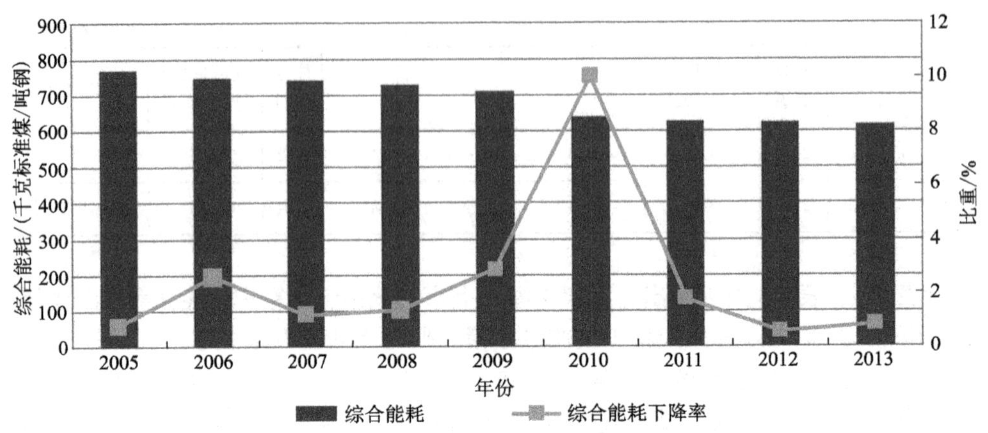


图 7.3　2005～2013 年武汉钢铁青山本部综合能耗及其同比降低率

由图 7.3 可知，武钢青山本部综合能耗从 2005 年的 769 千克标准煤/吨钢逐年下降至 2013 年的 618 千克标准煤/吨钢。2010 年，武钢综合能耗同比下降最快，下降率为 10.01%；2006～2009 年及 2011 年，武钢综合能耗同比下降也较快，下降率维持在 2%左右；其余年份下降率在 0.5%左右。可能原因在于，近年来武钢已投入上千万元用于实施一批投资省、见效快的节能“短平快”项目，推广新技术、新材料、新设备、新工艺等节能“四新”技术与产品。例如，转变高炉操作模式，寻求适应当前低品位矿石运用增多的冶炼条件，二次返矿率进一步降低，提高风温使用水平和煤气利用率，以降低能源消耗；积极开展焦炉上升管余热利用、洗煤预处理、高炉鼓风除湿等节能技术的研发工作，完善能源管理中心功能。与此同时，武钢认真贯彻落实《循环经济促进法》，推进固废“减量化、资源化、再利用”，将二次资源综合利用纳入钢铁相关产业发展的重要板块，在管理机制、技术、人才和工艺装备、市场开拓方面形成一定的竞争优势的同时，有效降低了其能源消耗。

武钢综合能耗降低的同时，其主要污染物排放量也得到了有效控制，表 7.6 给出了 2005～2013 年海尔主要污染物(烟尘、$SO_2$ 和 COD)的单位产值排放量及其同比下降率。

**表 7.6　2005～2013 年武汉钢铁青山本部主要污染物的单位产值排放量及其同比下降率**

| 年份 | 2005 | 2006 | 2007 | 2008 | 2009 | 2010 | 2011 | 2012 | 2013 |
|---|---|---|---|---|---|---|---|---|---|
| 烟尘排放量/(千克/吨) | 1.129 | 1.021 | 0.95 | 0.83 | 0.82 | 0.68 | 0.58 | 0.59 | 0.52 |
| 烟尘排放量下降率/% | 21.76 | 9.57 | 6.95 | 12.63 | 1.20 | 17.07 | 14.71 | –1.72 | 11.86 |
| $SO_2$ 排放量/(千克/吨) | 2.771 | 2.619 | 2.34 | 1.88 | 1.83 | 1.55 | 1.51 | 1.43 | 1.45 |
| $SO_2$ 排放量下降率/% | 11.84 | 5.49 | 10.65 | 19.66 | 2.66 | 15.30 | 2.58 | 5.30 | 1.40 |

续表

| 年份 | 2005 | 2006 | 2007 | 2008 | 2009 | 2010 | 2011 | 2012 | 2013 |
| --- | --- | --- | --- | --- | --- | --- | --- | --- | --- |
| COD 排放量/(千克/吨) | 0.394 | 0.424 | 0.39 | 0.31 | 0.27 | 0.22 | 0.11 | 0.11 | 0.09 |
| COD 排放量下降率/% | 47.47 | –7.61 | 8.02 | 20.51 | 12.90 | 18.52 | 50.00 | 0.00 | 18.18 |

从表 7.6 可以看出，2005～2013 年武钢主要污染的吨钢排放量均出现了较大幅度下降。就烟尘而言，武钢单位产量的烟尘排放量从 2005 年的 1.129 千克/吨从整体上下降至 2013 年的 0.52 千克/吨，同比下降率 2005 年达到 21.76%。除 2012 年排放量略有上升外，其余年份烟尘排放量下降率也在 11.96%左右水平波动。就 $SO_2$ 而言，武钢单位产量的 $SO_2$ 排放量从 2005 年的 2.771 千克/吨从整体上下降至 2013 年的 1.45 千克/吨，2005 年、2007 年、2008 年及 2010 年的同比下降率达到 10%以上水平。除 2013 年单位产量的 $SO_2$ 排放量出现小幅上升以外，其余年份的同比下降率均在 2%～6%范围内波动。就 COD 排放量而言，武钢单位产量的 COD 排放量从 2005 年的 0.394 千克/吨从整体上下降至 2013 年的 0.09 千克/吨，同比下降率 2005 年、2011 年高达 47.47%、50.00%。除 2006 年、2012 年 COD 排放量略有上升或没有变化外，其余年份下降率也均在 10%左右。武钢主要污染物的单位产量排放量均从整体上下降的原因在于，近年来武钢发展循环经济，实施清洁生产，采用大型、高效的先进工艺技术装备和完善、先进、实用的污染物治理技术及设备，减少污染物排放，其污染物排放指标达国际先进水平。例如，武钢已推行当前国内外先进成熟的各类废渣、废液、废油、余热、余压、副产煤气和污水资源化及提高循环水浓缩倍数的技术。与此同时，武钢积极主动建立污染减排指标体系、监测体系和考核体系，强化责任制管理。推行节能减排责任状管理，将能耗指标、污染物排放总量指标分解到各有关单位，公司总经理每年与有关单位签订责任状，将各排污单位污染减排完成情况纳入公司的“三个文明”评比和公司对各单位的经营业绩考核。武钢针对硫排放系统、污水处理系统等重点减排项目及其在线监测系统进行全面核查，已经取得显著成效。

## 二、武钢出口规模及出口产品结构

武钢能源消耗、污染物排放量下降的同时，其钢材出口量却呈现曲折上升态势，钢材出口量占其产量的比重呈逐年下降趋势，图 7.4 给出了 2005～2013 年武钢钢材出口量、产量及出口比重。

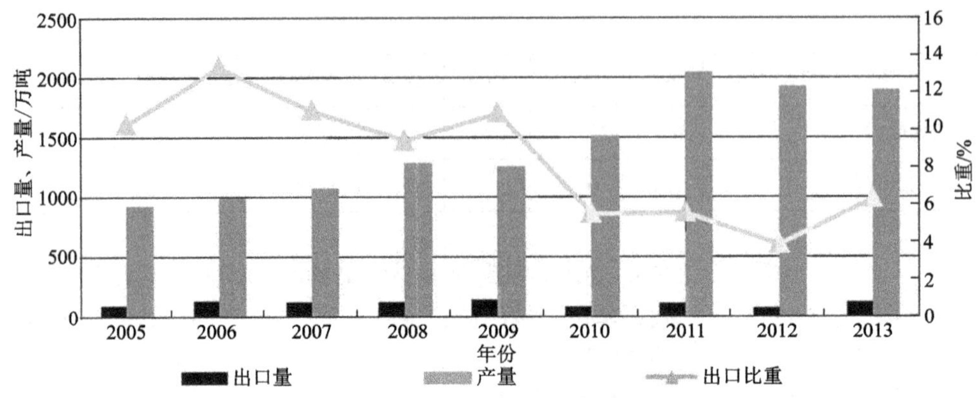


图 7.4　2005～2013 年武汉钢材出口量、产量及其出口比重

从图 7.4 中可以看出，武钢钢材出口量从 2005 年的 94 万吨曲折上升至 2013 年 120 万吨，而其钢材产量却由 2005 年的 920 万吨从整体上上升至 2013 年的 1899 万吨，同期武钢钢材出口比重由 2005 年的 10.29%整体下降至 2013 年的 6.32%。可能原因在于，在全球钢铁产能整体过剩，以及国际钢价大幅波动的背景下，武钢钢材出口面临的压力也越来越大。同时，近年来我国开始强调“要进一步控制高污染、高能耗和资源性产品的生产和出口，增加资源、能源类产品的进口，以促进贸易平衡”，而钢材作为典型的能源、资源密集型产品，其出口受到很大程度的制约，这些都导致了近年来武钢钢材出口比重的整体下降。然而，近年来，尤其是金融危机以来，武钢积极优化其出口产品结构、调整升级其出口产品品种和提高出口产品附加值，并扩大出口范围，从而使得其出口比重下降得没有那么快，出口量还呈现曲折的小幅上升态势。

为了进一步分析武钢出口产品结构，鉴于主营产品出口数据无法获取，故使用武钢主营产品收入替代，图 7.5 给出了 2005～2013 年武钢主要产品主营业务收入及其所占比重。

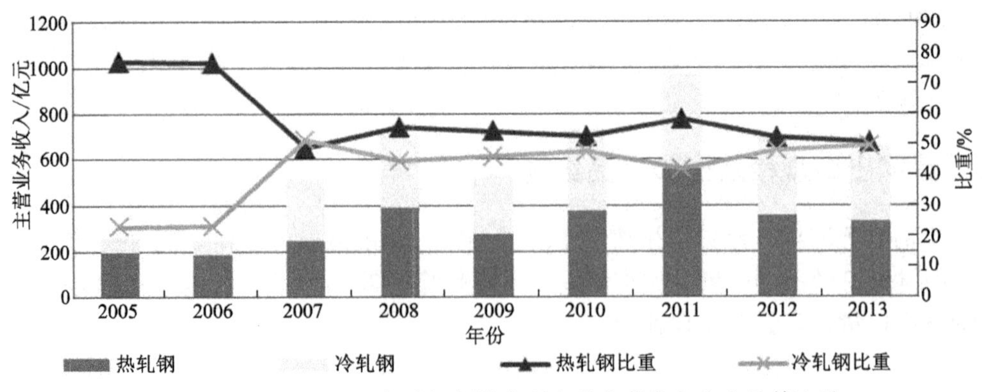


图 7.5　2005～2013 年武汉钢铁主要产品主营业务收入及其比重

从图 7.5 中可以看出，根据武钢主营产品的变化，其产品结构大致可以分为两个阶段。

第一阶段，2005～2006 年，武钢主营产品中，热轧钢的主营业务收入远远高于冷轧钢，2005 年热轧钢、冷轧钢的收入依次为 197.89 亿元、59.37 亿元，2006 年依次为 187.42 亿元、56.91 亿元，期间热轧钢占武钢主营业务总收入的比重达到 70%以上。可能原因在于，热轧钢是钢材在加热状态下轧制的，生产工艺相对简单，表面较为粗糙；而冷轧钢是普通热轧钢经过强力拉拔后的钢材，生产工艺相对更复杂，表面光洁度有所提高，冲压、拉拔等再加工性能较热轧钢有所提高。2006 年及以前，武钢钢材的生产工艺和技术仍然不高，致使其钢材出口的产品结构相对单一，其出口多以技术附加值较低的热系列钢材为主，对冷系列钢材产品的出口少有涉及，致使这一阶段武钢钢材产品以技术附加值较低、生产工艺较为简单的热轧钢为主。

第二阶段，2007～2013 年，武钢主营产品中，冷轧钢的主营业务收入迅速上升至与热轧钢相当的水平，冷轧钢收入由 2007 年的 263.48 亿元从整体上上升至 2013 年的 326.62 亿元，热轧钢收入由 2007 年的 250.26 亿元从整体上上升至 2013 年的 334.09 亿元。期间，热轧钢、冷轧钢收入占其主营业务总收入的比重均各自在 50%左右水平。可能原因在于，近年来，武钢着力于钢材品种结构的优化和产品质量的提高。尤其是 2007 年武钢抓住汽车行业迅速发展的机遇，其冷轧汽车钢板的研发取得突破性进展，使武钢 2007 年后冷轧系列钢材的主营业务收入大幅上升，占总收入的比重也由 2006 年的 30%左右上升至 2007 年的 50%左右，并一直维持这一比重。

## 三、节能目标约束下武钢出口产品结构调整的措施

近年来，武钢一直坚持“节能减排、清洁生产”的原则，努力打造生态环保型的“绿色武钢”，着力推进高附加值的绿色产品的生产和出口，积极发展循环经济和实现绿色生产。总的来说，节能目标约束下武钢出口产品结构调整的措施主要有两个方面。

### (一)加大节能减排、清洁生产力度，打造绿色武钢

武钢围绕建设资源节约型、环境友好型企业的绿色武钢的目标，大力发展发展循环经济，实施清洁生产，深化环保制度建设，落实污染减排责任，大力推进环保治理项目实施进度，强化环保设施运行管理，加强环保科研和技术培训，实现资源能源有效利用和污染物排放指标的国际先进水平。首先，武钢通过《武汉钢铁(集团)公司节能减排综合性工作方案》，明确了各生产环节污染减排的具体

工作目标、重点工作内容和保障措施，与主要二级单位签订了节能减排目标责任书，各单位层层分解落实节能减排指标，明晰和强化了各基层生产单位的污染减排指标和责任，将节能减排指标完成情况纳入经济责任制考核，并建立了节能减排工作的问责制。其次，武钢综合考虑经济效益、社会效益和环境效益的和谐统一，依靠科技进步，大力推广冶金新技术的应用，以先进、高效、节能、节水和污染防治工艺技术更新改造现有设施，所有建设项目必须执行预防为主的方针，实现污染物总量削减的目标。同时，加强污染源源头控制力度，彻底改变“末端治理”的观念。以节能降耗、综合利用、废弃物减量化和资源化为核心，大力推行当前国内外先进成熟的各类废渣、废液、废油、余热、余压、副产煤气和污水资源化及提高循环水浓缩倍数的技术，变废为宝，实现循环经济的运行模式。最后，武钢一直坚持渣山治理、矿山复垦工作，以建设“森林化矿山”为目标，按《大冶铁矿绿化复垦管理办法》和绿化复垦岗位经济责任制等规章制度，签订“绿化复垦五包保责任书”“绿化复垦责任书”，用定人、定点、定时、定量的“四定工作法”和包填土、包挖坑、包栽、包管、包活的“五包管理模式”不断强化执行力，切实将绿化复垦工作落实到实处，确保树木成活率在96%以上，使武钢矿山绿化复垦工作取得了明显的环境效益、生态效益和社会效益。

### （二）大力推进技术进步，优化钢产品结构升级，提高出口产品附加值

武钢大力通过技术进步推动品种结构优化和产品质量的提高，加快转变发展方式、促进其科技发展，并控制、减少低附加值产品的出口，发展和增加高附加值产品的出口。近年来，武钢以技术创新为动力和支撑，大力推进技术开发、产品开发，优化产品结构，并加大高科技含量、高附加值的“双高”钢种的开发力度。例如，在其传统出口优势品种热轧钢的基础上，积极开拓热轧型宽板等高附加值品种，同时提高技术含量较高的冷轧型钢材的出口比重。同时，武钢深化市场快速响应机制，加大产销研协同力度，制定出台《科研信息管理办法》，做到100%响应；创新新产品导入流程，对市场响应研发类项目实行快速评审上线机制；创新产品推广管理模式，加快新产品转产进程，有力推进产品结构调整及创效盈利水平提升。

## 四、节能目标约束下武钢出口产品结构调整——以武钢绿色环保型HiB钢为例

硅钢的发展与我国国民经济建设密切相关，HiB 钢（高磁感取向硅钢）是我国机电行业发展的重要保证，也是实现国家节能发展战略的最主要功能材料之一，

对全面提升我国冷轧硅钢产品性能、提高机电产品国际竞争力和支撑国内变压器节能、高效运行有着重要意义。同时，HiB 钢是冷轧取向硅钢中的高端产品，具有磁感应强度高、铁损低的特点。与常规取向硅钢相比，用 HiB 钢制作的变压器具有空载损耗低、噪声小、体积小的优点，满足了机电产品节能环保的要求。

为此，武钢先后新建了硅钢表面离子溅射技术实验室、硅钢表面刻痕磁畴控制实验室、透射电子显微镜实验室 3 个实验室，并投入过亿元，自行研制了电磁感应加热试验炉，改进了 HiB 钢加热和轧制工艺，研发和安装空洞仪、自动表面质量检测、自动板形与厚度测试、晶粒组织分析仪等设备，保证产品质量的稳定。自 1994 年我国从国外引进 HiB 钢生产技术到 2006 年，武钢 HiB 钢年产量仅为 1000 吨左右，累计不足 2 万吨。经过近几年的研发投入，武钢具备了自主成系列地研发硅钢产品的能力，产品性能、产能直线上升。表 7.7 是 2009～2013 年武钢 HiB 钢产量。

**表 7.7 2009～2013 年武钢 HiB 钢产量**

| 年份 | 2009 | 2010 | 2011 | 2012 | 2013 |
|---|---|---|---|---|---|
| 产量/吨 | 100 725 | 151 077 | 172 041 | 195 331 | 283 764 |

从表 7.7 中可以看出，2009～2013 年，武钢 HiB 钢产量增长迅速，由 2009 年的 100 725 吨迅速增长至 2013 年的近 30 万吨。目前，武钢已经是世界上品种最全、产量最大的高端硅钢生产基地。武钢硅钢的发展降低了我国电力行业在高端硅钢上对国外产品的依赖，使我国摆脱了在制造特大型变压器、发电机、尖端电气设备上受制于国外厂家的困境。通过提高取向硅钢的性能，使铁损降低了 10%，可以每年节约用电约 280 亿千瓦时；完成 100 万吨硅钢的“以冷代热”工作，可以每年节约用电 10 亿千瓦时。年节电量相当于 0.5 个三峡发电站半年的发电量，相当于节能近 0.2 亿吨标准煤，减排 $SO_2$ 40 万吨以上。

## 第三节 四川北方硝化棉股份有限公司案例

本节将从四川北方硝化棉股份有限公司的能源消耗及主要污染物排放、出口规模和出口产品结构、节能目标约束下四川北方硝化棉股份有限公司出口产品结构调整的措施对四川北方硝化棉股份有限公司进行案例分析。

### 一、四川北方硝化棉股份有限公司的能源消耗及主要污染物排放

四川北方硝化棉股份有限公司作为世界最大硝化棉产品制造商，是唯一向国

际比赛用乒乓球提供硝化棉原材料的企业，通过坚持低消耗、低排放、高效率及可持续经济增长的理念，努力打造“循环型化工基地”，使其近年来工业增加值综合能耗逐年下降，图 7.6 给出了 2007～2013 年四川北方硝化棉股份有限公司工业增加值综合能耗及其同比下降率。

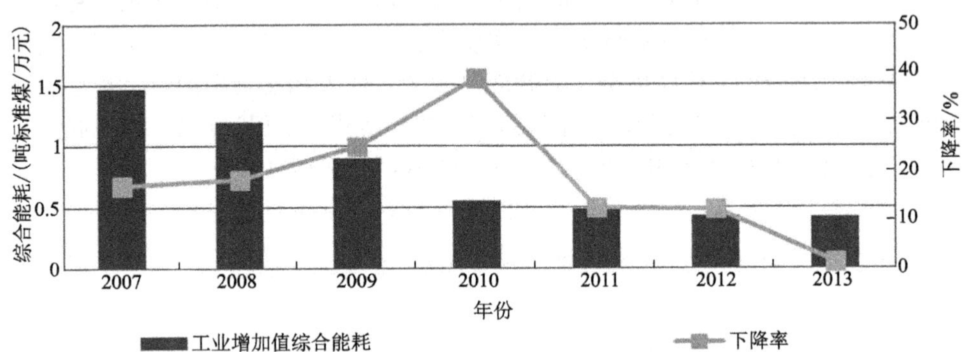


图 7.6　2007～2013 年四川北方硝化棉股份有限公司工业增加值综合能耗及其同比降低率

从图 7.6 中可以看出，四川北方硝化棉股份有限公司工业增加值综合能耗从 2007 年的 1.47 吨标准煤/万元逐年下降至 2013 年的 0.42 吨标准煤/万元。可能原因在于：一方面，近年来随着国家对节能减排的重视，四川北方硝化棉股份有限公司相继推出了《四川北方硝化棉股份有限公司节能减排考核与奖惩暂行办法》《四川北方硝化棉股份有限公司环境保护和节能减排考核工作实施细则》等相关规章制度，有力地推动了环境保护和节能减排工作；另一方面，四川北方硝化棉股份有限公司加大科研投入、全力开展环保技术研究及积极实施设备改造等，以着力加强技术进步和环境保护的建设。例如，2013 年公司与环保公司、高校等单位合作开展了一系列废水处理技术的研究，自行开展了涉及实际生产运行的环保技术研究等，为公司优化污染治理工艺、提高治污能力提供了有力的技术支撑，同时丰富了公司环保技术储备。然而，其工业增加值综合能耗下降率却呈现两个阶段的特征：第一阶段，2007～2010 年，工业增加值综合能耗下降率逐年上升，并于 2010 年达到历史最高值 38.91%；第二阶段，2010～2013 年，工业增加值综合能耗下降率逐年下降，并于 2013 年达到历史最低值 1.18%。这可能是由于，当工业增加值综合能耗下降到较低水平时，想要通过环境管理、技术创新等方式促使其进一步下降会更加困难，致使其第二阶段同比下降率低于第一阶段。

四川北方硝化棉股份有限公司工业增加值综合能耗下降的同时，其主要污染物的排放量也得到了有效控制。表 7.8 给出了 2007～2013 年四川北方硝化棉股份有限公司主要污染物(废水、COD、$SO_2$、氨氮氧化物)的工业增加值排放量及其同比下降率。

**表 7.8 2007～2013 年四川北方硝化棉股份有限公司主要污染物工业增加值排放量及其同比下降率**

| 年份 | 2007 | 2008 | 2009 | 2010 | 2011 | 2012 | 2013 |
|---|---|---|---|---|---|---|---|
| 废水/(吨/万元) | 210 | 151 | 143 | 122 | 118 | 90 | 65 |
| 废水下降率/% | 32.07 | 28.10 | 5.30 | 14.69 | 3.28 | 23.73 | 27.78 |
| COD/(千克/万元) | 59 | 46 | 41 | 27 | 23 | 10 | 5 |
| COD 下降率/% | 26.18 | 22.03 | 10.87 | 34.15 | 14.81 | 56.52 | 50.00 |
| $SO_2$/(千克/万元) | 5.8 | 4.9 | 4.5 | 3.5 | 2.8 | 1.7 | 1.5 |
| $SO_2$ 下降率/% | 17.40 | 15.52 | 8.16 | 22.22 | 20.00 | 39.29 | 11.76 |
| 氮氧化物/(千克/万元) | 5.8 | 3.4 | 3.1 | 2.3 | 1.9 | 1.5 | 1.6 |
| 氮氧化物下降率/% | 30.91 | 41.38 | 8.82 | 25.81 | 17.39 | 21.05 | -6.67 |

从表 7.8 中可以看出，2007～2013 年四川北方硝化棉股份有限公司主要污染物的排放量均出现了大幅度下降。就废水而言，四川北方硝化棉股份有限公司的工业增加值的废水排放量从 2007 年的 210 吨/万元逐年下降至 2013 年的 65 吨/万元，同比下降率也整体维持在 3.28～32.07 的较高水平。可能原因在于，近年来四川北方硝化棉股份有限公司也积极投入实施各类废水处理设备改造。例如，2013 年公司完成了泸州基地和西安基地废水处理站板框压滤机安装调试，完成了泸州基地废水站理化室加层、新增环境监测仪器设备、中央控制系统升级改造、混合污泥清洁输送及转运改造等工作，进一步改善废水站现场环境。就 COD 而言，四川北方硝化棉股份有限公司的工业增加值 COD 排放量从 2007 年的 59 千克/万元逐年下降至 2013 年的 5 千克/万元，同比下降率在 10.87%～56.52%的高水平波动。可能原因在于，四川北方硝化棉股份有限公司开展了废水循环利用及淡酒蒸馏塔釜液预处理改造，通过改造，对生产过程中的中性废水、酸性废水、含能棉废水及水中的棉进行回收利用，有效降低生产用水量，减少废水排放量，减轻了废水处理的压力；淡酒蒸馏塔釜液经过预处理可有效降低塔釜液的 COD，减轻了废水处理站的负荷。就 $SO_2$ 而言，四川北方硝化棉股份有限公司的工业增加值 $SO_2$ 排放量从 2007 年的 5.8 千克/万元逐年下降至 2013 年的 1.5 千克/万元，同比下降率在 8.16%～39.29%的高水平波动，这可能得益于四川北方硝化棉股份有限公司独特的纤维除雾、酸雾净化塔及锅炉等 $SO_2$ 污染物处理方法。就氨氮氧化物而言，四川北方硝化棉股份有限公司的工业增加值氨氮氧化物排放量从 2007 年的 5.8 千克/万元从整体上下降至 2013 年的 1.6 千克/万元，同比下降率除 2013 年为负值外其余年份均为正值且较高，

这可能是公司利用水吸收排放的氨氮氧化物的缘故。

## 二、四川北方硝化棉股份有限公司的出口规模及出口产品结构

四川北方硝化棉股份有限公司能源消耗、污染物排放量下降的同时，其以出口交货值为代表的出口规模也发生了较大变化，图 7.7 给出了 2007～2013 年四川北方硝化棉股份有限公司出口交货值、营业收入及其出口比重。

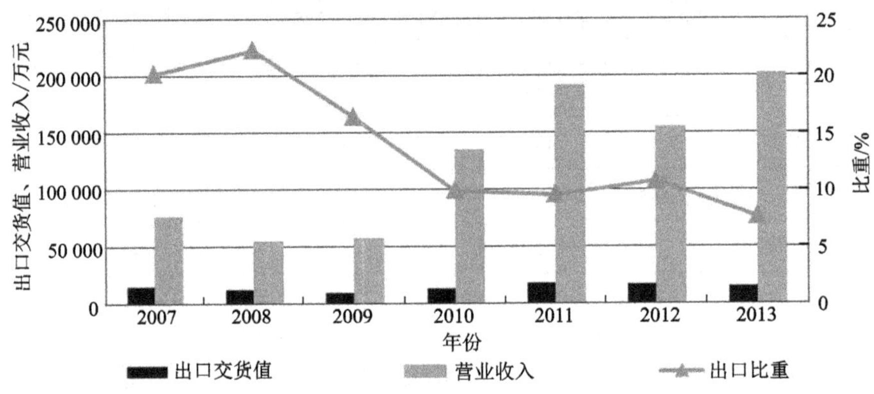


图 7.7　2007～2013 年四川北方硝化棉股份有限公司出口交货值、营业收入及其出口比重

从图 7.7 中可以看出，2007～2013 年，四川北方硝化棉股份有限公司的出口交货值变化很大，其出口交货值从 2007 年的 15 282 万元下降至 2009 年的 9 282 万元，再上升至 2011 年的 18 201 万元，随后又下降至 2013 年的 15 287 万元。同期，四川北方硝化棉股份有限公司其营业收入也发生了类似的增长或下滑，但其营业收入从 2007 年的 75 965 万元从整体上上升至 2013 年 201 300 万元。因此，2007～2013 年，四川北方硝化棉股份有限公司的出口比重从 2007 年的 20.12%从整体上下降至 2013 年的 7.59%。可能原因在于，2009 年，受全球经济危机持续影响，国际市场主要出口地区经济衰退，外贸订单锐减，需求大幅下降，硝化棉行业出口形势严峻，并且还将面临人民币汇率升高的困难，国内产品出口竞争力减弱。加之，近年来，国际市场的泰国硝化棉企业、中国台湾 TNC 公司及巴西 NQB 公司作为四川北方硝化棉股份有限公司的主要竞争对手，在国际市场的份额也均在增加。因此，整体来看，尽管四川北方硝化棉股份有限公司出口交货值整体呈小幅上升趋势，但其占营业收入的比重却大幅下降。

为了进一步分析四川北方硝化棉股份有限公司出口产品结构，鉴于其主要产品出口数据无法获取，故使用四川北方硝化棉股份有限公司主营产品收入替代，表 7.9 给出了 2007～2013 年四川北方硝化棉股份有限公司主营产品收入及其所占比重。

表 7.9　2007～2013 年四川北方硝化棉股份有限公司主要产品营业收入及其比重

| 年份 | 2007 | 2008 | 2009 | 2010 | 2011 | 2012 | 2013 |
|---|---|---|---|---|---|---|---|
| H 型硝化棉/万元 | 47 971.76 | 42 733.25 | 41 903.83 | 55 998.35 | 69 645.15 | 50 958.33 | 23 373.769 |
| H 型硝化棉比重/% | 63.15 | 78.56 | 73.61 | 41.66 | 36.44 | 32.92 | 15.45 |
| L 型硝化棉/万元 | 2 157.69 | 2 210.56 | 1 867.42 | 1 811.9 | 2 022.54 | 1 750.57 | 887.41 |
| L 型硝化棉比重/% | 2.84 | 4.06 | 3.28 | 1.35 | 1.06 | 1.13 | 0.59 |
| 含能硝化棉/万元 | 5 728.15 | 7 812.62 | 9 014.49 | 9 206.21 | 7 759.42 | 9 202.04 | 5 127.04 |
| 含能硝化棉比重/% | 7.54 | 14.36 | 15.84 | 6.85 | 4.06 | 5.94 | 3.39 |
| 硝化棉溶液/万元 | — | — | — | 4 575 | 4 070.05 | 4 556.63 | 2 194.64 |
| 硝化棉溶液比重/% | — | — | — | 3.40 | 2.13 | 2.94 | 1.45 |
| 甲苯二异氰酸酯/万元 | — | — | — | 49 114.56 | 55 116.39 | 52 512.20 | 17 266.92 |
| 甲苯二异氰酸酯比重/% | — | — | — | 36.54 | 28.84 | 33.92 | 11.41 |
| 技术服务收入/万元 | — | — | — | — | — | 10 | 9 |
| 技术服务收入比重/% | — | — | — | — | — | 0.01 | 0.01 |
| 液体化工等/万元 | — | — | — | 6 181.63 | 45 438.46 | 32 863.81 | 18 998.58 |
| 液体化工等比重/% | — | — | — | 4.60 | 23.78 | 21.23 | 12.56 |
| 精制棉/万元 | 437.45 | 564.82 | 2 879.7 | 2 773.31 | 72.78 | — | — |
| 精制棉比重/% | 0.58 | 1.04 | 5.06 | 2.06 | 0.04 | — | — |
| 酸等/万元 | 744.18 | 700.35 | 346.78 | — | — | — | — |
| 酸等比重/% | 0.98 | 1.29 | 0.61 | — | — | — | — |

从表 7.9 中可以看出，根据四川北方硝化棉股份有限公司主营产品的变化，其产品结构大致可以分为两个阶段。

第一阶段，2007～2009 年，四川北方硝化棉股份有限公司主营产品主要是 H 型硝化棉、L 型硝化棉、含能硝化棉、精制棉、酸等。这一阶段四川北方硝化棉股份有限公司 H 型硝化棉的主营业务收入从 2007 的 47 971.76 万元略微下降到 2009 年的 41 903.83 万元，但由于这一阶段四川北方硝化棉股份有限公司营业总收入的下降幅度更大，使其 H 型硝化棉的所占比重比重从 2007 年的 63.15%逐年上升至 2009 年的 73.61%。L 型硝化棉的主营业务收入从 2007 的 2157.69 万元略微下降到 2009 年的 1867.42 万元，其收入所占比重却变化不大，在 2.84%～4.06%范围波动。含能硝化棉的主营业务收入从 2007 的 5728.15 万元大幅上升至 2009 年的 9014.49 万元，所占比重也由 2007 年的 7.54%迅速上升至 2009 年的 15.84%。

可能原因在于，这一阶段四川北方硝化棉股份有限公司积极探索了竹浆粕原料生产含能硝化棉技术。加之，根据国家财政部、国家税务总局《关于军队、军工系统所属单位征收流转税资源税问题的通知》（财税字[1994]）规定，四川北方硝化棉股份有限公司所产含能硝化棉免交增值税。这些都使得四川北方硝化棉股份有限公司含能硝化棉的生产优势越发明显。例如，2007～2009 年，四川北方硝化棉股份有限公司销售前五名客户包括关联方山西北方兴安化学工业公司、泸州北方化学工业有限公司等，绝大部分为含能硝化棉。精制棉的营业收入从 2007 年的 437.45 万元大幅上升至 2009 年的 2879.7 万元，所占比重也由 2007 年 0.58%迅速上升至 2009 年的 5.06%。而酸等的营业收入却由 2007 年的 744.18 万元下降至 2009 年的 346.78 万元，其所占比重在 0.61%～1.29%范围波动。

第二阶段，2010～2013 年，H 型硝化棉、L 型硝化棉、含能硝化棉依旧是四川北方硝化棉股份有限公司主营产品，酸等、精制棉逐渐不再是其主营产品，而转向生产硝化棉溶液、甲苯二异氰酸酯、技术服务、液体化工产品。这一阶段四川北方硝化棉股份有限公司 H 型硝化棉的主营业务收入从 2010 的 55 998.35 万元逐年下降到 2013 年的 23 373.769 万元，其所占比重也从 2010 年的 41.66%迅速下降至 2013 年的 15.45%。L 型硝化棉、含能硝化的营业收入分别从 2010 年的 1811.9 万元、9206.21 万元下降至 2013 年的 887.41 万元、5127.04 万元，所占比重也分别从 2010 年的 1.35%、6.85%从整体上下降至 2013 年的 0.59%、3.39%。期间，硝化棉溶液、甲苯二异氰酸酯的营业收入大致分别在 2194.64 万～4575 万元、17 266.92 万～55 116.39 万元，其所占比重也在 1.45%～3.40%、11.41%～36.54%波动。液体化工营业收入从 2010 年的 6181.63 万元波动上升至 2013 年的 18 998.58 万元，所占比重在 4.60%～23.78%波动。而技术服务收入是直到 2012 年才成为其主营业务收入来源的，所占比重在 0.01%的较低水平。

由此，我们可以看出，2010 年以来四川北方硝化棉股份有限公司的产品结构和出口产品结构发生了较大变化，可能得益于 2010 年泸州市政府拨款出口产品结构调整资金 320 000 元给四川北方硝化棉股份有限公司，鼓励、扶持其进行出口产品结构调整和升级。

## 三、节能目标约束下四川北方硝化棉股份有限公司出口产品结构调整的措施

近年来，四川北方硝化棉股份有限公司一直坚持节能降耗、保护环境的原则，通过“预防为主、防治结合”和“源头消减”的理念开展生产和科研，不断创新环境管理模式、提升技术水平，持续改进公司的环境绩效，优化绿色产业结构和出口结构，着力推进循环化工基地的建设。总的来说，节能目标约束下四川北方

硝化棉股份有限公司出口产品结构调整的措施主要有两个方面。

### （一）创新环境管理模式，提升技术水平，打造循环化工基地

四川北方硝化棉股份有限公司通过不断创新环境管理模式、提升技术水平，逐渐实现其节能、降耗、减污的目标，努力打造循环化工基地。首先，四川北方硝化棉股份有限公司专门设置安全与环保管理部门，并在生产单位组成以单位负责人、各科室和工序负责人为主要成员的安全环保领导组，负责贯彻落实公司在环境保护方面的有关决议，在组织生产的过程中考虑环境保护和污染防治工作。公司在安全与环保管理部门配备专职从事环保管理人员，各分子公司同时配备了专职环保技术员负责环境保护管理，在主要的废水处理工序中还设置了废水处理技术员和环境监测人员，形成了比较完善的环境管理和监测体系。其次，四川北方硝化棉股份有限公司也在积极适应国家对污染物排放标准和总量控制日益严格的新标准、新要求，不断在污染物治理方面加大科研投入，先后开展了废水综合利用、优化工艺源头减排等科研工作，以及废水站设备更新、清洁生产和能源计量改造等一系列节能环保技术改造工作。最后，四川北方硝化棉股份有限公司也十分注重环境保护教育，制定了相关制度，所有员工必须定期接受环保培训教育。公司所有新进员工、转岗员工均需经过培训后上岗，并按照公司年度培训计划按时开展培训，还聘请有关专家对公司员工进行环境保护专题培训。例如，通过会议、资料学习、专项活动、广播、标志标语、画报等方式展开丰富多彩的活动，提高员工环境保护意识，让员工熟悉了环保法律法规和公司环境保护制度，将环保理念贯彻到生产、产品和服务价值链，努力打造绿色、环保型的循环化工基地。

### （二）不断进行技术积累和开发，提高产品竞争力，优化出口产品结构

四川北方硝化棉股份有限公司通过不断积累、开发先进技术，完善和升级其产品结构，使其有能力根据客户需求实现差异化生产，提高其产品竞争力。首先，四川北方硝化棉股份有限公司科技创新加强其自主创新能力，如积极开展了竹浆粕产业化试验、废硝化棉应用研究、L 型木浆硝化棉试验，并稳步推进科技人才体系建设和加强科技人才积累，以促进其产品质量和技术水平的持续提升。其次，四川北方硝化棉股份有限公司坚持实施产品及市场差异化策略，充分满足客户需求，实现差异化生产，积极巩固并拓展国内外市场。最后，当地市政府给予的政策优惠和财政性拨款等扶持，促使四川北方硝化棉股份有限公司形了成含能硝化棉、木浆粕硝化棉、硝基漆片、硝化棉溶液、精制棉等较为完善的产品结构，有

效促进其出口产品结构的转型升级。

## 四、节能目标约束下四川北方硝化棉股份有限公司出口产品结构调整——以木浆粕硝化棉为例

四川北方硝化棉股份有限公司是我国唯一具备木浆粕硝化棉生产能力的企业，其部分产品外销至东南亚、韩国和中东地区，同时也已经进入了北美和欧洲市场。这主要是由于，四川北方硝化棉股份有限公司自 2009 年以来在不扩大产能的前提下，实现了产品结构的调整和升级，实行扩建 15 000 吨/年高品质、节能木浆粕硝化棉项目，并总体投入 4935.02 万元，具体经费投入见表 7.10。

**表 7.10 2009～2012 年四川北方硝化棉股份有限公司扩建 15 000 吨/年高品质木浆粕硝化棉项目的经费投入**

| 年份 | 2009 | 2010 | 2011 | 2012 | 总计 |
|---|---|---|---|---|---|
| 高品质木浆粕硝化棉项目经费投入/万元 | 906.77 | 2069.46 | 1451.96 | 506.83 | 4935.02 |

由表 7.10 可知，自 2009 年四川北方硝化棉股份有限公司实行扩建 15 000 吨/年高品质木浆粕硝化棉项目以来，2009～2012 年各年份投入经费依次为 906.77 万元、2069.46 万元、1451.96 万元、506.83 万元，总计 4935.02 万元。2012 年，15 000 吨/年高品质木浆粕硝化棉项目各工序建设全部完成，调试、试生产阶段也结束了，四川北方硝化棉股份有限公司大力拓展高品质、节能木浆粕硝化棉的国内、国际市场，使其部分高品质木浆粕硝化棉产品外销至东南亚、韩国和中东地区，甚至出口到北美和欧洲市场。

# 第八章 结论及政策建议

## 第一节 结 论

通过前文的理论分析与实证研究，得出以下研究结论。

第一，本书基于 SITC 分类法将我国出口产品分为 SITC0～SITC9 十大类，并对能源约束与我国出口产品结构的长期稳定关系做了协整分析，结果发现，除 SITC4 的能源密集型产品外，其余出口产品出口比重均与能源约束不存在长期稳定关系。这一结果说明，总的来看，能源约束对我国出口产品结构调整的长期作用有限。同时，笔者通过对能源约束与 SITC4 出口比重做因果关系检验，发现能源约束是 SITC4 出口比重的 Granger 原因，SITC4 出口比重不是能源约束的 Granger 原因。这一结果说明，尽管总体来看出口比重与能源约束不存在长期稳定关系，但 SITC4 出口比重不仅与能源约束存在长期稳定关系，而且能源约束也有效地遏制了 SITC4 这一能源密集型产品出口比重的上升。

第二，本书关于能源约束对 SITC0～SITC9 十大类出口产品短期影响的 VAR 模型回归结果显示，能源约束对我国十大类产品的出口比重产生了不同程度的短期负面冲击。其中，能源约束对 SITC6 这一典型劳动密集型产品的出口比重的短期负面效应最弱，对 SITC7 典型资本技术密集型产品的出口比重的短期负面效应最强烈。同时，SITC6 与 SITC7 的脉冲响应函数和方差分解函数也显示，较之于 SITC6，SITC7 对能源约束变化的敏感性和反应都更为强烈。这一结果说明，我国能源约束对劳动密集型产品出口的限制作用较小，而对资本技术密集型产品出口的限制作用反而较大，也就是说，短期内能源约束制约着我国出口产品结构调整向着以资本技术密集型产品为主的方向升级。

第三，本书就能源约束对我国出口产品结构调整影响的短期效应和长期效应进行了动态比较研究，结果显示，能源约束对我国出口产品结构调整影响的短期效应强于长期效应。这一研究结果说明，能源约束对我国出口产品结构调整影响的短期冲击作用大于长期趋势性影响作用。

第四，本书从技术引进、技术扩散和技术创新视角就技术进步对我国出口产品结构调整的影响做了协整分析。结果显示，技术引进所带来的技术进步对初级产品出口比重、工业制成品出口比重的影响均不显著；技术扩散、技术创新制约着初级产品的出口比重，但却对工业制成品的出口比重具有促进作用。这一结果说明，技术扩散、技术创新带来的技术进步对于我国出口产品结构调整实现由初级产品向工业制成品方向升级具有积极促进作用。

第五，本书从技术引进、技术扩散和技术创新视角就技术进步对我国出口产品结构的影响做了 VAR 模型分析。结果显示，前一期的技术引进对初级产品出口比重具有正向效应，对工业制成品出口比重具有负面效应，前一期的技术扩散和创新对初级产品出口比重均具有负面效应，对工业制成品出口比重均具有正面效应。同时，脉冲响应结果显示，我国初级产品和工业制成品出口比重对技术引进的反方向敏感性很强，对技术扩散和技术创新均具有较强的正向敏感性，但较之于技术扩散，对技术创新的敏感性略强。方差分析的结果显示，初级产品、工业制成品比重对技术引进的反应均较强，后期对技术创新的反应增强。然而，Granger 因果关系检验的结果显示，技术进步虽然对我国出口产品结构调整具有促进作用，但技术进步并不是出口结构调整的原因，说明了我国对于技术进步的利用仍然不足，技术的市场化、商品化程度仍然不高，我国通过技术进步实现出口产品结构的调整的愿望还未达成。

第六，我国不同产业之间的感应度系数和影响力系数存在较大区别。具体地，从感应度系数角度来看，第一产业感应度系数较高且呈下降趋势，第二产业感应度系数较高，第三产业感应度系数较低，且第二、第三产业的感应度系数均呈上升趋势。说明我国第一产业受到国民经济其他部门的影响不断减弱，而第二、第三产业受到的影响不断增强；从影响力系数角度来看，第一产业影响力系数较高且呈下降趋势，第二产业影响力系数较高且呈上升趋势，第三产业影响力较低且整体呈下降趋势。说明我国第一产业对国民经济各部门的带动作用不断减弱，第二产业对其他部门的带动作用不断增强，而第三产业对其他部门的带动作用十分有限，未能得到较好发挥。

第七，我国产业结构变化与出口产品结构变化之间存在较强的相关关系。具体来看，由协整检验和误差修正模型可知，长期均衡下，我国产业结构变化对出口产品结构变化产生较强的正向影响，且二者之间存在单向的 Granger 因果关系；短期均衡下，产业结构变化对出口结构变化影响为负，并通过收敛机制逐渐向长期均衡调整。由 Granger 因果检验可知，我国产业结构变化是出口结构变动的 Granger 原因，而出口结构变化不是产业结构变动的 Granger 原因。由脉冲响应分析可知，我国出口结构变化对产业结构变化的冲击反应较大且为正，而产业结构变化对出口结构变化的冲击反应较小，且呈一定的正负波动。由方差分解分析可知，我国出口结构的变化主要来自于自身的贡献，但产业结构变化对其也同样产生较强影响，且其影响存在一定的滞后期。

第八，长、短期均衡下，我国产业结构对出口产品结构调整的影响机制存在一定的差异。长期均衡下，第一产业与初级产品出口相关关系不明显，与工业制成品出口呈正相关；第二产业与初级产品、工业制成品出口呈正相关；第三产业与初级产品出口呈负相关，与工业制成品出口呈正相关。短期均衡下，第一产业与初级产品出口呈负相关，与工业制成品出口呈正相关；第二产业与初级产品、工业制成品出口呈正相关；第三产业与初级产品和工业制成品出口的相关关系均不明显。此外，三次产业对出口产品结构调整的影响程度也存在长、短期差异。通过脉冲响应分析可知，初级产品出口和工业制成品出口对三次产业的冲击反应呈一一对应的相反态势：初级产品出口对第一产业的冲击反应为先正后负，对第二产业的冲击反应持续为正且不断增强，对第三产业持续为负且不断增强，工业制成品则反之。通过方差分解分析可知，三次产业结构对初级产品和工业制成品出口的贡献率均较大，且比重变化较为相似：第二产业的解释力度最高，其次为第三产业，第一产业的贡献则十分微弱。通过 Granger 因果检验可知，产业结构的调整是促进出口产品结构调整的 Granger 原因，与此同时出口结构调整也可以反过来对产业结构产生影响；第一、第三产业均与出口产品结构存在双向互动的影响机制，而第二产业与出口产品结构则仅存在单向影响机制。

第九，本书从出口退税额、人民币实际有效汇率角度，并将 GDP、GNP 作为控制变量纳入模型，就制度创新对我国出口产品结构的长期稳定关系做了协整分析。结果发现，出口退税额、人民币实际有效汇率和 GDP、GNP 与我国初级产品、工业制成品出口比重间均存在长期稳定关系。出口退税额不利于初级产品出口比重的提高，而有利于工业制成品出口比重的提高；人民币实际有效汇率不利于初级产品出口比重的提高，而有利于工业制成品出口比重的提高；国内国民经济的发展不利于初级产品出口比重的提高，而有利于工业制成品出口比重的提高；GNP 对初级产品、工业制成品出口比重均无显著影响。

第十，本书将初级产品、工业制成品出口比重与出口退税额、人民币实际有效汇率、GDP、GNP 两组变量做了 VEC 模型回归分析。结果发现，出口退税对初级产品、工业制成品出口结构调整的均衡收敛速度较为接近，短期内出口退税对初级产品出口比重有促进作用，而对工业制成品出口比重有抑制作用。这说明，出口退税对出口产品结构调整的短期作用与长期作用相反，短期均衡下，出口退税对我国出口结构的影响程度弱于长期，也就是说，出口退税对出口的滞后、挤占作用仅在短期存在，其政策效果在长期可以得到一定程度的放大；短期内实际有效汇率、GDP 和 GNP 对初级产品的出口比重有一定抑制作用，而对工业制成品出口比重有一定促进作用，这与长期均衡结果相似，但影响程度弱于长期。

第十一，本书将初级产品、工业制成品出口比重与出口退税额、人民币实际有效汇率、GDP、GNP 两组变量做了脉冲响应函数、方差分解分析和 Granger 因果关系的进一步检验。就脉冲响应函数结果而言，我们发现，初级产品出口比重对出口退税的负向冲击反应逐年增强，人民币实际有效汇率对初级产品出口比重的短期负向冲击较强烈，但这种负向效应长期则减弱；GDP 对初级产品出口比重的正向冲击呈先增强后减弱的收敛趋势，GNP 对初级产品出口比重的负向冲击呈逐年增强趋势。工业制成品出口比重对各影响因素的冲击响应与初级产品几乎呈一一对应的反向趋势；就方差分解分析结果而言，我们发现，初级产品、工业制成品结构调整的自身贡献率均呈持续下降趋势。GNP 是影响初级产品、工业制成品结构调整的重要因素，影响程度呈逐年扩大趋势。出口退税对初级产品、工业制成品结构调整的影响因素呈先上升后下降趋势。GDP 对初级产品、工业制成品结构调整的影响最弱，并呈先增加后减少的倒 U 形趋势。就 Granger 因果检验结果而言，我们发现，出口退税、GNP 是我国初级产品、工业制成品出口结构调整的 Granger 原因，而初级产品、工业制成品出口结构调整不是人民币实际有效汇率变化的 Granger 原因。

## 第二节　政 策 建 议

### 一、科学有效开发能源，继续提高能源利用效率

#### (一)科学开发传统能源，加快开发新能源、清洁能源

传统能源(煤炭、石油和天然气)在我国能源使用中数量最大、范围最广，其开发和供给对我国国民经济的各个方面都起着很强的约束作用。因此，科学开发我国传统能源资源至关重要。例如，建立能源资源勘探技术创新专项资金，加大能源资源科学勘探力度，提高煤炭、石油和天然气生产的安全性和科学性，等等。

我国可继续加大对传统能源替代品的开发力度，继续推进我国核电自主研发和国外先进技术的结合，大力研究开发使用效率更高、核废物更少和更清洁的先进核反应堆，并着力将其推广到生产、生活中；继续大力研究开发大型风力发电装备制造技术，建立风力发电产业体系，完善风力资源的评估和测评技术，提高风电机组性能等；加快开发晶体硅技术、薄膜电池技术、建筑太阳能利用技术等，以缓解我国当前能源供应不足的现状，化解能源约束和出口贸易发展日渐突出的矛盾，尽量将能源约束对出口贸易发展的不利冲击减小到最低。

#### (二)提高能源利用效率

我国可继续提高能源的使用效率，降低单位出口产值的能耗，实现出口增长由粗放型向集约型转变。与发达国家相比，我国重点出口企业的能耗有很大的下降空间，重点出口企业通过技术进步更新技术装备水平，改进技术线路，淘汰落后产能，提高出口产品能源利用效率，降低出口产品能耗，提高产品的出口竞争

力。例如，企业可成立专项的节能研发部门，加大节能的技术开发力度，保证节能降耗运用在生产领域的各个环节，以此来提高出口产品的能源利用效率，从根本上减少生产、出口环节的能源消耗。

## 二、优化我国出口产品种类，调整我国出口产品结构

### （一）有效控制我国能源密集型、能耗密集型产品出口

出口能源密集型、能耗密集型产品消耗的是我国的能源资源，因此，我国为了充分保护国内有限的能源资源，除在生产环节提高能源利用效率、降低出口产品能源消耗外，还必须在维持出口贸易稳定增长的情况下，减少能源密集型产品、能耗密集型产品的出口。例如，我们应努力降低初级产品中矿产品在出口总额中的比重，限制低附加值及会造成自然资源损坏的初级产品出口，如焦炭等；控制能耗密集型的工业制成品出口规模，尤其是技术含量低、附加值低的低端工业制成品的出口，如水泥等。

### （二）继续扩大我国高新技术产品出口

当前我国高新技术产品出口已呈逐年扩大趋势，但较之于欧美等发达国家和地区，我国高新技术产品的出口比重还有很大提升余地。鉴于高新技术产品具有科技含量水平高、附加值高、能源利用效率高、能耗低、污染低等优点，扩大高新技术产品在我国出口贸易中的比重，对优化我国出口产品结构、提升出口产品的竞争力至关重要。出口企业可通过技术进步强化其核心竞争力，培养高素质的产业技术工人，扩大高新技术产品的生产和出口，优化我国出口产品结构。

## 三、继续推进我国科技进步，加快我国技术进步市场化进程

### （一）继续加强我国自主创新能力，推进与国外的技术交流

我国可继续加大 R&D 经费支出，加强我国生产部门的自主创新能力。由于技术创新对于我国出口产品结构实现转型升级具有极大的促进作用，我们可鼓励出口企业开发新技术，提高生产效率，改善能源利用效率，降低能源消耗强度，加大高技术附加值产品的生产和出口。企业自身也要重视革新技术，增强自身的核心竞争力，提升出口产品的自主品牌比重和科技含量比重，降低污染和能耗水平。另外，加强自主技术研发离不开大量的人力资本储备，这就要求我国在人力资本领域加大投入力度，提高广大劳动者的技术水平，加强职业技术技能。

同时，我国可继续加强和发达国家的经济联系，积极与发达国家进行技术交流，通过技术溢出促进我国技术进步，在提高我国出口产品技术含量的同时降低能源消耗。

### （二）继续加快我国技术进步市场化进程

我国可继续加强技术进步向市场、产品的转化，通过技术进步实现我国出口产品结构的转型升级。由于我国对于技术进步的利用仍然不够，我们应加强技术的市场化和产品化程度，促进我国出口产品技术含量的提高，实现出口贸易的健康、可持续发展。

## 四、促进互联网金融规范健康发展，拓宽科技型民营企业融资渠道

互联网金融是依托支付、云计算、社交网络及搜索引擎等互联网工具，实现资金融通、支付和信息中介等业务的一种新兴金融方式。在互联网金融模式下，信息处理和风险评估通过网络化方式进行，市场信息不对称程度非常低，资金供需双方在资金期限匹配、风险分担等上的成本非常低。然而我国互联网金融仍然存在许多问题，如行业准入门槛过低、风险管控能力参差不齐、法律法规监管政策不完善、网络技术安全存在隐患等。因此，我们应该加速互联网金融规制、条例和立法进程，以促进互联网金融规范、健康发展。

我国科技型民营企业由于自身投入大、风险大、信用低、信息不对称等原因，其发展面临严峻的融资难、融资贵的问题。互联网金融为科技型民营企业融资难的发展困境带来了转机，与传统的商业银行间接融资、资本市场直接融资等融资模式相比，互联网金融融资模式具有信息透明度高、交易成本低和风险防控的特点。此外，互联网金融具有风险分散的能力，可以鼓励科技型民营企业做出风险较高的研发决策，进而提高企业高科技产品的生产和出口能力。

## 五、加强装备制造业竞争能力，促进第三产业发展

### （一）加强装备制造业竞争能力

通过感应度系数和影响力系数可知，第二产业尤其是工业是我国国民经济的有力增长点，而其中的装备制造业部门的感应度系数和影响力系数普遍较高。随着我国工业化进程逐步进入新阶段，装备制造业对国民经济的发展将起到越来越关键的作用。装备制造业产业链较长，因此，对经济具有较强的辐射作用。且大多数装备制造业属于知识密集型产业，产品技术含量高，有较高的附加值，优先发展这些产业部门，不仅可以拉动其他部门的发展，而且还能够加快产业结构升级的步伐。此外，党的十八届三中全会上首次提出，装备制造业的产品要以市场需求为导向，以质量效益为核心，以科技创新为动力，从产品的前期调研、设计、制造到宣传推广、销售服务等全方位打造高附加值品牌形象。因此，应进一步加大对装备制造业尤其是高端装备制造业的扶持力度，加快技术改造和研发力度，

加强装备制造业的市场机制建设，以缩小我国与国际先进水平的差距，从而提高我国装备制造业的国际竞争力。

### （二）促进第三产业发展

第三产业的发展不仅有助于缓解我国严峻的就业压力，而且还会影响我国产业结构升级、经济增长方式转变的进程。第三产业中大部分部门的感应度系数和影响力系数均小于社会平均值，这说明目前我国第三产业的发展仍滞后于其他产业，未能起到其对国民经济应有的提升作用。此外，第三产业中如住宿餐饮等较低附加值部门影响力较高，而科教文卫等部门影响力较弱，说明目前我国第三产业的内部结构也存在一定问题。因此，应尽可能减少阻碍第三发展的体制因素，创造公平的市场环境，吸收并利用国外先进技术和理念，推动我国第三产业的发展，优化第三产业内部结构，以此带动整个国民经济发展。

## 六、培育产业竞争优势，促进产业技术创新

### （一）在“比较优势”基础上培育产业竞争优势

随着国际竞争环境的日益严峻，单纯地依赖一成不变的比较优势，将使我国在国际分工中处于不利的地位。国家经济综合实力的增强根本在于能否在国际市场中取得竞争优势，而主导性战略产业能否具有优势是一国竞争优势形成的关键。因此，必须结合比较优势动态地规划我国产业的长远发展。具体来看可以从以下两个方面实施。

第一，利用资源禀赋比较优势发展国内产业。我国幅员辽阔，文化历史悠久且存在较大地域差异。因此，在发挥劳动比较优势的基础上，还应充分发挥不同地区在地理人文等资源方面的独特优势，如利用优势发展旅游、餐饮等服务业。这样不仅可以提高国内的就业，也可以推动地方经济的发展。

第二，选择性发展战略性新兴产业。在产业结构调整过程中，应充分考虑我国现有的产业基础和科技潜力，战略性地选择一些技术含量高且在国际市场中具有广阔前景的产业作为新兴产业，如新能源、新材料、生物科技、信息技术等。只有这些产业得到发展，我国才能真正脱离较低的国际产业链位置，并保持经济的持续增长。

### （二）促进产业技术创新和制度创新的有机结合

培育国家的产业技术能力，需要有强有力的政府政策引导。因此，我国应加快制定和实施国家产业技术政策，提高产业技术水平，以改善产业的整体

素质和适应未来以知识为基础的国际经济竞争环境。具体来看可以从以下两个方面实施。

第一，应加大对高新技术产业研发的支持制度建设。近年来，为推动科技进步，我国政府对高新技术产业的研发投入力度很大，然而效果却并不理想。其重要原因就在于政府忽视了有利于创新的制度建设。制度可以使技术的内生化成为市场的自发行为过程，其意义比单纯的技术更为重大。现有研究已经证明，在工业化中后期阶段，政府直接干预高新技术产业的行为是低效的(诺斯，1994)。因此，如何使内生技术进步成为市场行为，建立一个有利于创新的制度安排，是我国产业结构升级的关键所在。

第二，产业技术政策的制定要突出国家优势和特点。在制定国家产业技术政策时，应充分了解其自身产业技术特点，同时也要对国际经济形势进行深入分析，这样才能突出我国主导产业技术方向和重点，并逐步形成以产业技术进步为主体的政策体系。历史经验也证明了这一点。例如，美国在关于补贴与反补贴条款的谈判过程中，对自身、欧洲国家及日本的产业技术发展特点都进行了深入的研究，从而力主修改对美国技术政策不利的相关条款。

## 七、发展加工贸易，带动产业结构升级

### (一)遵循广义的比较优势发展战略

广义的比较优势发展战略的目的是培养动态比较优势，而动态比较优势核心就是提升产业结构、培养内在比较优势。随着经济全球化的不断深入发展，我国出口贸易面临着前所未有的机遇和挑战：一方面，随着贸易投资一体化的日益加快，国际资本流动可以带动我国出口贸易发展，为我国产品进入国际市场创造良好的条件；另一方面，国际贸易竞争将更趋激烈，特别是目前我国与东南亚、拉丁美洲新兴工业化国家出口形成强烈竞争。因此，立足现在的比较和竞争优势，培育具有长期发展潜力的主导产业，不断提升产业的国际竞争力，为中国经济的长期又好又快发展创造条件，应该成为目前我国出口贸易政策选择的核心考虑因素。

### (二)构建适度的贸易保护政策体系

随着经济全球化的不断深化，一国的民族经济利益越来越凸显。因此，构建适度的贸易保护政策体系既显得必要又十分必须。有目的、有选择和有层次地对我国出口贸易进行适度保护，不仅有利于我国产业结构的高级化发展，也有利于保持我国的国际收支平衡，并帮助实现国内的充分就业。此外，适度的贸易保护

政策还应具有主动性和动态性。主动性是指利用双边和多边规则允许的手段和方式、以培育竞争优势为基点，而进行合理保护；动态性则是指在WTO的框架下，逐步取消关税和非关税壁垒，并逐渐走向贸易自由化。

### （三）发展加工贸易，带动产业结构升级

新的国际分工形势下，发展加工贸易使得发展中国家获得了进入高级产业内分工的机会。由从事劳动密集型的组装、装配等加工环节，逐渐向资本密集型的加工环节(如各种零配件、中间产品的生产)和资本技术密集型环节(如自由品牌生产)转移，从而最终实现产业结构的快速升级。因此，大力发展高新技术加工贸易，延长产业链条和增加其附加值，是实现加工贸易带动产业结构升级的关键。而提升我国加工贸易的根本途径，是提高国产料件的质量和技术含量。政府应充分发挥其引导能力，在加工贸易企业与国内原材料企业之间架起桥梁的作用。例如，由于信息采集的投入大、风险高，企业不愿意或者无法获得重要的有效信息，政府可以在加工贸易企业比较集中的地区，实行扶植政策或者由政府组织建立专业的信息网络和信息库，为企业在产品的质量标准、规格、价格、供应渠道等方面提供有效信息。

## 八、依靠差异化的出口退税率，促进出口产品技术含量提升

出口退税能够降低出口产品成本和价格，提升出口产品的竞争力，推动出口贸易的发展。因此，在我国稳定外贸出口增长、出口结构调整升级之际，坚持出口退税政策、推行差异化的出口退税率十分必要。

尽管我国出口贸易得到了迅速发展，但其在国际产业链中仍然以技术含量较低的制造业和加工贸易为主，处于附加值底端。所以，我国出口贸易要继续向前发展，必须进行出口结构优化升级。由于不同行业、不同商品的工业附加值不一样，技术含量也多有差别。所以，对于不同的行业我国对于其出口的扶持力度也应该有所差异。对于我国重点扶持的附加值较高商品，出口退税政策应该对其有相应倾斜，或者出口退税的税率可以相对地高一些；对那些附加值相对来说较低的商品，我国所制定的出口退税的税率可以适当降低。如此，高附加值行业将会获得更大的出口推动。因此，差异化的出口退税政策的制定能有促进我国出口产品技术含量提升，有利于促进我国产业结构和出口产品结构的调整升级。

## 九、积极应对人民币升值，转变出口企业增长方式

人民币升值会对相关产业出口企业造成较大冲击，而且，从长期来看，人民

币继续升值的趋势仍将不可避免。面对人民币长期升值的趋势，相关企业要有足够的心理准备，应积极采取多方面措施主动应对人民币汇率变化，在规避汇率风险的同时，转变其出口增长方式。

为此，我们可以通过以下三个方面转变出口企业增长方式：第一，借鉴美国和日本等发达国家货币升值期的海外资本扩张策略，提高资金利用效率，加快海外投资步伐。第二，积极引导企业转变出口增长方式，特别是加强政策的示范和引导效应，引导企业走自主创新、品牌发展之路，完善配套改革，规范市场经营秩序，加大保护知识产权力度，营造良好的技术创新发展环境。第三，通过提高出口产品质量和技术附加值来提高出口产品价格，增加我国出口企业的出口利润，实现我国出口贸易从“以量取胜”到“以质取胜”的转变。

## 十、继续推进贸易制度创新，促进出口产品结构调整优化

我国加入 WTO 后，享受了多边贸易体制带来的各种权利，但也承担了很多相应的义务。但伴随着国内市场开放程度的提高和贸易壁垒的拆除，国内工业将面临国际竞争压力，国内高新技术产品的出口也必将遇到一定困难。

因此，尽管在很长时期以来，我国工业发展的比较优势依然集中在劳动密集型行业及中等技术水平的加工制造业，但如果要从根本上增强我国工业的国际竞争力，就必须着眼于形成动态比较优势和提高产业国际竞争力。这就需要我国不断创新贸易制度，如低程度的产业保护、灵活规范的进口限制与温和的出口鼓励政策相结合，强调政府对结构调整的积极干预，通过综合运用 WTO 允许的关税、反倾销与反补贴、保障机制等一系列政策手段，使中国的对外贸易制度的定位趋向于中性化，具体政策手段趋向于弹性化、柔性化，以此来促进我国高技术含量产品的生产和出口，增强我国工业企业的比较优势和国际竞争，促进我国出口产品结构调整优化。

# 参 考 文 献


白胜玲, 崔霞. 2009. 出口退税对我国出口贸易的影响: 基于主要贸易国的实证分析. 税务研究, 9: 37-40.

贝恩 J S. 2012. 新竞争者的壁垒. 徐国兴译. 北京: 人民出版社.

曹玉书. 2010. 资源约束、能源替代与可持续发展: 基于经济增长理论的国外研究综述. 浙江大学学报(人文社会科学版), 4: 5-12.

曾铮, 张亚斌. 2007. 人民币实际汇率升值与中国出口商品结构调整. 世界经济, 5: 16-24.

陈刚, 余燕春. 2009. 能源约束对出口贸易结构影响的实证分析. 国际商务, 3: 10-15.

陈虹. 2011. 中国对外贸易结构与产业机构的关系研究. 长春: 吉林大学.

陈庆修. 2005. 节能降耗, 建设资源节约型社. 人民论坛, 2: 80-81.

陈新立. 2009. 关于产学研合作科技创新的制度研究. 武汉: 武汉理工大学.

陈仲常, 刘林鹏. 2006. 我国工业制成品出口结构变迁对经济增长的实证分析明. 国际贸易问题, 10: 11-16.

董琨. 2004. 中国产业结构的投入产出关联分析. 大连: 大连理工大学.

董琨, 原毅. 2007. 军国产业结构演变与经济波动关系研究. 大连理工大学学报, 2: 9-12.

杜晶晶. 2007. 能源约束下吉林省工业结构优化调整研究. 长春: 东北师范大学.

凡勃伦 T B. 2012. 有闲阶级论. 李华夏译. 北京: 商务印书馆.

干春晖, 郑若谷, 余典范. 2011. 中国产业结构变迁对经济增长和波动的影响. 经济研究, 5: 67-72.

巩爱凌, 刘廷瑞. 2012. 全球价值链视角下外贸出口与能源消耗及其影响因素分析. 经济经纬, 5: 63-67.

顾国达, 张正荣, 张钱江. 2007. 汇率波动、出口结构与贸易福利: 基于要素流动与世界经济失衡的分析. 世界经济研究, 2: 3-8.

呙小明. 2012. 产业层次的中国能源效率研究. 重庆: 重庆大学.

郭丽红. 2003. 对外贸易结构与产业的实证研究. 长沙: 湖南大学.

郭利红, 李斌. 2004. 中国出口驱动经济增长假说的实证检验. 国际经贸探索, 1: 14-37.

郭志军, 李飞, 覃巍. 2007. 中国产业结构变动对能源消费影响的协整分析. 工业技术经济, 11: 97-101.

何立胜. 2003. 国有企业与民营企业制度创新比较研究. 经济经纬, 3: 32-35.

何正霞, 许士春. 2009. 我国经济开放对环境影响的实证研究: 1990—2007 年. 国际贸易问题, 10: 87-93.

胡耀华. 2008. 对外贸易对我国产业结构演进影响的研究. 长沙: 中南大学.

花晓伟. 2012. 中国产业发展的国际比较及其结构调整. 北京: 北京邮电大学.

黄静波. 2003. GATT/WTO 与管理贸易. 国际经贸探索, 3: 4-9.

黄志锋. 2005. 加快我国对外贸易制度创新. 理论导报, 10: 20-21.

霍夫曼 W C. 1980. 工业化的阶段和类型. 北京: 中国对外翻译出版公司.
霍建国. 2003. 运用比较优势获取竞争优势: 借鉴国家竞争优势理论调整我国外贸发展思路. 国际贸易, 10: 14-16.
姜磊, 季民河. 2011. 技术进步、产业结构、能源消费结构与中国能源效率: 基于岭回归的分析. 当代经济管理, 5: 13-16.
姜茜, 李荣林. 2010. 我国对外贸易结构与产业结构的相关性分析. 国际贸易研究, 9: 3-8.
姜霞. 2006. 关于产业结构国际竞争力的思考. 经济与管理, 8: 69-73.
蒋婷. 2009. 湖南省对外贸易结构与产业结构相互关系研究. 成都: 西南财经大学.
蒋昭侠. 2004. 产业贸易教程. 北京: 中国经济出版社.
柯金川, 郝艺. 2008. 经济发展与能源产业政策协调研究. 经济经纬, 41: 28-31.
库兹涅兹 S. 1999. 各国的经济增长: 总产值和生产结构. 常勋译. 北京: 商务印书馆.
蓝庆新, 田海峰. 2002. 我国贸易结构变化与经济增长转型的实证分析及现状研究. 湖南工业大学学报, 2: 39-44.
乐为, 钟意. 2009. 我国产业结构与出口结构的相关性研究. 统计与决策, 4: 73-75.
李诚. 2009. 我国产业结构的投入产出关联测度及应用研究. 山西财经大学学报, 1: 68-71.
李钢. 2013. 服务业能成为中国经济的动力产业吗. 中国工业经济, 10: 43-55.
李洁. 2012. 中国能源强度与经济结构关系的数量研究. 成都: 西南财经大学.
李磊. 2000. 中国出口结构与产业结构的实证分析. 财贸经济, 5: 38-41.
李廉水, 周勇. 2006. 技术进步能提供能源效率么?基于中国工业部门的实证检验. 管理世界, 10: 82-90.
李玲, 刘德智, 蔡海标, 等. 2005. 基于能源消耗的河北省产业结构优化分析. 经济论坛, 2: 95-98.
李树林, 齐中英. 2011. 基于 UV 表的中国对外贸易中隐含碳分析. 南开经济研究, 6: 110-112.
李邃. 2010. 中国高技术产业创新能力对产业结构优化升级的影响研究. 南京: 南京航空航天大学.
李英楠. 2013. 中国初级产品贸易条件影响因素的实证分析. 沈阳: 辽宁大学.
李玉虹, 马勇. 2001. 技术创新与制度创新关系的理论比较. 经济学家, 1: 73-79.
李政, 麻林巍, 潘克西, 等. 2006. 协调问题研究——国际经验及对我国的启示. 中国能源, 28: 5-10.
廖明球. 2009. 投入产出及其扩展分析. 北京: 首都经济贸易大学出版社.
林伯强. 2001. 中国能源需求的经济计量分析. 统计研究, 10: 24-29.
林伯强. 2003. 结构变化、效率改进与能源需求预测——以中国电力行业为例. 经济研究, 5: 15-18.
林毅夫. 2003. 比较优势、竞争优势与发展中国家的经济发展. 管理世界, 7: 24-27.
林毅夫, 苏剑. 2007. 论我国经济增长方式的转换. 管理世界, 11: 5-13.
刘畅, 孔宪丽, 高铁梅. 2008. 中国工业行业能源强度变动及影响的实证分析. 资源科学, 9: 1290-1291.
刘林奇. 2009. 我国对外贸易环境效应理论与实证分析. 国际贸易问题, 3: 70-77.
刘穷志. 2005. 出口退税与中国的出口激励政策. 世界经济, 6: 37-43.
刘伟. 1995. 洋务官商体制与中国早期工业化. 华中师范大学学报, 5: 29-32.
刘伟华. 2013. 制度创新背景下提升湖南省国际贸易核心竞争力的战略思考. 湖南科技学院学报, 8: 127-129.
刘易斯 WA. 1990. 经济增长理论. 梁小民译. 上海: 上海三联书店.

柳思维. 2011. 从贸易大国走向贸易强国的制度创新思考. 大国经济研究, 10: 51-55.
吕盈. 2013. 东北、内蒙古地区林业产业结构优化调整问题研究. 北京: 北京林业大学.
马可, 田亦尧. 2011. 节能减排技术创新与知识产权制度共生性研究. 科技进步与对策, 16: 100-104.
马林. 2013. 山东省外贸商品结构与产业结构关系的实证研究. 济南: 山东财经大学.
穆勒 J S. 1923. 政治经济学原理. 伦敦: 朗曼·格林公司.
倪晓箐, 唐海燕. 2005. 论制度创新与我国对外贸易发展. 石家庄经济学院学报, 5: 581-584.
诺斯 D C. 1991. 经济史中的结构与变迁. 陈郁译. 上海: 上海三联书店.
诺斯 D C. 1994. 制度、制度变迁与经济绩效. 杭行译. 上海: 上海三联书店.
庞瑞芝, 李鹏. 2010. 中国工业增长模式转型的绩效研究. 数量经济技术经济研究, 9: 34-46.
庞瑞芝, 李鹏. 2011. 中国工业增长模式转型绩效研究: 基于 1998—2009 年省际工业企业数据的实证考察. 数量经济技术经济研究, 9: 34-46.
祁国志. 2008. 浙江省对外贸易结构和产业结构关系研究. 杭州: 浙江大学.
钱纳里 H, 罗宾逊 S, 赛尔奎因 M. 1995. 工业化和经济增长的比较研究. 吴奇, 王松宝译. 上海: 上海三联书店.
青木昌彦. 2001. 比较制度分析. 周黎安译. 上海: 上海远东出版社.
任东明. 2011. 中国新能源产业的发展和制度创新. 中外能源, 1: 31-36.
石磊. 1992. 中国产业结构畸变历史探源. 上海经济研究, 6: 78-83.
史丹. 1999a. 产业结构变动对能源消费需求的影响. 数量经济技术经济研究, 12: 26-27.
史丹. 1999b. 结构变动是影响我国能源消费的主要因素. 中国工业经济, 11: 87-92.
史丹. 2002. 我国经济增长过程中能源利用效率的改进. 经济研究, 9: 27-33.
史丹. 2004. 我国能源发展应注意的问题与建议. 中国能源, 10: 45-49.
史丹. 2006. 中国能源效率的地区差异与节能潜力分析. 中国工业经济, 10: 53-59.
史丹. 2007. 我国能源经济的总体特征、问题及展望. 中国能源, 1: 92-98.
隋月红, 赵振华. 2008. 出口贸易结构的形成机理: 基于我国 1980—2005 年的经验研究. 国际贸易问题, 3: 9-16.
孙敬水. 2004. 计量经济学. 北京: 清华大学出版社.
孙晓华, 王昀. 2013. 对外贸易结构带动了产业结构升级吗——基于半对数模型和结构效应的实证检验. 世界经济研究, 1: 15-21.
唐志鹏. 2012. 能源约束视角下北京市产业结构的优化模拟与演进分析. 资源科学, 1: 29-34.
童霞. 2008. 基于资源约束的中国出口商品结构转型研究: 以中国水产品为例. 无锡: 江南大学.
涂晓今. 2012. 我国促进重点产业结构优化升级的财政政策创新探讨. 财政研究, 2: 8-12.
王建军, 陈跃华. 2012. 河南三次产业比较劳动生产率的实证研究. 山西财经大学学报, 3: 89-99.
王宁. 2011. 我国产业结构现状及变动趋势分析. 大连: 大连海事大学.
王秋彬. 2009. 能源约束下的工业结构优化升级研究. 武汉: 华中科技大学.
王群伟, 周德群. 2008. 能源回弹效应测算的改进模型及其实证研究. 管理学报, 5: 688-691.
王舒. 2013. 中国对外贸易结构与产业结构的关系研究——基于 VAR 模型. 当代经济, 24: 166-168.
王涛生. 2010. 制度创新影响国际贸易成本竞争力的内在机理研究. 经济学动态 , 2: 42-45.
王晓艳. 2006. 中国贸易结构与产业结构的耦合研究. 天津: 天津财经大学.
王岳平, 葛岳静. 2004. 我国产业结构的投入产出关联特征分析. 管理世界, 2: 61-68.
魏玮, 何旭波. 2013. 节能减排、研发补贴与可持续增长: 基于动态可计算一般均衡的情景分析.

经济管理, 11: 1-12.

文娟. 2013. 考虑产出规模的产业关联研究——基于《中国投入产出表》等数据的实证分析. 厦门大学学报, 2: 35-40.

吴仁洪. 1990. 资源再配置与经济体制. 经济研究, 2: 18-23.

吴颖. 2005. 吉林省贸易结构和产业结构关系的实证分析. 长春: 东北师范大学.

吴钟瑚. 2013. 制度创新推进新能源产业可持续发展. 中国能源, 2: 27-30.

谢建国, 吴春燕. 2012. 出口退税与就业增进: 基于我国数据的协整研究. 国际贸易问题, 2: 25-32.

熊彼特 J A. 2000. 经济发展理论. 何畏译. 北京: 商务印书馆.

徐博, 刘芳. 2004. 产业结构变动对能源消费的影响. 辽宁工程技术大学学报, 9: 78-81 .

徐青, 谢军. 2010. 技术创新与企业出口绩效的关系研究: 广东、江苏、浙江三省之间的比较. 特区经济, 11: 267-269.

许和连, 栾永玉. 2005. 出口贸易的技术外溢效应: 基于三部门模型的实证研究. 数量经济技术经济研究, 9: 103-111.

许士春, 何正霞. 2007. 中国经济增长与环境污染关系的实证研究——来自 1990—2005 年省级面板数据. 经济体制改革, 4: 22-26.

严建苗, 申加华. 2002. 浙江省对外贸易的发展轨迹与制度创新. 国际贸易问题, 2: 30-35.

杨波. 2008. 技术进步与出口增长: 一个数理分析模型. 科技管理研究, 7: 177-179.

杨国锐. 2010. 低碳城市发展路径与制度创新. 城市问题, 7: 44-48.

杨洪晶. 2011. 中国产业结构变动对能源消费影响的研究. 沈阳: 辽宁大学.

杨全发. 1999. 中国对外贸易与经济增长. 北京: 中国经济出版社.

姚静武, 邱力生. 2008. 经济制度创新对节能减排的作用. 环境保护 , 22: 7-9.

叶长胜. 2012. 安徽省对外贸易结构和产业结构相互关系研究. 合肥: 安徽大学.

叶宏伟. 2011. 国际市场势力与出口商品结构升级: 机理与实证. 杭州: 浙江大学.

易力, 李世美, 刘冰. 2006. 出口商品结构优化与经济增长相互作用的实证研究——基于我国初级产品与工业制成品出口的协整分析. 国际贸易问题, 9: 5-11.

殷功利. 2012. 中国贸易顺差研究: 结构、效应与可持续性. 南昌: 江西财经大学.

于丽英. 2013. 基于模糊 QFD 与模糊 TOPSIS 的区域科技创新竞合关系影响因素研究——以长三角区域为例. 科技进步与对策, 2: 41-46.

余道先, 刘海云. 2008. 我国自主创新能力对出口贸易的影响研究: 基于专利授权的实证. 国际贸易问题, 3: 28-33.

袁菲菲. 2012. 我国产业结构调整对能源消费影响的研究. 济南: 山东财经大学.

袁欣. 2010. 对外贸易结构的动态演进. 广州: 中山大学出版社.

张炳光. 2007. 论创新的目的、标准、要素和定义. 福州大学学报, 5: 17-21.

张传国, 陈蔚娟. 2009. 中国能源消费与出口贸易关系实证研究. 世界经济研究, 8: 26-30.

张秋菊. 2013. 技术进步对我国出口稳定增长的影响: 基于各地区面板数据的实证分析. 经济问题探索, 3: 42-48.

张瑞, 丁日佳. 2007. 中国能源强度变动因素分析. 中国矿业, 6: 331-346.

张湘赣. 2011. 产业结构调整: 中国经验与国际比较——中国工业经济学会 2010 年年会学术观点综述. 中国工业经济, 1: 46-51.

张亚斌. 2000. OEM: 中国企业进入国际市场的重要方式. 国际经济合作, 11: 10-12.
张亚斌. 2005. 所有制结构与产业结构的耦合研究. 长沙: 湖南人民出版社.
张意翔, 成金华. 2013. 我国工业化过程中的能源约束分析: 基于情景预测视角. 中国地质大学学报, 1: 38-43.
张跃莘. 2012. 我国出口退税的经济效应分析及政策建议. 南京: 南京理工大学.
赵东. 2006. 广东省对外贸易商品结构与产业结构关系的实证分析. 广州: 广东外语外贸大学.
赵建娜. 2007. 中国出口贸易对工业废气排放量影响的灰色关联分析. 生产力研究, 20: 70-74.
赵建娜. 2010. 我国出口贸易规模生态环境效应的实证分析. 生产力研究, 6: 110-112.
赵盛楠. 2012. 制度创新对河北省区域经济增长影响的实证分析. 中国证券期货, 3: 163-165.
赵玉林, 叶翠红. 2013. 中国产业系统经济与生态协同演化的实证分析. 山西财经大学学报, 6: 45-48.
周密, 刘伟. 2009. 我国能源产业与产业结构相关性研究——基于改革开放三十年发展历程. 江淮论坛, 5: 48-55.
周明磊. 2011. 我国能源消费与产业结构相关性研究. 上海: 上海交通大学.
周睿. 2013. 市场自由化、技术进步与新兴市场国家的能源效率. 世界经济与政治论坛, 2: 100-111.
周振华. 1991. 论产业结构平衡的几组关系. 经济研究, 6: 54-60.
Abdelrasaq N A, Mammo M. 2001. Social absorption capability, systems of innovation and manufactured export response to preferential trade incentives. Research Policy, 41: 93-101.
Ahmad N, Wyckoff A W. 2003. Carbon Dioxede Emission Embodied in International Trade of Goods. Paris: OECD Publicaitons.
Akamatsu K. 1956. Waga kuni sangyo hatten no ganko keitai, tokuni kikai kigu kogyo nit suite. The Hitotsubashi Ronso, 36: 514-526.
Anders E, Tomas N, Jerker R. 2008. A cost curve for greenhouse gas reduction. The Mckinsey Quarterly, 9: 267-272.
Ann H. 2009. Estimating the impact of trade and offshoring on American workers using the current population surveys. Review of Economics and Statistics, 4: 581-595.
Antweiler W, Copeland B, Tayor M. 2001. Is free trade good for the environment?American Economic Review, 4: 877-908.
Arrow K J. 1962. Economic welfare and the allocation of resources for invention. Nber Chapters, 62: 609-626.
Baskaran A, Muchie M. 2009. Exploring the impact of national system of innovation on the outcomes of foreign direct investment. International Journal of Technological Learning, Innovation and Developmen, 4: 314-345.
Bekkers E, Francois J. 2013. Trade and industrial structure with large firms and heterogeneity. European Economic Review, 2: 69-90.
Brannlund R, Tarek G. 2006. The income-pollution relationship and the role of income distribution: an analysis of swedish household data. Resource of Energy Economics, 3: 369-387.
Brown S P A, Wolk D. 2000. Natural resource scarcity and technological change. Economic and Financial Policy Review, 1: 2-13.
Brunnermeier S B, Cohen M A. 2003. Determinants of environmental innovation in US manufacturing industries. Journal of Environmental Economics and Management, 45: 278-293.

Campbell N. 2003. Does trade liberalization make the porter hypothesis less relevent? International Journal of Business and Economics, 2: 78-83.

Cantwell J, Piscitello L. 2003. The recent location of foreign R&D activities by large MNCs in the european regions: the role of different sources of spillovers. ERSA Congress Working Paper.

Castellacci F. 2007. Technological regimes and sectoral difference in productivity growth. Oxford University Press on Behalf of Association, 16: 1105-1145.

Chua K. 2007. The triumph over resource scarcity. Gallen Symposium, 4: 107-125.

Clark C. 1940. The Conditions of Economic Progress. London: MacMillan and Co Limited.

Coase R. 2011. China's economic transformation. The Evolution of Chinese Entrepreneurial Firms: Township-Village Enterprises Revisited, 6: 1427-1440.

Cole M A. 2004. Trade, the pollution haven hypothesis and the environmental Kuznets curve: examining the linkages. Ecological Economics, 48: 71-81.

Cole M A, Elliott R J. 2003. Determining the trade-environment composition effect: the role of capital, labor and environmental regulations. Journal of Environmental Economics and Management, 46: 363-383.

Dasgupta P S, Heal G M, Nisbet J. 1979. Economic Theory and Exhaustible Resources. London: Cambridge University Press.

David I S. 2000. A multivariate cointegration analysis of the role of energy in the US macroeconomy. Energy Economics, 2: 267-283.

Davis L E, Douglass C. 1971. Constitutional Change and American Economic Growth. London: Cambridge University Press.

Dean J. 2002. Does trade liberalization harm the environment? A new test. Canadian Journal of Economics, 35: 819-842.

Dean J M, Lovely M E, Wang H. 2004. Are foreign investors attracted to weak environmental regulations?Evaluating the evidence from China. World Bank Policy Research Working Paper.

Dincer D, Huseyin K. 2013. Energy use, exports, imports and GDP: new evidence from the OECD countries. Energy Policy, 57: 469-476.

Eddy B, Joseph F. 2013. Trade and industrial structure with large firms and heterogeneity. European Economic Review, 60: 69-90.

Edwards L. 2001. Globalisation and the skills bias of occupational employment in South Africa. South African Journal of Economics, 1: 40-71.

Engle R, Granger W J. 1987. Cointegration and error correction: representation, estimation and testing. Econometrics, 55: 251-276.

Fabio M, Franesco R. 2005. The impact of technology and structural change on export performance in nine developing countries. World Development, 34: 527-547.

Farla J C M, Blok K. 2000. Energy efficiency and structural change in the Netherlands 1980–1995 influence of energy efficiency, dematerialization and economic structure on national energy consumption. Journal of Industrial Ecology, 1: 93-117.

Fisher-Vanden K, Jefferson G H, Liu H, et al. 2004. What is driving China's decline in energy intensity? Resource and Energy Economics, 26(1): 77-97.

Frankel J A, Rose A K. 2005. Is trade good or bad for the environment?Sorting out the causality. Review of Economics Statistics, 87: 85-91.

Fridolin K, Helmut H. 2002. The process of industrialization from the perspective of energetic metabolism: socioeconomic energy flows in Austria 1830–1995. Ecological Economics, 2: 177-201.

Gao J, Wang J, Zhao J. 2012. Decoupling of transportation energy consumption from transportation industry growth in China. Procedia-Social and Behavioral Sciences, 43: 33-42.

Greif A. 1993. Contract enforceability and economic institutions in early trade: the maghribi traders coalitiion. American Economic Review, 3: 525-548.

Greunz L. 2004. Industrial structure and innovation-evidence from European regions. Journal of Evolutionary Economics, 5: 563-592.

Hamilton W H. 1936. The constitution as an instrument of public welfare. Faculty Scholarship Series Paper, 96: 103-111.

Hang L, Tu M Z. 2007. The impacts of energy prices on energy intensity: evidence from China. Energy Policy, 35(5): 2978-2988.

Harrison A. 2010. Industrial policy and development: the political economy of capabilities accumulation. Journal of Economic Literature, 1: 1132-1135.

Hecksher E F. 1919. The Effect of Foreign Trade on the Distribution of Income. Massachusetts: The MIT Press.

Hodgson G M. 1993. Institutional economics: surveying the “old” and the “new”. Metroeconomica, 1: 1-28.

Hoekman B, Javorcik B S. 2004. Policies facilitating firm adjustment to globalization. Oxford Review of Economic Policy, 3: 457-473.

Hoekman B, Saggi K. 2007. Tariff bindings and bilateral cooperation on export cartels. Journal of Development Economics, 1: 141-156.

Hoist K R. 2008. Energy and exports in China. China Economic Reviews, 4: 649-658.

Hong W. 2011. Decoupling measure between economic growth and energy consumption of China. Energy Procedia, 5: 2363-2367.

Hoppe T. 2009. $CO_2$ reductie in de bestaande woningbouw : een beleidswetenschappelijk onderzoek naar ambitie en realisatie. University of Twente.

Horbach J. 2008. Determinants of environmental innovation: new evidence from German panel data sources. Research Policy, 37(1): 163-173.

Hotelling H. 1931. The Economics of Exhaustible Resources. Journal of Political Economy, 39: 137-175.

Jacobsen H K. 2000. Energy demand, structural change and trade: a decomposition analysis of the Danish manufacturing industry. Economic Systems Research, 3: 319-343.

Jaffe A B, Palmer K. 1997. Environmental regulation and innovation: a panel data study. The Review of Economics and Statistics, 4: 136-141.

Jeffrey A K. 2005. Economics of natural resource: the state of the debate. Resource of the Future, 4: 132-147.

Jeffrey W. 2000. Financial markets and the allocation of capital. Journal of Financial Economics, 58: 187-214.

Johansen S. 1988. Statistical analysis of cointegration vectors. Journal of Economic Dynamics and Control, 12: 231-254.

Joy M. 1996. Do static gains from trade lead to medium-run growth? Journal of Political Economy, 6: 1328-1337.

Karen F V, Gary H J. 2006. Technology development and energy productivity in China. Energy Economics, 6: 690-705.

Kee H L, Hoekman B. 2007. Imports, entry and competition law as market disciplines. Strategic Direction, 11: 831-858.

Kevin C. 2007. The triumph over resource scarcity. Gallen Symposium, 4: 102-126.

Kirkpatrick C, Lee N, Nixson F. 2012. Industrial Structure and Policy in Less Developed Countries. London, New York: Routledge.

Krausmann F, Haberl H. 2002. The process of industrialization from the perspective of energetic metabolism : socioeconomic energy flows in Austria 1830–1995. Ecological Economics, 2: 177-201.

Krutilla J V. 1979. Adaptive responses to forces for change. Proceedings of the Society of American Foresters, 5: 103-107.

Lagrange J L. 1788. Analytical Mechanics. Paris: Galimard Press.

Lall S, Albaladejo M. 2003. China's competitive performance: a threat to east asian manufactured exports? QEA Working Paper Series.

Li L, Michael D, Godfrey Y. 2012. International trade and industrial dynamics: geographical and structural dimensions of Chinese and Sino-EU merchandise trade. Applied Geography, 1: 130-142.

Lin J Y, Sun X, Jiang Y. 2013. Endowment, industrial structure, and appropriate financial structure: a new structural economics perspective. Journal of Economic Policy Reform, 2: 109-122.

Liu X H, Burridge P. Sinclair P J N. 2002. Relationships between economic growth, foreign direct investment and trade: evidence from China. Applied Economics, 11: 1433-1440.

Liu X, Ishikawa M, Wang C, et al. 2010. Analyses of $CO_2$ emissions embodied in Japan-China trade. Energy Policy, 38: 613-621.

Loretta J M. 2005. Optimal industrial structure in banking. FRB of Philadelphia Working Paper.

Lynch M C. 2002. Causes of oil price volatility. Eighth International Energy Forum, 9: 1-47.

Malerba F. 2005. Sectoral system a framework for linking innovation to the knowledge base, structure and dynamics of sectors. Economics of Innovation and New Technology , 14: 63-82.

Mazumdar J. 1996. Do static gains from trade lead to medium-run growth? Journal of Political Economy, 6: 1328-1337.

Mester L J. 2005. Optimal industrial structure in banking. Ssrn Electronic Journal, 7: 133-162.

Mongelli I, Tassielli G, Notarnicola B. 2006. Global warning agreement, international trade and energy/carbon embodiments: an input-output approach to the Italian case. Energy Policy, 34: 88-100.

Nakanoe S, Okamura A, Sakurai N, et al. 2009. The measurement of $CO_2$ embodiments in international trade: evidence from the harmonished input-output and bilateral trade database. Working Paper.

Ohlin B. 1933. Interregional and International Trade. Cambridge: Harvard University Press.

Ozcelik E, Taymaz E. 2004. Does innovativeness matter for international competitiveness in developing countries? The case of Turkish manufacturing industries. Research Policy, 3: 409-424.

Panayotou T. 1993. Empirical tests and policy analysis of environmental degradation at different stages of economic development. ILO Working Papers.

Parto S. 2008. Innovation and economic activity: an institutional analysis of the role of clusters in industrializing economies. Journal of Economic Issues, 4: 1005-1030.

Perroux F. 1950. Economic space: theory and applications. Quarterly Journal of Economics, (64): 89-104.

Peters G P, Hertwich E G. 2008. $CO_2$ embodied international trade with implications for global climate police. Environmental Science and Technology, 42: 1401-1407.

Pickman H A. 1998. The effect of environmental regulation on environmental innovation. Business Strategy and the Evironment, 7: 223-233.

Qi J, Zheng Y, Zhao Y. 2007. Environmental regulation and trade pattern: a case of China. Ecological Economy, 3: 234-242.

Raa T T, Ruedacantuche J M. 2007. A generalized expression for the commodity and the industry technology models in input–output analysis. Economic Systems Research, 1: 99-104.

Reeve T A. 2006. Factor endowments and industrial structure. Review of International Economics, 1: 30-53.

Ricardo D. 1817. On the Principles of Political Economy and Taxation. London: Croom Helm.

Romer P M. 1986. Increasing returns and long-run growth. Journal of Political Economy, 5: 1002-1037.

Ronald H C, Ning W. 2011. The industrial structure of production: a research agenda for innovation in an entrepreneurial economy. Entrepreneurship Research Journal, 2: 1-13.

Roper S, James H. 2002. Innovation and export performance: evidence from the UK and German manufacturing plants. Research Policy, 57: 217-236.

Sánchez-Chóliz J, Duarte R. 2003. $CO_2$ emissions embodied in international trade: evidence for Spain. Energy Policy, 18: 1999-2005.

Schumpeter J A. 1912. The Theory of Economic Development: An Inquiry into Profits, Capital, Credit, Interest and the Business Cycle. New Jersey: Transaction Publishers.

Shui B, Harriss R. 2006. The role of $CO_2$ embodiment in US-China trade. Energy Policy, 34: 119-133.

Sims C A. 1980. Macroeconomics and Reality. Econometrica, 48: 1-48.

Smith A. 1976. The Wealth of Nations. Oxford: Claredon Press.

Solow R M. 1957. Technical change and the aggregate production function. Reviews of Economics and Statistics, 39: 213-320.

Solow R M. 1974. The economics of resources or the resources of economics. The American Economic Review, 64: 1-14.

Steve S, Mark K L, Lee S, et al. 2012. Decoupling of road freight energy use from economic growth in the United Kingdom. Energy Policy, 41: 84-97.

Stiglitz J, Weiss A. 1981. Credit rationing in markets with imperfect information. American Economic Review, 3: 393-410.

Thijs T R, José M R. 2007. Stochastic analysis of input-output multipliers on the basis of use and make tables. Review of Income and Wealth, 2: 318-334.

Wang T, Watson J. 2007. Who owns China's carbon emissions. Tyndall Briefing Note, 23: 1-7.

Wang Y T, Liu J, Hansson L, et al. 2010. Implementing stricter environmental regulation to enhance eco-efficiency and sustainability: a case study of Shandong province's pulp and paper industry. Journal of Cleaner Production, 19: 303-310.

Weber C L, Peters G P, Guan D, et al. 2008. The contribution of Chinese exports to climate change. Energy Policy, 9: 3572-3577.

Woerz J. 2004. Skill intensity in foreign trade and economic growth. Tinbergen Institute Discussion Paper.

Worz J. 2003. Trade structure and convergence: a comparison of CEECs to different world regions. The Vienna Institute Monthly Report, 7: 1-8.

Wright G, Czelutsa J. 2002. Exorcising the resource curse: minerals as a knowledge industry. Working Paper No. 02-008.

Yam R C M, Guan J C, Pun K F, et al. 2005. An audit of technological innovation capabilities in Chinese firms: some empirical findings in Beijing, China. Research Policy, 9: 1124-1140.

Yan Y F, Yang L K. 2010. China's foreign trade and climate change: a case study of $CO_2$ emissions. Energy Policy, 38: 350-356.

Zhong X Z. 2003. Why did the energy intensity fall in China's industrial sector in the 1990s?The relative importance of structural change and intensity change. Energy Economics, 6: 625-638.

Zhu S J, Fu X L. 2013. Drivers of export upgrading. World Development, 51: 221-233.